KB160415

경계선
지능과
부모

지치지 않고 자녀와 행복하게 성장하는 법

경계선 지능과 부모

초판 1쇄 발행 2020년 2월 3일
초판 14쇄 발행 2024년 9월 20일

지은이 박찬선
발행인 채종준

출판총괄 박능원
책임편집 신수빈
디자인 김예리
마케팅 문선영 · 전예리
전자책 정담자리
국제업무 채보라

브랜드 이담북스
주소 경기도 파주시 회동길 230 (문발동)
투고문의 ksibook13@kstudy.com

발행처 한국학술정보(주)
출판신고 2003년 9월 25일 제406-2003-000012호
인쇄 북토리

ISBN 978-89-268-9776-8 03370

이담북스는 한국학술정보(주)의 학술/학습도서 출판 브랜드입니다.
이 시대 꼭 필요한 것만 담아 독자와 함께 공유한다는 의미를 나타냈습니다.
다양한 분야 전문가의 지식과 경험을 고스란히 전해 배움의 즐거움을 선물하는 책을 만들고자 합니다.

84
human
therapy

지치지 않고 자녀와
행복하게 성장하는 법

경계선 지능과 부모

박찬선 지음

이담
BOOKS

경계선 지능 아동에 대한 연구와 강의, 프로그램을 진행해 온 지 어느새 10여 년이 되었습니다. 첫 시작은 학교와 현장에서 익히고 접한 지식과 경험을 조금이라도 나누자는 소박한 마음이었습니다.

그동안 개별지도와 집단 프로그램을 진행해왔습니다. 유아부터 성인까지 다양한 연령대의 경계선 지능을 만나면서 지식과 경험을 나누고자 했던 생각은 '나 자신이 오히려 더 많은 것을 배웠구나' 하는 깨달음으로 바뀌었습니다. 특히 경계선 지능 자녀를 둔 부모님들의 절박한 질문과 교실에서 학생들을 지도하시는 선생님들의 안타까운 질문들이 저를 더 많은 고민과 연구의 길로 이끌었습니다.

이 책은 부모님들을 위한 책으로서, 제가 현장에서 10여 년 동안 만났던 많은 이들로부터 얻은 경험을 정리한 것입니다. 특히 아이들을 매일매일 지도하고 보살피시는 부모님들의 질문으로부터 시작된 고민을 정리하면서 얻은 것들입니다.

Part 1에서는 경계선 지능에 대하여 조금 더 이야기하고 싶었던 내용을 담았습니다. 우리가 경계선 지능이라고 분류하는 아이들도 조금씩 다른 특성이 있습니다. 각각의 특성을 모른 채 하나의 방식으로만 지도하게 되면 생각했던 변화를 얻을 수 없습니다. 타고나기는 평균 지능인데 환경 자극이 부족해서 경계선 지능이 된 아이들도 있고, 정서적 장애를 동반하는 아이들도 있습니다. 또한 학습장애나 자폐적 성향을 동반하고 있어서 지도하기가 매우 어려운 아이들도 있습니다. 우리는 다른 원인이나 성향을 가진 경계선 지능 아동들을 이해해야 합니다. 그래야 가정과 교실, 치료실에서 지도하기가 용이할 것입니다.

Part 2에서는 부모님들이 너무 서두르지 않고 자녀의 성장을 행복하게 이끌었으면 하는 저의 바람을 담았습니다. 미안함과 죄책감, 안타까움과 속상함으로 혼재된 부모님들의 마음에 힘을 보태고 싶습니다. 분명히 자녀가 한 사람의 몫을 하는 당당한 성인으로 성장할 수 있다는 믿음을 가지기를 바라는 저의 마음이 전달되었으면 합니다.

Part 3에서는 인지능력이 좋아지도록 돕는 방법들을 실었습니다. 어떤 이들은 지능이나 인지능력이 고정되어서 불변한다고들 합니다. 그러나 인지학습치료 전문가로서 저는 절대로 그렇지 않다고 생각합니다. 인지능력은 어떤 경험과 자극을 제공하느냐에 따라서 분명하게 좋아질 수 있다고 생각합니다. 일상에서 해볼 수 있는 몇 가지 방법을 수록했으니 별것 아니라고 생각하지 말고 꾸준히 지도해보시면 좋을 것 같습니다. 애초에 더 많은 내용을 담고자 하였으나, 분량상의 문제로 내용을 많이 줄이게 되었습니다. 후속책을 통해 소개할 수 있기를 희망합니다.

Part 4에서는 부모가 일상생활 지도를 어떻게 해야 하는지에 대하여 간단하게 적어보았습니다. 집안일을 지도하는 방법, 의욕을 높여주는 대화법, 독립성을 기르는 방법 등 소소하나마 자녀 지도에 도움이 되셨으면 합니다.

Part 5에서는 훈육에 관한 내용입니다. 훈육은 일상적인 생활지도와는 달라서 자녀의 가치관이나 인격 형성에서 매우 중요한 부분을 차지합니다. 일상생활의 지도는 건강한 생활습관을 만들어준다면, 훈육은 건강한 정신을 만들어줍니다. 자녀가 건강한 정신과 가치관을 형성한다면 행복한 인생에 한 발짝 다가설 수 있습니다. 사랑스러운 자녀가 건강한 가치관을 형성할 수 있도록 어떻게 대화하고 행동 지도를 해야 하는지 도움이 되는 내용이기를 바랍니다.

Part 6은 학교생활과 관련된 내용을 담았습니다. 학령기 자녀를 두었다면 한 번씩 고민하게 되는 등교 거부, 수업 참여, 따돌림, 학교폭력 등의 문제를 다루었습니다. 자녀가 학교에서 상처받지 않고 친구들과 당당하게 대화하고 어울릴 수 있기를 바라는 부모의 마음을 이해합니다. 하지만 많은 경계선 지능 아동들이 학교생활을 어려워합니다. 수록한 내용 중 어떤 경험을 만나게 될지는 모르겠지만 우리 부모님들은 어느 때라도 우리 자녀의 편이 되어 힘이 되어주셨으면 합니다. 어쩌면 억울하고 분한 상황에 놓이게 될지도 모릅니다. 하지만 학교에서 겪는 어려움을 슬기롭게 해결해나간다면 충분히 이겨낼 수 있습니다.

Part 7은 진로지도에 관한 내용입니다. 앞서 나온 『경계선 지능을 가진 아이들』에서는 어린 연령의 경계선 지능에 관한 내용을 주로 다루었다는 평가를 들었습니다. 그래서 이번 책에서는 청소년 이후 성인기로 진입하는 학생들을 위한 내용을 담았습니다. 즉 진로 설계를 하는 방법, 사회생활을 하기 위해 갖추어야 할 태도와 습관, 대학이나 직업에 관한 내용입니다. 아주 자세하게 다루기 어려운 부분이 있어서 읽으시는 분들이 다소 부족하다고 여기실 수도 있습니다. 하지만 이 부분은 진로지도에 대한 큰 틀이라고 생각해주셨으면 합니다. 더욱 자세한 진로지도는 학생 개개인의 특성에 맞춰져야 합니다. 때에 따라서는 학교의 진로지도 선생님이 더 도움이 되실 수도 있습니다. 혹시 풀리지 않는 고민이 있으시다면 제게 이메일(chanspark@naver.com)을 보내주십시오. 저도 함께 고민을 나누고 부족하지만 아는 만큼 도움을 드릴 것입니다.

다양한 강의와 치료실 업무로 인해 초고를 적는 데 오랜 시간이 걸렸습니다. 그러한 과정에서 건강상의 문제로 퇴사를 하신 출판사의 조가연 님의 격려가 큰 힘이 되었습니다. 중도에 포기하지 않고 초고가 나오기까지 매진할 수 있도록 다정한 격려를 아끼지 않으셨기 때문입니다. 또한 두서 없는 원고를 정리하는 과정에서 저희 두 딸 지은이와 지현이도 큰 도움을 주었습니다. 하고 싶은 말이 많아서 이것저것 써 내려간 원고들이 큰 맥락으로 정리될 수 있도록 많은 의견을 주었고, 소소한 원고수정도 도움을 받았습니다.

그럼에도 막바지 원고작업을 신속하게 진행할 수 있도록 도와주신 분은 신수빈 대리님이십니다. 신 대리님이 제 원고를 맡으신 후, 지지부진하던 원고 진행이 빨라졌지요. 깔끔하고 분명한 일 진행으로 마무리해주신 대리님의 노고에 감사를 드립니다. 좋은 글로 노고가 헛되지 않도록 보답하고 싶습니다.

끝으로 이 책을 처음부터 끝까지 읽어주시는 독자님들께 감사드립니다. 내용이 이상하거나 부족하다면 아낌없이 비판해주십시오. 더 나은 성장을 위한 격려라고 생각합니다. 도움이 되는 글이 세상에 나올 수 있도록 고민하고 비판하는 과정을 함께 하고 싶습니다. 감사합니다.

2020년 1월
연아혜윰의 박찬선 드림

• 목차 •

—— PART 2 ——
부모의 마음 : 지치지 않고 자녀와 행복하게 성장하는 법

PART 3
인지발달 : 지능은 좋아질 수 있어요

PART 5
훈육: 씩씩한 아이로 양육하는 기술

경계선 지적 기능이란,
지능지수 70~84 사이의 아이들을 말한다.
하지만 아이들의 능력이나 잠재력을
어떻게 숫자로 다 표현할 수 있겠는가?

70과 84라는 숫자에 갇혀서
우리가 놓치고 있는 것들이 무엇인지 살펴보고

우리 아이들의 특징을 깊이 이해함으로써
보다 큰 안목으로
아이들을 양육했으면 좋겠다.

PART 1

경계선 지능

: 우리가 더 알아야 할 것들

우리 아이가 장애를 가진 걸까요?

. . .

　경계선 지능 아동은 장애인인가요? 보통 아이인가요? 우리 아이가 어떤 아이인지를 알고자 하는 마음은 모든 부모가 매한가지인 모양이다. ADHD 증상이나 자폐를 가진 아동의 부모들도 우리 아이가 가진 어려움은 무엇인지 알고 싶어 하고, 어떤 장애명이나 정신병리적 진단명을 들으면 오히려 마음이 놓인다고도 한다. 도무지 알 수 없었던 자녀의 행동이 이해되는 것처럼 느끼기 때문이다.

　　　　"이제 우리 아이가 왜 그랬는지 알겠네요."

　경계선 지능이라는 것이 장애가 있다는 말인가? 아니면 정상인데 조금 부족하니까 도와주면 된다는 말인가? 결론부터 말하자면 경계선 지능은 장애가 아니다. 그래서 장애인을 위한 복지카드를 받거나 특수교육을 받지 못한다. 그러면 정상인가? 그렇다. 하지만 이해 속도나 학습의 능력이 많이 부족해서 누군가의 도움을 받아야만 하는 정상인이다. 그러면 도움을 계속 받으면 정상 지능이 될 수 있는가? 그렇다. 지능은 많게는 16점 이상 향상되기도 한다. 그렇게 되면 평균 지능이 된다고 볼 수 있다.

"경계선 지능이라는 말을 왜 하는 건가요?"

경계선 지능에 포함되는 아이들은 1970년대 이전에는 "교육가능급 지적장애"로 불렸다. 그러니까 1960년대에 태어난 경계선 지능 아동들은 지적장애인에 포함됐다. 하지만 이들이 학습의 어려움이 크고 사회성에서 부족한 모습들이 조금씩 보이긴 했지만 가정이나 이웃과의 친교, 종교, 여가 등 일상생활에서는 큰 어려움을 나타내지 않는 모습을 보고 이들을 장애인으로 보는 것이 지나치다고 여겨졌다. 순진하고 공부를 못한다는 이유로 장애인이라고 정의할 수 없기 때문이다. 1970년대 이후에는 이들을 "경계인, 경계선 지적 능력을 가진 사람들"이라고 규정했다. 경계선 지능을 가진 사람들은 지적장애와 평균 지능을 가진 사람들 사이에서 어떤 부분은 보통의 능력을 보이지만, 학습이나 영리함을 요구하는 영역에서는 다소 부족한 능력을 보인다.

"교육가능급~"

1970년대 이전에도 이들은 교육이 가능한 학생들로 인식되었다. 느리게 배우고 더 많은 경험을 해야 무엇인가를 배우는 것이 사실이지만 이들에게 어떤 일을 잘하도록 가르치는 것이 "가능"하다는 점이다. 이들이 한때 장애인으로 분류되었어도 교육을 통해 충분히 자신의 기능을 발휘할 수 있다.

다시 장애인인가 하는 문제로 돌아가 보자. 경계선 지능을 가진 아이들은 장애인이 아니다. 그러면 임상군인가? 임상심리학은 정신적 질병을 앓고 있어 치료가 필요한 사람들을 이해하고 돕기 위한 심리학이다. 즉, 임상군은 정신적 질병을 앓고 있는 사람들이다. 그러한 측면에서 볼 때 경계선 지능을 가진 사람들은 정신적 질병을 가진 임상군이 아니다. 약을 먹거나 입원치료가 필요한 사람들도 아니다. 간혹 ADHD나 다른 어떤 정신적 질병을 가진 경계선 지능 학생도 있다. 그런 경우에는 경계선 지능이라서가 아니라 다른 정신적 질병을 치료할 목적으로 약물치료를 하기도 한다. 하지만 경계선 지능이 정신적 질병이 아니므로 경계선 지능을 치료할 목적으로 약을 먹는 일은 아무 소용이 없다. 장애인도 정신적 질병도 아닌 이들 경계선 지능은 도대체 무엇인가?

"교육이 필요한 아이들"

이들은 교육이 필요한 아이들이다. 배움이 느려 누구나 쉽게 가르칠 순 없지만 자극을 줘서 잠재능력을 발휘하도록 도와야 하는 아이들이다. 따라서 특별한 교육이 필요하다.

"특별히 더 많이 교육해야 하는 대상자"

보통 특수교육 대상자라 함은 장애를 가졌거나, 잠정적으로 장애의 위험이 있고 발달이 느린 영유아들을 말한다. 경계선 지능을 가진 아이들은 분명 장애는 아닐지라도 방임하거나 매우 나쁜 환경에 노출되면 지적장애가 될 가능성이 더 높다. 안타깝게도 특수교육 대상자의 범위에는 경계선 지능을 가진 아동들이 포함되어 있지 않다.

경계선 지능 아동을 위한 교육은 장애아동을 위한 특수교육과는 조금 다를 것이다. 그러므로 경계선 지능 학생들을 초·중·고등학교 특수반 혹은 도움반에 배치하는 것은 옳지 않다. 현행 특수반 혹은 도움반은 장애를 가진 아동들이 더 적응하고 발달할 수 있도록 주류화(main streaming) 프로그램을 담당하는 곳이다. 경계선 지능 아동들이 자신의 잠재력을 개발할 수 있는 특수교육 프로그램을 제공하지 않는다. 오히려 도움반에서 경계선 지능 아동들이 자신의 능력을 스스로 의심하고 정체성의 혼란을 느끼기도 한다. 경계선 지능 아동을 위한 프로그램을 진행하는 특별학급이라면 경계선 지능 아동에게 도움을 줄 수 있을지도 모르겠다.

경계선 지능 아동은 장애인도 특수교육 대상자도 아니지만 보통 학교에서 어려움을 겪는 것이 분명하므로 이들만을 위한 특별 프로그램이 필요하다. 예를 들면 쉬운 교과수업, 사회성교육, 언어발달 프로그램, 금전교육, 성교육 등을 특별히 고안하여 이들에게 제공해야 한다. 지금처럼 어려운 교과수업이나 기초 학습기술(문자학습, 저학년 독해 등)에 초점을 둔 수업 말고 이들의 학습 속도와 이해량을 배려한 난이도 중하 정도의 교육 프로그램이어야 한다. 장애인도, 정신적 질병도 아니지만 좀 더 세심한 교육적 배려가 절실하다.

경계선 지능이면 모두 같은 특성을 갖나요?

・ ・ ・

어려운 이야기다. 경계선 지능 아이들이 모두 같은 특성을 가졌는지 아니면 서로 다른 특성을 가졌는지는 복잡하고도 전문적인 이야기라 생각된다. 치료사로 일하시는 지인들에게도 자주 듣는 고민거리다. 최근에는 경계선 지능 자녀를 둔 어느 부모님께 질문을 받았다.

"경계선 지능이면 다 똑같은가요?"

경계선 지능 아동들을 지도해온 부모님이나 치료사들은 전혀 그렇지 않다고 대답한다.

"경계선 지능 안에서도 서로 다른 특성을 지닌 아이들이 있는 것 같다."

오랫동안 경계선 지능을 가진 자녀를 위해 발로 뛰어오신 부모님 한 분이 이렇게 말씀하셨다. 경계선 지능이니까 모두 같은 방법과 같은 목표, 같은 방향을 바라보며 노력하는 것이 적절한지 모르겠다며 답답해하셨다. 부족한 점을 채워서 다른 또래들과 섞어놓아도 표나지 않는 상태로 만드는 것이 최선책이라고 생각하는 부모님들을 바라보면서 갑갑한 마음이 들었다고 한다. 경계선 지능 아이들도 저마다 서로 다른 문제를 가지고 있는 건 아닌지 생각하게 되었다고 하셨다. 경계선 지능 아이들도 전형적 경계선 지능 아동과 복잡성 경계선 지능 아동으로 구분해야 한다고 생각한다.

- 전형적 경계선 지능 아동
- 복잡성 경계선 지능 아동

이 두 용어는 공식 용어가 아니다. 그저 이해하기 쉽게 구분해본 것이다. 전형적인 경계선 지능 아동은 전체 발달 영역에서 평균 지능 아동의 능력보다 발달지연을 조금씩 보이는 경우다. 인지, 정서, 언어, 신체, 사회성, 행동 등의 제 발달 영역이 전반적으로 느린 상태다. 이와 달리 복잡성 경계선 지능 아동은 ADHD나, 자폐성향, 정서문제, 환경문제, 학습장애 등 다른 문제들을 동반하고 있는 경우다. 따라서 복잡성 경계선 지능 아동은 동반한 문제들을 함께 고려하지 않으면 교육 효과를 보기 어렵다.

"다른 주요 진단명을 함께 가질 수 있다."

경계선 지능을 가진 아동 중에는 "주의력 결핍 및 과잉행동 장애

(ADHD)"나 "학습장애", "난독증", "아스퍼거증후군이나 중도 자폐증상"을 함께 가진 경우도 있다. 실제로 이러한 진단명을 받지는 않았지만 생활하다 보면 이러한 특징을 가졌다고 의심되는 상황도 생긴다. 또한 선천적 염색체 이상으로 윌리엄스증후군을 가진 학생들, 신장이나 심장에 선천적 질환을 가진 학생들 사이에서도 경계선 지능을 발견할 수 있다. 게다가 가정환경의 심각한 정서결손 문제로 경계선 지능이 나타나기도 한다. 선천적 질환이나 기질·정서·환경적인 문제들이 모두 경계선 지능과 동반하여 나타날 수 있다.

따라서 이들을 지도할 때는 동반된 문제들을 경계선 지능의 전형적인 문제들과 동일 선상에 두고 고민하고 지도해야 한다. 만일 학습장애와 경계선 지능을 동시에 가졌다면, 이 두 문제를 같은 위치에 놓고 동시에 고려해서 지도해야 한다. 경계선 지능문제를 해결하면 학습장애가 저절로 해결되지 않는다. 학습장애 역시 해결한다 해서 경계선 지능문제가 해결되는 것은 아니다. 항상 두 문제는 같이 고려되어야 한다. 정서장애의 경우에도 마찬가지다. 쉽게 우울해하고, 감정 기복이 심해 왜곡된 판단을 하는 경계선 지능 아동이라면 정서문제와 경계선 지능문제를 같게 생각하고 함께 지도해나가야 한다. 하지만 학습장애와 경계선 지능을 동시에 가진 경우와 정서장애와 경계선 지능을 동시에 가진 경우는 완전히 다른 특성을 갖는다. 전문가와 교사, 부모들은 이들이 각각 다른 특성을 지닌 것으로 이해하는 것이 좋다. 물론 전형적인 경계선 지능, 즉 다른 임상적 문제를 가지고 있지 않으면서 오직 지능 수준만 경계선 지능으로 생각되는 아이들과도 다르다. 따라서 이들을 이해하고 지도하기 위해 더욱 세심한 관찰과 조심성이 요구된다.

경계선 지능이라고 진단을 받은 동시에 다른 가능성(학습장애,

ADHD, 아스퍼거증후군, 정서장애 등)에 대하여 전문가로부터 안내를 받았다면, 우선 우리 아이가 가진 고유한 특성을 일일이 열거해보면서 지도의 우선순위를 정하는 것이 좋다. 아이 지도의 우선순위나 지도함에 이해되지 않는 부분이 있다면 전문가를 찾아 집중적으로 도움을 받는 것도 중요하다.

환경적 방임에 의한 경계선 지능

• • •

　내가 경계선 지능 아동에 관심을 두게 된 시점은 '교육복지대상'을 알고부터다. 교육복지대상이란, 다른 말로 '교육적 취약계층'이라고도 한다. 경제적인 어려움을 겪는 한부모가정, 가정 내 학대나 정서적 불안 요소를 가진 경우, 조부모가 손자 손녀를 맡아서 키우는 경우, 부모가 지적장애나 기타 장애를 가져 자녀 양육이 힘든 경우, 교육을 받기가 어려운 다문화가정 등이 교육복지대상에 포함된다.

　맨 처음 시작한 것은 경계선 지능이 의심되는 아동들에 대한 심리검사였다. 2008년 당시 교육복지대상 학생들이 유독 많은 한 초등학교에서 대상자 중 교사 추천을 받아 학교 적응을 잘하지 못하는 학생들에게 심리검사를 진행했다. 놀랍게도 20여 명의 대상자 중 16명 정도가 다음과 같은 모양의 지능검사 그래프를 나타냈다. 전체 20여 명 중 2명 정도는 정서문제가 두드러진 평균 지능 아동이었고, 또 다른 2명은 지적장애 수준의 인지능력을 보였는데, 놀라운 것은 학교 적응이 어렵다고 지적된 학생 중 무려 16명이 경계선 지능 수준을 나타낸 것이다.

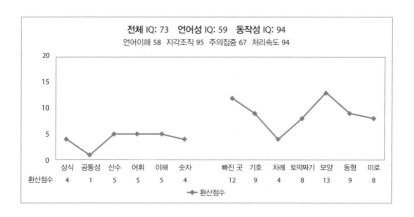

전체 IQ: 73 언어성 IQ: 59 동작성 IQ: 94
언어이해 58 지각조직 95 주의집중 67 처리속도 94

	상식	공통성	산수	어휘	이해	숫자	빠진 곳	기호	차례	토막짜기	모양	동형	미로
환산점수	4	1	5	5	5	4	12	9	4	8	13	9	8

◆ 환산점수

　당시 대상 학생들은 학업 부진, 학교 규칙 미준수, 소외된 교우관계 등 여러 방면에서 적절한 지도방법이나 가이드가 없어서 교사들이 답답해하던 차였다. 심리검사를 전후로 하여 만나본 경계선 지능 아동의 담임교사와 부모들의 답변은 한결같다. "아이들을 지켜보면 그렇게 지능이 떨어져 보이진 않는데 학습에 열의도 없고, 부기력하고, 친구관계도 좋지 않고 집중력이 떨어져 '주의력 결핍 및 과잉행동 장애'가 아닌가 하고 의심이 돼요.", "아이가 학습 부진이 다소 심해도 옆에 앉혀놓고 가르치면 이해가 불가능하지는 않아서 혹시 '학습장애'가 아닐까요?"

　교육환경의 부재로 인해 경계선 지능을 갖게 된 아동들은 태어날 때는 평균 지능으로 태어났다. 하지만 지속적인 교육과 돌봄의 결핍으로 아동의 성장과 인지발달에 필요한 지식과 경험을 얻지 못한 것이다. 그 결과 평균 지능으로 태어난 아이들이 점차 경계선 지능이 되었으며, 장차 지적장애가 나타날 수도 있다. 1963년 심리학자 고테스만(Gottesman)은 타고난 IQ도 인간이 접한 환경에 의해 달라지며 환경 자극의 정도에 대해 타고난 지능보다 낮게 또는 높게 개발된다는 IQ의 반응·범위(reaction range)로서 설명했다. 쉽게 말해 교육환경이 풍부하면 지능은 좋아질 수밖에 없고, 반대로 결핍되면 지능은 낮아질 수밖에 없다.

이는 치료사로 일하며 수없이 봐왔다. 교육환경의 부재로 학생들의 지능이 꽤 많이 낮아질 수 있으며, 학습은 물론 기본적인 생활습관의 형성이나 진로발달에도 치명적인 영향을 끼친다는 것을 목격했다. 교육환경이 충분히 충족되지 않은 아동은 이후 성인이 되어서도 평범한 삶을 살 수 없다. 학교, 군대, 직장, 결혼 등의 생활을 해내기 버거워 큰 어려움에 놓이게 된다.

하지만 교육환경의 부재가 반드시 경제적으로 어려운 가정이나 한부모가정 등에만 국한된 것이 아니다. 풍족한 삶이어도 부모와 자녀 간 상호작용이 부족하거나 학습은 학원에만 의존한 채 아이가 무엇을 배우고, 무엇을 고민하는지 관심이 부족한 가정 또한 포함된다. 그뿐만 아니라, 지나치게 아이를 과소평가해 아이의 능력을 믿지 못하고 지레 포기한 채 내버려 두는 등 부모로서 아무 노력도 하지 않는 것도 교육환경의 부재라고 볼 수 있다.

교육환경이 부재한 아이들은 지적 능력의 수준과 관계없이 다음과 같은 특징을 지닌다.

- 선천적 경계선 지능 아동보다 의사소통능력이 부족하다.
- 타인의 감정을 이해하거나 공감하지 못한다.
- 상황에 맞게 적절한 행동을 하지 못한다.
- 정서적으로 불안정하거나 공격적이다.
- 산만해서 학습능력의 발전이 없다.
- 또래관계가 원만하지 않다.
- 자신이 해야 할 일이 무엇인지 스스로 생각하지 못한다.

교육환경이 부재하더라도 학생 스스로 자신의 삶을 개척하고자 하는 의지가 강하다면 곤경을 충분히 이겨낼 수 있다. 하지만 의욕이 없고 자신감이 낮은 경우라면 삶을 어떻게 이끌어야 하는지 알지 못한 채 자신의 타고난 능력조차도 발휘하지 못해 가정에서나 학교에서 소외되고 인지능력까지 점차 낮아지는 결과를 이끈다.

가끔 강의하면서 교사와 학부모 분들께 이런 질문을 던져본다. "타고난 경계선 지능 아동과 환경에 의해 후천적으로 발생한 경계선 지능 아동, 어느 쪽이 지도했을 때 효과가 좋을까요?" 대개는 후천적 경계선 지능 아동들이 지도 효과가 좋을 것이라고 대답한다. 하지만 실제로 지도해보면 후천적 경계선 지능 아동을 좋아지게 만들기가 더 어렵다. 그 이유는 이들은 지능문제뿐만 아니라 정서적 불안정이나 욕구불만이 가득 차 있고, 스스로 노력하지 않아도 되는 편함에 길든 경우가 많기 때문이다. 따라서 학습 지도보다는 태도나 생각의 변화를 먼저 이끌어야 한다. 그러나 알다시피 사람이 한번 형성한 가치관이나 태도가 바뀌기는 무척 어려운 일이다. 하지만 타고난 경계선 지능 아동들은 대개 사람에게 우호적이며, 자신에게 도움이 되는 지도를 잘 받아들이는 편이다. 그래서 성장의 속도는 더디지만 어느 정도 타고난 경계선 지능 아동들이 성과를 내는 경우가 더 많다. 환경적 자극의 부재는 지식과 경험의 부재뿐만 아니라 애정과 관심의 부재가 동반된다. 아이들의 인지 발달과 정서 사회성 발달에 부정적인 영향을 미쳤기 때문이 아닌가 하고 생각해본다.

환경적 방임의 영향은 방임 기간이 짧을수록, 환경이 긍정적인 방향으로 변할수록 회복이 잘 된다. 즉 영유아기 환경 방임의 영향은 크면서 줄어들 수 있고, 그러한 환경에서 벗어나 풍부한 교육환경으로 변했을 때 아동의 능력 발달은 회복이 더 잘 된다. 따라서 환경의 변화 없이 아동만 지도하거나 치료적 개입을 해서는 큰 변화를 기대하기 어렵다.

부득이 환경의 변화가 어렵다면 충분한 자극을 주는 지역 자원이 개입되어 아이를 함께 돌보는 것도 방법이다. 지역의 자원들은 가정이 스스로 건강함을 회복하도록 돕고, 부모가 제공하지 못하는 교육적 지도와 관심, 좋은 성인 모델링으로서 영향을 끼친다면 흡족하지 못하더라도 아동에게 긍정적인 영향을 주는 것은 분명하다. 따라서 환경적 방임으로 인한 경계선 지능 아동들을 위해서는 사회복지·학교복지 서비스의 개입과 사회적 관심이 필요하다. 특히 이들 가정은 단시간에 걸쳐 변화하기 어려우므로 장기간에 걸친 지역기반 서비스와 관리가 필요하다. 가장 중심이 될 곳은 매일 학생을 지켜볼 수 있는 학교 복지실이다. 만일 학교에 복지실이 없다면 상담실이나 지역의 드림스타트센터처럼 전문적으로 아동을 사례 관리하는 단체와 연계를 맺는 것이 좋다.

경계선 지능 아동들에게 부모, 교사 나아가 지역사회가 도움의 손길을 내밀어야 아동의 인지발달을 포함한 제반 삶의 질 개선에도 큰 도움이 된다.

〈 교육의 초점 〉

1. 기본 생활습관을 지도한다.
2. 의미 있는 성인(교사, 부모)과의 깊이 있는 정서적 관계를 형성한다.
3. 자신이 안고 있는 고민을 상담할 수 있는 대상이 필요하다.
4. 학습하는 습관을 장시간에 걸쳐 길러주어야 한다.

정서장애를 가진 경계선 지능

. . .

정서적 어려움이 큰 경계선 지능 학생들도 꽤 있다. 한 고등학교 남학생은 처음에는 집단 따돌림과 학교폭력의 피해자로서 센터를 방문했다. 하지만 종합심리검사 이후 경계선 지능을 가진 것으로 평가되어 스스로 친구관계나 학교 적응 문제를 해결하기 어렵다고 판단했다. 학교에서 느끼는 학생의 정서적인 어려움을 돕기 위해 개인 상담을 이어갔다.

그 학생은 정서적으로 매우 상반된 특성을 나타냈다. 내면은 매우 여리고 자상하며 예의가 발랐으나, 외현은 말이 없고 불안해하며 공격적인 흥분 상태를 자주 보였다. 특히 함께 있는 사람의 영향을 크게 받았다. 자기보다 약한 동생을 만나면 한없이 다정한 선배가 되었다. 순하고 어린 동생들을 보며 "동생들의 순수하고 착한 감정이 계속 지켜졌으면 좋겠다"라고 종종 말하곤 했다. 반면 직설적이며 강압적인 모습을 보이는 교사나 부모, 친구나 선배를 만나면 자신도 모르게 분노가 치솟아 폭력적으로 행동했다. 등교를 거부하거나 자퇴를 하겠다고 고집을 부리기도 했다. 부모가 어떤 일을 재촉하는 상황이나 부모 간 갈등을 빚는 상황이 되면 심하게 울거나 물건을 던지며 화를 내기도 한다. 감정의 기복도 심해 어떤 날은 조금 힘들어도 쉽게 넘어가는가 하면 또 어떤 날은 별거 아닌 상황에서도 분노를 폭발한다.

결국 그 학생은 일반학교를 계속 다니기 힘들어했고 대안학교와 일반학교를 오가면서 안정되게 친구를 사귀지도, 소속도 일정하게 유지하지도 못한 상태로 살아갔다. 어렵사리 찾아낸 대안학교에 보내도 처음에는 잘 적응하는 듯했지만 곧 등교를 거부했다.

"예민하고 감정 기복이 심한 아이들"

우리의 목표는 학생이 고등학교를 졸업할 수 있도록 옆에서 지지하고 돕는 일이었다. 고등학교 졸업장이 뭐 그리 중요한가 싶겠지만, 약하고 적응력이 부족한 경계선 지능 학생들에게는 기본적으로 갖추어야 할 조건(예를 들면 학력)을 만들어주는 것이 중요하다.

만일 학생이 고등학교도 졸업하지 못하고 사회에 나간다면 부족한 학력과 조건에 상관없이 씩씩하게 살아갈 수 있을까? 아니다. 낮은 학력은 학생을 위축시키고 사회부적응의 한 원인으로 작용할 것이다. 학생 스스로가 자신의 감정과 정서를 안정적으로 이끌 힘이 있다면 학력은 그리 중요한 조건이 되지 않지만, 정서적 어려움을 겪는 학생들은 대개 상황을 이해하는 과정에서도 왜곡된 사고를 한다. 사람들이 뒤에서 수군거리며 무시한다고 스스로 오해한다. 대인관계가 어려워 양극성 장애나 사회부적응 장애와 같은 심각한 상황에 이를 수 있다.

우리의 또 다른 목표는 학생 스스로 자신의 강점을 찾고 자존감을 회복하도록 돕는 것이었다. 자신이 쓸모 있는 사람이고, 유능해지고 싶은 욕구를 충족하도록 자신이 잘하는 것을 찾아서 자신감을 얻도록 도와주는 일이다. 하지만 학교생활을 꾸준히 한 적 없는 이 학생은 인터넷 게임 말고는 잘하는 것이 없었다. 무엇인가를 배우도록 애를 썼지만 다른 학생들에 비해 턱없이 느린 학습 속도로 배우는 즐거움을 느끼지 못했다. 중요한 것은 시도와 경험이라 생각했다. 학생이 잘하는 것이 없어도 다양한 체험을 할 수 있도록 교육하고, 중간에 그만두더라도 전과 비교해 긴 시간을 할애하게 했다. 이전에 배우는 데 실패했어도 다시 도전하는 자세와 마음가짐이 학생에게는 큰 성장동력이다. 힘들어도 조금씩 자기 자신을 자랑스럽게 여기도록 성장하는 모습을 돌아보게 했다.

좌절과 고통의 순간에 어른들이 함께해주는 것이 가장 중요한 목표다. 그 학생의 감정이 오르내리는 순간에 외롭지 않도록 함께하기 위해 노력했다. 두 손을 맞잡고 아픈 감정을 위로하며 혼자가 아님을 인지하게 했다. 힘들 때는 언제나 센터를 찾아 자신의 마음을 털어놓도록 했고 부모님과 함께 시간을 보낼 수 있게 도왔다. 이 과정을 통해 부모는 외롭고 힘들었던 아들의 마음을 진정으로 이해하고, 지지해주는 역할을 하게 됐다. 정서장애를 가진 경계선 지능 아동들은 단순히 지능지수를 높인다고 해서 그들이 가진 정서적 어려움이 해결되지 않는다. 정서장애로 인해 더 큰 어려움이 나타날 수 있음을 늘 인식하고 도와야 한다.

정서장애를 가진 아동들은 내면적으로 느끼는 감정과 외현적으로 나타내는 감정이 같을 수만은 없다. 겉으로는 아무 문제가 없어 보여도 속으로는 분노에 가득 차서 불안증세를 보일 수 있다. 반대로 겉으로는 공격적이고 강해 보여도 속으로는 위축되어 남의 눈치만 보게 될 수도 있다. 내면과 외현이 일치하지 않는 상황은 정서적으로 건강한 상태가 아니다. 사회적응력이 떨어진다. 경계선 지능을 가진 것만으로도 학교생활이 힘든데 정서장애까지 있다면 더 적응하기 어렵다.

가끔 정서장애라 부르지 않더라도 감정 기복이 심하고 충동적이며 불안한 특성을 가진 경계선 지능 학생들을 만난다. 그들이 정서장애인지 아닌지를 확인하는 것은 중요치 않다. 단순히 경계선 지능을 가진 아이로만 대할 것이 아니라 정서적 어려움을 동반한 경우로 생각하고 세심한 관찰과 지도가 필요하다. 부모는 자녀의 상태를 매일 점검해야 한다. 특히 감정 기복이 심한 부모라면 평정심을 유지할 줄 알아야 한다. 정서장애를 가진 학생들은 주변의 영향에 민감하게 반응한다. 부모가 애써 숨긴 척해도 자녀들은 겉으로 드러나지 않은 부모의 마음을 기막히게 감지한다. 부모가 다스릴 수 없는 마음은 자녀 역시 다스릴 수 없다. 부모가 자신의 감정을 끊임없이 돌아보고 마음의 안정을 찾는 방법을 터득하는 것이 매우 중요하다.

학습장애를 가진 경계선 지능

학습장애를 가진 경계선 지능 아동들은 생각보다 많다. 하지만 전문가나 부모들도 이들을 쉽게 구분해내기 어렵다. 단순히 경계선 지능을 가진 아동들의 특징과 매우 유사하기 때문이다. 이들은 외현적으로 소심하고, 느리고, 학습 효과가 더딘 편이다. 심지어 또래관계 문제나 의사소통의 어려움을 나타내는 것도 매우 유사하다. 하지만 학습장애를 가진 경계선은 원래 평균 지능을 가진 아이들이었는데 점차 지능지수가 낮아진 경우다.

실제로 학습장애는 지능이 정상인데도 학습이 어려운 학생들을 뜻한다. 학습장애는 1963년 사무엘 커크(Samuel Kirk)가 처음으로 제안하였다. 이들의 특징과 지도방법, 교육제도에 대한 논란이 수없이 거듭되면서 이들이 공부를 싫어하는 게으른 아이들이라 오해받기도 했으며, 감각기관에 문제가 있는 아이들이라고 이해되기도 했다. 어쨌거나 현재 학습장애에 대한 공통 의견은 이렇다. 선천적으로는 정상 지능을 갖고 태어났음에도 불구하고 실제 읽기, 쓰기, 수학 등의 특정 학습 영역에서 큰 어려움을 겪는 아이들로서 이해된다. 중요한 건 이들의 지능지수는 평균에 속한다는 점이다. 이는 우리가 논의하고 있는 경계선 지능이라는 평가와 공존할 수 없는 문제다. 동시에 평균 지능이면서 경계선 지능이 될 수는 없지 않은가? 하지만 이런 문제는 실제로 흔히 발생한다.

학습장애를 가진 경계선 지능 아동들은 잠재적으로는 평균 정도의 지능지수를 가졌으나 실생활에서는 경계선 지능 수준의 능력만 사용한다. 그것은 학습장애를 가진 경계선 지능 학생들이 지식이나 문제해결 능력이 평균 수준임에도 내재한 자원(지식, 경험, 능력)을 활용하는 데 큰 걸림돌을 지녔기 때문이다. 대표적인 걸림돌은 "정보처리 속도"이며 그 밖에 "주의력", "기억력" 등이 있다. 이들은 신경학적으로 인지 정보처리과정에 현저히 어려움을 느낀다. 정확한 원인은 아직 밝혀지지 않았지만, 신경전달과정에서 각성(arousal) 유지 능력이 크게 부족하고, 정보처리 속도가 느리다. 또한 정보 입력 시 정보를 머릿속에 각인시키는 능력이 부족하다. 그러다 보니 학습을 해도 저장하는 정보가 적고, 이미 저장된 정보를 실상황에 사용하기도 쉽지 않다. 이러한 신경학적 걸림돌은 성장하면서 학습 성과를 잘 내기 어렵게 해 누적된 지식이나 경험이 부족한 상태로 성장하게 한다.

이 때문에 7세나 8세경, 혹은 초등학교 저학년 때는 평균 지능이라 판단됐어도 청소년기와 성인기에 들어서면서 경계선 지능이 됐다고 판정받기도 한다. 문제는 이들이 성장하는 동안 학습능력이나 지능지수만 저하되는 것이 아니라는 점이다. 이들은 타고난 지적 능력이 평균 수준인 만큼 주변으로부터 인정받고 싶은 욕구가 매우 높다. 게다가 성장하는 동안 자신의 능력을 무시당하거나 학업성취를 원하는 만큼 이루지 못하게 되면서 "이상적 자아"와 "현실적 자아" 사이의 커다란 차이를 극복하지 못하고 정서적 부적응에 접어들기도 한다.

한 고등학교 남학생(A)을 예로 들어 살펴보자.

전문가로서 본 A는 경계선 지능이라 단정 짓기보다는 학습장애 요소를 더 많이 가지고 있었다. 아마도 어릴 때는 학습장애를 가진 보통 지능의 학생이었을 것이다. 그런데 성장하는 동안 학습을 지원해도 계속 바닥 수준의 성적을 유지했다. 이후 중고등학교에 접어든 A는 자신의 문제를 부모나 다른 사람이 잘 도와주지 않았다고 여기며 그들을 원망했다. 분명 A는 능력이 있는데 부모님이 자신을 무시하고 구박해서 그러한 상태에 놓인 것이며, 주변 사람들은 좋은 성적을 내라고만 하지, 정작 어떻게 해야 좋은 성적을 받을 수 있는지 구체적인 방법을 가르쳐 주지 않는다고 생각했다. A는 본인의 욕구와 현실 사이의 차이가 커질수록 "이상적 자아"에 대한 허상을 생각했고, 실제 자아 상태를 숨기고 거짓 자아를 드러냈다. 자신이 반에서 5등 안에 든다고 주장했고, 가짜 성적표를 만들어서 보여주기까지 했다.

대학 입시를 앞두고서는 자신이 도저히 갈 수 없는 대학의 입학처에 매일 전화해 갈 수 있는 전형이 무엇인지 문의했다. 상담실을 찾아가서는 자신이 갈 수 있는 전형을 말하며 구체적인 방법을 찾아내서 도와달라고 요청했다. 그러나 막상 열심히 공부해서 성적을 올릴 방법을 찾아내자고 조언해도 실제로 부모나 교사가 보기에는 열심히 공부한 흔적을 찾을 수 없었다. 안타까운 마음에 A에게 공부에 너무 집착하지 말고 다른 방법을 찾아보거나 성적에 맞춰 갈 만한 대학 학과를 찾아보자고 했지만 거부당했다. A는 목표로 정한 대학(서울 상위권 대학)에 80% 이상 들어갈 가능성이 있다고 주장했다.

학습장애를 가진 학생들이 모두 그렇진 않지만, 대개 학습장애를 가진 학생들은 자존심이 세고 자신의 약점이 드러나는 상황을 매우 수치스럽게 여긴다. 다른 사람이 자신을 존중해주고, 칭찬해주기를 바란다. 그러나 현실에서는 학습 성과가 잘 나타나지 않고 학습 중심의 교실에서 공부를 못하면 열등한 아이로 찍힌다. 아마도 그 열등함은 본인이나 또래 학생에서 비롯되는 것이 아니라, 기성세대인 어른들, 즉 교사나 부모가 만들어놓은 풍조다. 자신의 열등함에 화내고 속상해하는 이들의 마음은 우리가 생각하는 것보다 훨씬 크다. 말할 수 없는 좌절감과 고통에 현실을 부정하고 도피하고 싶어 한다. 다른 사람에게 자신의 마음을 드러내지도 못하는 어려운 상황에 놓이기도 한다.

안타까운 건 이들의 마음을 잘 아는 부모나 교사들의 노력이다. 누구보다 좋은 성적과 칭찬을 원하는 학습장애 아동들이 자신의 상황을 극복할 수 있도록 도와주고자 하는 부모와 교사들은 보통 두 가지 모습을 보인다.

첫 번째, 어떻게든 성적이 올라가도록 함께 애쓰고 노력한다.
두 번째, "공부는 중요한 것이 아니다. 성적이 나빠도 너를 좋아한다"라는 말로 격려한다.

이러한 모습은 오히려 학습장애 학생들에게 상처가 될 수 있다. 첫 번째, 적당한 수준으로만 도와주자. 아이가 좋은 성적을 내기 바라기보다는 저번보다 한두 문제 더 맞아서 성적이 조금씩 오르는 것이 낫다. 자녀가 너무 스트레스를 받지 않을 정도로만 학습을 도와주어야 한다. 두 번째, 공부나 성적에 대해 직접 "좋다", "나쁘다"로 평가하지 말자.

부모가 아무리 말해도 학생은 '내가 공부를 못하니까 부모님이 저렇게 말씀하시는 거야'라고 오해한다. 오히려 과정에 대하여 격려하는 것이 좋다. 두 번째의 경우에는 "애쓰네. 힘들지? 필요한 것이 있으면 말해. 언제나 네 편이야"라고 말해주는 편이 낫다. 성적이나 공부를 평가하는 발언은 어른과 학생 사이의 거리감만 형성할 뿐이다. 오히려 "나는 네가 걱정이다"라고 말해야지, "절대로 공부 잘 하지 않아도 돼"라고 말하는 건 좋지 않다.

그렇다면 학습장애를 가진 경계선 지능 아동은 어떻게 구분하나? 전문가들이야 면담을 통해 알아차릴 수 있지만 신중하게 지능검사 그래프를 살펴보면 좋다. 다음은 초등학교 6학년 한 여학생의 지능검사 (K-WISC-III) 결과이다. 전체 지능지수는 IQ=73으로 경계선 수준이다. 하지만 전체의 지능지수가 경계선 지능으로 산출되었다고 하더라도 그래프의 몇몇 점수들은 평균 이상으로 높다(각 소검사 평균=10점). 예를 들어 공통성이나 숫자는 매우 좋다. 이해력과 단순 기억력이 좋은 편이다. 그러나 지표 점수 중에서 처리속도가 79이다(지표 점수의 평균범위는 85~115). 처리속도가 평균범위에 들어가지 못한다. 이처럼 학습장애를 가진 경계선 지능 아동들은 잘하고 못하고의 능력 차이가 크다.

"학습장애를 가진 경계선 지능의 지능검사 그래프"

IQ 점수			지표 점수			
언어성	동작성	전체	언어이해	지각조직	주의집중	처리속도
83	68	73	89	70	88	79

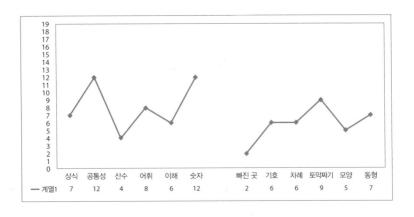

—— 계열1	상식	공통성	산수	어휘	이해	숫자		빠진 곳	기호	차례	토막짜기	모양	동형
	7	12	4	8	6	12		2	6	6	9	5	7

- 검사결과 그래프에서 높은 점수와 낮은 점수의 차이가 크다.
- 그래프의 꺾어지는 부분이 자주 보이고 완만하지 않다.
- IQ 점수나 지표 점수 중에서 어떤 것은 85점 이상인데, 어떤 것은 70점 미만이다.

학습장애를 가진 경계선 지능 아동들은 보통 운동발달과 언어발달과정에서 조금 문제를 나타내기도 한다. 이를 발달성 협응장애라고 부른다. 발달성 협응장애는 운동기관 및 신체 기관들이 서로 협조가 원활하지 못해 신체의 민첩성이 떨어지고 정보처리과정이 느리다. 그래서 학습이 더디고 행동도 느려 보인다. 또한 신체 지구력과 균형감각이 부족하여 학습 시 엎드리거나 뒤로 눕는 등 자세가 쉽게 무너지는 경우가 많다. 글을 쓰는 힘, 오래 버티는 힘도 부족해 쉽게 짜증을 내기도 한다.

물론 전문적인 지도를 받는 것이 중요하겠지만 이들의 정보처리 속도를 빠르게 하는 방법과 지구력을 기르는 방법을 터득해야 한다. 정보처리 속도를 빠르게 하려면 민첩성을 기르기 위한 신체 운동을 꾸준히 하도록 지도하고, 지구력을 기르기 위해서는 집중하는 시간을 정해서 늘려나가는 것이 좋다. 빠른 성과보다는 몇 년에 걸쳐 몸에 배도록 습관을 들이자. 천천히 시도하다 보면 어느새 가속도가 붙어서 학습에도 좋은 영향을 끼친다.

학습장애 아동과 경계선 지능을 가진 아동은 비슷한 듯 매우 다르다. 처음 경계선 지능 아동의 평가과정에서 이들을 구분하여 지도의 방향을 잡는 것이 중요하다. 눈에 보이는 것이 전부가 아니다. 경계선 지능이라고 나왔어도 그들은 학습장애일 수 있음에 유의하자.

자폐적 특성을 가진 경계선 지능

• • •

　자폐적 증상을 가진 아이들은 지능이 매우 낮을 수도, 평균 지능을 가지고 있을 수도 있다. 평균 지능을 가진 아이들은 '고기능 자폐' 또는 '아스퍼거증후군'이라고 부르기도 한다. 평균 지능을 가진 자폐 아동들은 학습도 곧잘 한다. 사회성 부분에서도 능동적인 상호작용을 하지는 않지만 부모나 주변 사람들이 시키는 일을 잘 수행하고, 묻는 말에도 적절하게 대답한다. 그러나 매우 낮은 지능을 가진 자폐 아동들은 영유아기 때 발화(스스로 소리를 내어 말하는 것) 시기도 매우 늦고, 크면서도 거의 의사소통이 이루어지지 않는다. 유아기나 초등 저학년 때는 착석이나 지시 따르기가 어렵고, 행동조절이 어려운 경우도 많다. 지적장애만 있는 경우와 달리, 지적장애와 자폐 성향이 함께 있어서 지도하기가 매우 어렵다.

　이와 달리 경계선 지능을 가진 자폐 아동들은 발달이 조금 느리고 자기 세계에 빠진 것처럼 보여도 지시를 잘 따른다. 언어발달은 느려도 대화가 가능한 정도다. 경계선 지능을 가진 아이들의 유아기는 언어와 신체 운동 발달이 매우 느려 전문기관에서 치료를 받는 경우가 많다. 언어치료, 감각 운동 치료와 같은 전문치료에 의한 효과가 비교적 좋다. 시간이 지나면서 언어능력이나 행동조절능력이 크게 향상된다. 기억능력이 평균 혹은 그 이상을 가진 경우도 많아서 유아기 때 이미 한글이나 숫자를 스스로 학습할 수 있다. 따라서 부모들은 학습지나 학원 등을 통해 이들의 학습능력을 더욱 향상시키려고 애를 쓴다. 책이나 여러 가지 정보에 관심을 두는 것 같으니, 공부를 잘할 수 있다는 기대를 해보는 것이다.

나는 경계선 지능이면서 자폐적 특성을 가진 아이들을 많이 봐왔다. 그 아이들을 단순히 경계선 지능을 가진 아이들로만 인식하려는 부모님들도 많이 봐왔다. 또한 교육기관에 방문했을 때도 전형적인 경계선 지능을 가진 아이와 자폐적 특성을 가진 경계선 지능 아이들이 함께 교육을 받는 모습을 볼 수 있었다. 그뿐만 아니라 환경적 방임으로 탈선이나 비행행동을 하는 경계선 지능 아이들도 함께 공부하는 모습도 볼 수 있었다. 이들은 자폐적 특성이든, 환경적 요인에 의한 경계선 지능이든 상관없이 경계선 지능이라면 함께 공부하는 것이 좋다고 생각한다. 이 부분은 조금 고민해볼 문제다.

나는 자폐적 증상을 가진 경계선 지능 아동들은 교육 목표가 달라야 한다고 생각한다. 하지만 현장에서 만나본 경도 자폐적 증상을 가진 자녀를 둔 부모님들은 이 아이들을 경계선 지능의 테두리 안에서 이해하고자 했다. 경계선 지능을 가진 아이들에 대한 지도방법을 적용해보려고 애쓰는 경우가 많았다. 하지만 자폐적 증상을 가지면서 동시에 경계선 지능인 경우에는 오직 경계선 지능만 가진 경우와는 전혀 다르게 접근해야 한다.

물론 경계선 지능 아동들은 모두 학습에 대한 끈을 놓쳐서는 안 된다. 국어, 영어, 수학, 사회, 기술과 가정 등 학교에서 배우는 여러 과목을 이해하고 배우려고 노력해야 한다. 나는 중학교 때까지는 성적과 관계없이 꾸준히 학습지도를 시키도록 권하는 입장이다.

하지만 자폐적 특성을 가진 경계선 지능 아동들은 '사회화와 독립생활'에 대한 목표를 잊어서는 안 된다. 자폐적 특성과 경계선 지능을 모두 가진 아이들은 중학생이 되어도 거의 영유아 수준의 생활능력과 인간관계능력을 가진다. 자신이 관심을 둔 흥미 영역에서는 높은 수준의 정보를 자랑할지라도 총체적인 발달은 지나치게 불균형한 상태이다. 실생활에서 필요한 의사소통 능력은 어떤가? 이들은 질문에 간단한 답변은 가능할지라도 의사소통의 중요 기능인 생각과 감정 그리고 의견을 나누는 것이 거의 불가능한 수준이다.

이 때문에 중고등학교 시기의 경계선 지능을 가진 자폐 아동을 데리고 방문하는 부모들은 자녀들의 독립생활을 거의 불가능하다고 여겼다. 자녀를 데리고 살겠다는 생각이 굳어진 것이다. 그도 그럴 것이 중고등학생인데도 혼자서 대중교통을 이용해보지 못한 자폐적 특성을 지닌 경계선 지능 아동들이 많다. 그러나 부모가 나이가 들어 더는 자녀를 돌보기 힘들 때가 되면 어떻게 해야 하나? 그때는 보호기관에 보내야겠다는 생각을 어쩔 수 없이 하게 될 수도 있다. 보호기관도 역시 여러 사람들이 모여 사는 사회이기 때문에 일상생활능력이 부족하다면 그곳에서도 적응하기 어렵다. 그러므로 자녀지도의 목적을 다시 한번 생각해볼 필요가 있다.

자폐적 특성을 가진 경계선 지능 아동에게 "사회화 교육"은 필수이다. 사회화 교육은 일상생활을 살아가는 능력과 타인을 대하는 능력, 타인과 즐거움을 공유하는 능력, 안전하게 행동하는 능력, 스스로 판단하는 능력, 위생적으로 생활하는 능력 등이 포함된다. 이러한 능력 발달은 오랫동안 가까운 사람들이 가르쳐서 몸에 배게 해야 하는 능력들이다. 몇 번 말로 지도한다고 익혀지는 능력이 아니다. 배려심과 인내심, 관찰력을 갖고 천천히 가르쳐야 하는 능력이다.

하지만 타인과 더불어 살아가는 능력은 집, 학교에서만 길러지는 능력이 아니다. 밖에서 지하철을 이용하면서, 물건을 사면서, 음식을 먹으면서 길러진다. 이때 필요한 것은 타인과 대화하고 함께하는 즐거움을 아동이 스스로 깨달아야 한다는 점이다. 자폐적 증상을 가진 아이들도 타인에 관심이 있고, 타인에게 무엇인가를 배운다. 그러나 5~6세 정도의 사회성 수준을 가진 자폐적 증상과 경계선 지능을 함께 가진 아이들은 학습하는 방식도 5~6세 수준이다. 즉, 5~6세 아이들이 아무 의미도 모른 채 다른 사람들을 모방하는 것처럼, 이들도 그저 재미있어서 따라하는 행동(모방 학습)을 주로 한다. 어떤 행동의 원인-결과, 타인의 마음을 고려하기보다는 겉으로 드러나는 말과 행동에 대한 호기심과 즐거움이 강하다. 그러다 보니 간혹 자폐적 증상을 가진 경계선 지능 아동이 다른 친구들의 웃긴 행동을 따라 하거나 과장된 감정 표현과 행동을 모방하기도 한다. 예를 들어 〈짱구는 못 말려〉의 짱구처럼 엉덩이를 드러내고 훌라춤을 추거나, 적절치 않은 상황에서 욕설을 내뱉다가 봉변을 당하기도 한다. 한 중학생은 친구들이 자신의 얼굴을 때리는 시늉을 하자 자기 얼굴을 직접 손찌검하기도 했다. 이는 아직 사회성 발달이 유아기 수준인 아이들이 타인의 속마음과 상황을 제대로 파악하지 못해서 발생하는 행동들이다.

독자들도 가끔 자폐적 증상을 가진 아이들이 누군가의 욕설이 담긴

말투를 기억하고 따라 하는 광경을 본 적이 있을 것이다. 그러나 그것은 사람들과의 관계에 기반을 둔 것이 아니라, 청각이나 시각 자극이 두드러지는 경우에 모방하는 것으로 이해해야 옳다. 대인관계를 통해서 배우는 것은 표정, 말투, 상황별 대처 방법, 의사표현 방식, 다양한 어휘와 문맥, 사회 이슈와 그것을 공유하는 사람들의 의견 등이다. 이러한 생활 속 학습은 아동이 인생을 살아가는 방식이 되고, 상황에 따른 적절한 행동습관을 길러준다.

그러나 자폐적 특성을 가진 아동들은 사람들 속에 섞어놓아도 스스로 유익한 것을 골라서 배워나가지 못한다. 사람들에 대한 관심보다는 두려움, 친밀감보다는 거리감을 가진 그들은 상상의 세계가 더 편하고 자유롭다. 주변 사람들과 상호작용을 하려 들지 않고 오직 관심 분야에만 몰두한다. 따라서 자폐적 증상을 가진 경계선 지능 아동이 사회화되려면 학습은 물론이거니와 감정 공유에 대한 노력이 필수적이다. 자녀나 학생이 유아라고 생각하고 대화를 해보자. 경계선 지능을 가진 자폐 아동들과 대화하는 방법을 요약하면 다음과 같다.

- "감정 단어"를 사용하여 아동의 마음을 읽어준다.
- 부모와 교사가 타인의 입장이 되어보자. 구체적인 표정을 짓고 감정 단어를 사용하여 타인의 마음을 말로서 전달해준다.
- 아이가 알아듣지 못하는 표정일지라도 반복해서 강하게 비난해서는 안 된다.
- 상황에 따른 적절한 행동을 같이 생각해본다.

단순히 경계선 지능만을 가진 아동들과 달리 자폐적 특성을 가진 경계선 지능 아동들은 다음의 특징을 갖는다.

- 단순 경계선 지능 아동보다 교과학습능력은 더 좋은 편이다.
- 단순 경계선 지능 아동보다 사회 인지능력이 매우 부족하다.
- 단순 경계선 지능 아동보다 훨씬 충동적이다. 기다리는 행동을 잘하지 못
  하고 즉시 욕구를 충족하고 싶어 한다(물론 교육과 지도를 통해 많이 개선
  될 수 있다).

상황마다 교사나 부모가 자폐 아동이 참여할 기회와 방법을 구체적
으로 안내하면 자폐 아동들도 사람들과의 관계를 통해 무엇인가를 배
울 수 있다. 그만큼 중재하는 성인의 역할이 중요하다. 누군가가 이들의
사회화 능력을 발달시켜 줄 수 없다면 제아무리 학습능력이 좋다고 해
도 혼자서 살아가는 것이 어렵다. 아이는 여전히 5~6세의 사회성 수준
을 갖고 있어서 부모가 훗날 노인이 돼서도 아이를 돌봐야 할 수도 있
다. 더욱 두려운 것은 사회화되지 않은 자폐적 특성을 가진 아이들은
성인이 되었을 때 행동화 경향이 커진다는 것이다. 부모가 자신이 원하
는 것을 즉각 해주지 않는다면 부모를 때리고, 밀치고, 물건을 던지는
등의 공격적인 행동을 할 수도 있다. 나는 종종 이와 같은 상황을 목격
했다. 전문가로서 이러한 상황이 그저 답답하고 슬프기만 하다. 그러므
로 부모와 어른들이 빨리 깨닫고 이들을 사회화시키기 위한 노력을 해
야 한다고 생각한다.
사회화는 말 그대로 사회인이 될 수 있도록 도와주는 것이다. 자폐적
특성을 가진 경계선 아동은 부모와 교사가 들인 노력만큼 사회화가 된
다. 시간이 오래 걸리고 끝없는 시행착오가 발생할 수밖에 없다.

지능에 대해 불편한 감정이 생깁니다

• • • •

경계선 지능 아동에 관해 이야기하다 보면 자연스럽게 지능지수로 관심사가 넘어간다. 경계선 지능 아동들의 개념 자체가 아이큐, 즉 지능 지수를 기초로 구분되기 때문이다. 많은 부모들이 지능이 애매하게 낮은 자녀를 지켜보며 낙심하거나 장애인 자녀를 키우게 된 것처럼 좌절 하고 고통스러워한다. 뭔가 남다르게 행동하는 자녀의 모습은 부모 자신이 가진 능력을 의심하고 두렵게 만든다. 과연 '우리 아이를 잘 키울 수 있을까?'라고 생각하기도 한다. 반대로 '지능지수 그까짓 것 열심히 공부시키면 올라가겠지' 하고 좀 더 기운 내서 아이를 돌봐야겠다고 결심하기도 한다.

한 부모는 열심히 아이에게 치료와 교육을 병행하며 좋은 환경을 주고자 10년 이상을 노력하셨다. 실제로 부모 덕분인지 아이는 생활면에서 확실히 적응해 명랑했다. 교사도 아이가 비록 공부는 못하지만 친구들과 잘 지내므로 걱정하지 않아도 된다고 말했다. 그래서 희망을 안고 지능검사를 했는데 오히려 지능지수가 60점대로 떨어져서 지적장애 수준의 평가가 나왔다. 분명 상황은 매우 좋아졌는데 왜 지능은 떨어진 걸까?

지능검사는 여러 한계점이 있다. 우선 지능검사는 우리가 생각한 만큼 타고난 능력만을 측정하지 않는다. 학교학습을 잘할수록, 언어능력이 좋을수록 지능지수는 높게 나온다. 아무리 머리가 좋아도 자기 생각을 말로 표현하기 어려우면 지능지수는 낮게 나온다. 어려서부터 책을 많이 읽고, 대화를 많이 나눈 아이가 지능검사에서 유리하다. 바쁜 부모 밑에서 자라 대화가 부족한 아이라면 아무리 머리가 좋아도 지능지수가 높게 나오지 않는다.

또한 지능검사는 아이 능력을 전부 다 측정할 수 없다. 지능검사는 인간의 필요에 의해 개발되었다. 일부 능력을 측정함으로써 특정 환경에 잘 적응할 수 있는지를 알아보고자 만들어진 검사 도구이다. 프랑스의 비네와 시몬이 처음 지능검사 도구를 개발했을 때는 교실에서 교사의 지도를 잘 경청하여 습득할 수 있는지를 알아보고자 했다. 그러므로 학교생활을 잘할 수 있는 능력을 갖춘 아이들에게 유리한 검사이다. 지능검사의 초점은 학교생활에 맞춰져 있다. 지능검사에서 낮은 평가를 받은 아이들은 또래와 같은 속도로 학습을 해내지 못하고 오래 앉아서 학습하는 데 어려움을 겪는다. 우리가 잘 아는 에디슨이나 동화작가 존 버닝햄과 같은 사람들은 지능지수가 낮다고 평가될 수 있다.

지능지수에는 언어능력이 많은 영향을 준다. 다양한 문제해결 경험이나 상식이 풍부한 아이들이 지능지수가 높다. 경계선 지능 아동들 중에는 환경적 자극이 부족할수록 낮은 지능지수를 받았다. 그럼 어떻게 해야 지능지수가 오를까? 지능지수가 올라가면 능력이나 또래관계가 좋아지고 평범한 행동을 하게 될까?

영재반에 들어갈 정도로 높은 지능지수를 가지고 있어도 또래들과 어울리는 것이 매우 어려운 아이를 많이 봐왔다. 지능지수가 낮아도 또래들과 잘 어울리고 자기 생활을 나름 잘 해내는 아이들도 많다. 지능지수가 평균 수준인 아이도 영재 수준인 아이도 경계선 지능의 아이도 모두 환경에 잘 적응할 수 있다.

평균 이상의 지능지수는 스스로 자신의 학습과 생활 속 문제해결을 잘해낼 수 있는 조건을 갖춘 것이다. 하지만 경계선 지능을 가진 아이들이 적절한 도움과 안내를 받는다면, 평균 수준의 또래들과 비교하여 전혀 손색없이 생활에 적응하고 좋은 성장을 이뤄낼 수 있다. 지능지수는 아이들이 또래와 다른 행동을 하는 이유를 밝힐 때 필요한 기준일 뿐, 진단을 받은 이후에는 지능지수에 지나치게 연연해하지 말아야 한다. 지능지수가 필요조건이기는 하나 충분조건이 아니다.

보통 지능지수가 높아지면 기억력이 좋아지므로 교육은 훨씬 수월하다. 하지만 지능지수가 좋든 나쁘든 가르치고 배워야 하는 것들(생활태도, 학습, 예절, 배려 등)은 따로 있다. 경계선 지능 아동에게 지능지수란 그저 쉽게 지도할 수 있는가, 더 많이 가르치기 위해 노력해야 하는가의 문제일 뿐이다.

부모와 교사들은 지능지수에 대한 불편한 감정을 버려야 한다. 전문가들이 먼저 지능지수의 기준에 아이들을 끼워놓고는 불편해하지 말라니 앞뒤가 안 맞는 말처럼 들릴지 모르겠으나, 지능지수는 아이들에게 더 좋은 교육 방법을 제고하고, 각자에게 맞는 훈육방법을 찾기 위해 만들어진 것이다. 따라서 부모들이 지능지수를 기준으로 아이들의 삶을 한계 짓거나 아이들의 행동을 비난해서는 안 된다.

- 너는 머리가 나쁘니까.

- 그러니까 머리가 나쁜 거야.

- 그렇게 행동하면 다른 사람들이 너보고 머리가 나쁘다고 할 거야.

이렇듯 참혹하고 부끄러운 말들로 아이들에게 상처 주지 말자. 그리고 왜 지능지수를 만들어서 아이들과 부모를 괴롭히느냐고 원망도 하지 말자. 지능지수는 단지 도구일 뿐이다. 지능지수를 올릴 방법을 찾는 것이 아니라, 아이에게 맞는 균형적인 교육 방법을 찾아야 한다. 지능지수보다 아이들이 환경 속에서 어떻게 적응하고 행복감을 느낄 수 있을지를 고민하는 것이 중요하다.

지능은 좋아질 수 있나요?

한 20대 직장인 남성은 자신이 경계선 지능이라 직장에서 매우 힘들다는 호소를 내게 한 적이 있다. 그 남성은 남들과 달리 일하는 요령을 익히지 못해 자신의 느린 습득속도를 탓했다. 근본 원인인 지능만 해결된다면 다 괜찮을 것 같은데 지능을 높이는 방법을 몰라서 죽고 싶다고 했다. 마찬가지로 경계선 지능 자녀를 둔 부모들은 지능이 낮아서 "경계선 지능"이라고 부르니, 그 근본 원인인 지능만 좋아지면 된다고 생각해서 어떻게 하면 지능이 좋아지는지 묻는 경우가 많다.

지능은 하나의 속성으로만 설명하기 어렵다. 인간이 갖는 여러 가지 능력들을 종합해서 지능이라고 정의하므로 지능을 좋아지게 하려면 여러 가지 능력을 동시에 향상시켜야 한다. 즉 여러 가지 영역에서 꾸준히 노력해야 높은 지능을 얻을 수 있다.

지능검사   인지능력   인지능력
              부분   전체

〈 지능검사란? 〉

"지능이란 여러 가지 능력의 종합"

지능검사는 주로 학교생활에 필요한 능력을 중심으로 측정하고 이를 아이큐(IQ)라는 단위로 나타낸다. 특히 학교학습을 잘하기 위해 필요한 능력과 학교에서 다른 사람들과 어울려 활동 시 필요한 대처능력을 평가한다. 기억력이나 어휘력, 상황판단력과 문제해결력 등이다. 따라서 기억력이나 어휘력이 좋은 사람, 문제해결력이 좋은 사람들이 아이큐가 높다. 최근에는 생각하는 속도(정보처리 속도)를 중요한 지능의 요소로 보고 빠르게 생각하고 빠르게 답할 줄 아는 사람이 아이큐가 높다고 본다. 만약 지능지수를 올리고 싶다면 기억력, 어휘력, 상황판단력, 문제해결력, 언어 표현력, 생각하는 속도를 향상시켜야 한다. 이 중 어느 한 가지만 특출하다면 아무 소용이 없다. 지능을 구성하는 여러 요인들을 단계적으로 훈련해야 지능지수가 높아진다.

〈 지적 능력의 향상 가능성 〉

어느 전문가는 지능이 절대적이고, 좋아질 수 없는 것이고, 사람이 접근하기 어려운 뇌의 어떤 영역이라 정의한다. 경계선 지능을 가진 자녀의 부모에게 자녀의 지능이 올라가지 않는다고 전제한 후 교육하라고 권하기도 한다. 절대적으로 그 말은 틀렸다. 지능은 절대적인 것이 아니기 때문이다. 그러나 현재의 전문지식이나 기술로서는 지능을 원하는 만큼 향상시키는 것이 어렵다. 그러므로 지적장애 수준에서 평균 지능 수준이나 영재 수준으로 향상시키는 것은 아동 자신의 능력에서나 전문가의 지식과 기술로는 거의 불가능에 가깝다. 하지만 한 단계 위로 향상시키는 것, 즉 지적장애 2급이 지적장애 3급이 되고, 지적장애 3급이 경계선 지능으로 향상되고, 경계선 지능이 평균 수준으로 향상되는 것은 충분히 가능하다.

현대의 많은 인지발달 연구자들은 아이큐 16점 정도의 향상이 가능하다는 증거를 제시하여 한 단계 위의 지능으로 향상할 수 있음을 입증했다. 문제는 지능지수만 올리는 것이 경계선 지능 아동의 모든 문제를 해결할 수는 없다는 점이다.

한 어머니는 내게 이런 질문을 하셨다.

"올해 6학년인 우리 아들은 경계선 지능을 가졌어요. 공부는 그럭저럭 따라가지만 왜 다른 문제행동을 보이는 걸까요? 경계선 지능이면 공부만 못해야지, 왜 여러 상황에서 트러블 메이커인지, 아이를 키우는 일이 참 힘드네요."

아들이 경계선 지능이어서 여러 가지 문제 상황을 유발하는 건 맞지만, 문제행동의 원인이 모두 지능에만 기인하는 것은 아니다.

〈 문제행동 유발 원인 〉

문제행동이 생기는 1차 원인이 낮은 지능에 있더라도 50% 이상은 상황에 따른 적절한 행동을 배우지 못해서다. 경계선 지능 아동들은 산만해서 최대한 쉽게 지도해야 한다. 혼내는 분위기로 아이를 훈계하면 아이의 머릿속은 백지상태가 돼 아무 소리도 듣지 못하게 된다. 따라서 자신이 늘 혼난다는 생각과 이해받지 못했다는 속상함에 어긋난 행동을 반복하는 것이다. 조금만 아이의 눈높이에 맞춰 지도한다면 경계선 지능 아동이라고 할지라도 문제행동을 점차 줄일 수 있을 것이다.

경계선 지능 아동은 그러한 가족의 양보를 필요로 하는 존재가 아니다. 사실 문제행동이야 평균 지능을 가진 아이들도 많이 나타내지 않는가?

세상 사람들은 누구나 한두 가지 이상 능력의 결함을 가지고 있다. 중요한 것은 그 결함을 보완할 장치를 적극적으로 활용하거나 개선할 방법을 찾아 노력해보는 것, 동시에 자신이 갖고 있는 또 다른 능력을 어떻게든 키워서 재미나게 살 궁리를 찾는 것이다. 한 가지 비법이나 한 가지 프로그램만으로 경계선 지능 아동의 능력을 좋아지게 할 수는 없다. 아이는 자신의 부족한 능력을 키워나감과 동시에 자신이 가진 또 다른 능력을 특별한 능력으로 변화시키는 노력을 해야 한다.

내 아이에게 최선을 다해 무엇이든 해주고 싶다.
하지만 그러한 마음이
우리의 발목을 잡고 아이의 성장을 더디게 하는 것은 아닐까?

아이를 양육하는 긴 시간 동안 아이도 부모도
끝내 놓치지 말아야 할 것은
"행복한 마음"이다.

• PART 2 •

부모의 마음

:지치지 않고 자녀와 행복하게 성장하는 법

무엇이든 해주고 싶어요

. . .

우리 아이들이 바쁘다. 아이들에게 많은 것을 해주고 싶어 하는 부모들의 열정 덕분이다. 기본 학습은 물론이고 예체능 중에서도 하나를 가르쳐야 한다. 게다가 우리 아이들은 경계선 지능이므로 관련 치료센터도 다녀야 한다. 아이들은 매일매일 힘들어도 열심히 배운다. 그럼에도 부모들은 아이가 염려돼 비슷한 처지의 부모들과 정보를 교환하기도 하며, 치료사 선생님과 상담을 나누기도 한다.

그러나 잊지 말아야 할 것은 우리 아이가 제공받을 수 있는 수용량은 어느 정도 한계가 있다는 점이다. 부자가 좋은 보물과 곡식을 많이 쌓아두고 싶어도 곳간의 크기가 한정되어 있다면 더는 새로운 것을 넣을 공간이 없다. 아이들이 받을 수 있는 여력이 그리 크지 않다는 것을 알아야 한다. 아이들도 사람이다. 여유 공간이 부족하다고 새로 곳간을 지을 수는 없다. 그저 자기가 가지고 있는 공간 안에서 부모가 주는 좋은 자원과 정보, 지식과 경험을 받아들일 수 있다. 더구나 경계선 지능을 가진 아이들은 평균 지능을 가진 아이들보다 수용할 수 있는 공간이 더

적을지도 모른다. 부모로서 무엇인가를 해주고 싶을 때 생각해야 할 점은 아이들이 받아들이고 소화시킬 수 있는 여력이다.

"한정된 크기"

경계선 지능 아동들이 부모가 주는 것을 받아들일 수 있는 정도는 아마도 '매우 한정된 크기'일 것이다. 또한 부모가 주는 것을 소화시키는 능력도 속도가 한정되어 있을 것이다. 아무리 많이 먹여주어도 아이가 소화할 수 있는 속도와 양이 각자 정해져 있으므로 부모가 욕심을 내서 많이 먹일 수도 입힐 수도 없다.

"체험학습은 한 달에 한 번 정도만"

경계선 지능 아동에게 무엇인가 해주고자 할 때 생각할 점은 부모의 입장에서가 아니라 아이가 소화할 수 있는 정도와 균형이다. 일주일 내내 학원에 보내거나 심리치료, 특수교육을 시키는 것은 좋지 않다는 말이다. 일주일의 절반은 치료를, 나머지는 집에서 지내도록 해야 한다. 또한 방과 후 집에서의 시간도 절반은 휴식, 절반은 학습이나 교육이어야 한다. 주말을 이용한 바깥나들이도 한 달에 1~2번 정도가 좋다. 매주 다양한 체험학습을 하는 것은 좋지 않다. 나머지 2~3주는 아이가 선택한 것을 하게 도와야 한다. 아이가 TV 시청이나 스마트폰 게임을 원한다면 규칙을 정하여 일관성 있게 지도하면 된다. 혹여 아이가 지나치게 떼를 쓰더라도 그것은 지극히 정상적인 과정이며, 규칙을 정하여 지도하면 되므로 큰 문제는 아니다.

경계선 지능을 가진 아동들을 보면 특수교육이나 치료교육을 정말 많이 받는다. 하루에 1개씩은 기본이고, 그 이상을 교육 받기도 한다. 언어치료, 인지학습치료, 특수체육, 사회성 훈련, 놀이치료, 미술치료 등 치료라는 치료는 거의 다 섭렵하다시피 한다. 경계선 지능 아동의 발달이 전반적으로 늦기 때문에 부득이 언어-인지 영역, 사회-정서 영역, 신체-운동 영역 등 모든 발달 영역에서 심리치료를 할 수밖에 없다. 그러나 이들 치료를 동시에 들어간다는 것이 문제다. 일주일 동안 모든 치료를 동시에 진행한다는 건 아이들에게 피로감을 주고 발달 속도를 더 늦출 수 있다. 따라서 우선순위를 먼저 정한 다음 순서에 맞게 치료를 진행해야 한다.

영유아기에는 감각통합치료나 언어치료, 놀이치료 중에 2가지 정도만 하면 된다. 인지발달이 느리다고 해도 언어치료, 감각통합치료, 놀이치료를 통해서도 인지발달이 조금씩 촉진되므로 안심하고 2가지 정도의 치료만을 진행하기를 권한다.

"영유아기에는 감각통합치료, 언어치료, 놀이치료 중 2가지 정도만 시켜라."

어느 정도 치료 목적을 달성하고 나서 초등학교에 입학할 무렵에는 특수체육이나 사회성 치료, 인지학습치료로 넘어가는 것이 좋다. 이제 학교생활에 많은 시간을 할애하게 되므로 초등학교 때부터는 학습이나 또래관계에 집중하는 편이 좋다. 물론 때에 따라 언어치료나 감각통합치료가 더 필요한 경우도 있겠지만 대개는 특수체육, 사회성 치료, 인지

학습치료가 더 필요한 시기다.

"초등학교 시기에는 특수체육, 사회성 치료, 인지학습치료 중 2가지 정도만 시켜라."

특수체육이나 인지학습치료, 사회성 치료의 경우에도 개별로 일대일로 하는 것이 필요하기도 하고 집단으로 친구들과 함께하는 치료가 필요하기도 하다. 하지만 이와 같은 경우에도 일주일 내내 여러 치료실을 오고 가는 것보다는 2~3일 정도만 치료실을 오고 가고 나머지 시간에는 가정에서 자기 시간을 보내는 것이 좋다.

"중고등학교 시기에는 개별상담을 해보자."

중고등학생의 경우에는 개별상담과 인지학습치료, 사회성 치료 중에서 2가지 정도만 하는 것이 좋다. 특히 개별상담을 중요하게 생각하는데, 자신의 진로에 대한 고민을 나누고 자신의 인생에 대한 자신의 선택과 노력에 힘을 실어주기 위함이다. 때에 따라 상담 내용이 편협될수 있으나 느린 학습자와의 상담 경험이 많은 상담가를 찾아서 자기 주도적 삶에 대한 고민 상담의 시간을 가지는 것도 좋다. 많은 부모님들이 경계선 지능을 가진 자녀가 청소년이 되어도 자기 의견을 내세우지 못한다고 오해한다. 경계선 지능을 가진 학생들도 자신의 의견이 있고 고민이 있다. 또한 사춘기도 찾아오므로 부모님께 말할 수 없는 고민을 털어놓고 의논해줄 상담 선생님이 필요하다.

〈 시기별 경계선 지능 아동 치료적 접근 제안 〉

　그 밖에도 부모가 자녀를 위해 해줄 수 있는 일은 많다. 그중에서도 가장 중요한 일은 일상생활 지도와 대화이다. 몇 가지씩 정해서 일상생활 지도를 하면 아주 능숙한 생활인이 될 수 있다. 예를 들어 어려서부터 정리정돈이나 청소에 익숙해지도록 가르치는 것이다. 한두 가지 취미생활도 할 수 있도록 지도하자. 아이가 좋아하는 것을 찾아서 이것저것 하게 하면 운동이나 만들기, 요리 등에서 취미를 발견하기도 한다. 또 부모와 많은 대화를 하면 좋다. 아주 어린 아이들도 심도 있는 대화가 가능한 것을 생각해보면 경계선 지능을 가진 아동들도 충분히 할 수 있다. 그러나 학습지를 통한 학습이나 독서는 본인이 집중해서 공부하거나 읽지 않으면 자신의 것으로 만들 수 없다. 따라서 부모가 직접 자녀와 다양한 주제로 대화를 나누는 것이 필요하다. 말주변이 없는 부모라도 반드시 경계선 지능 자녀와 대화를 많이 나누려고 노력하자. 이 경우에는 아이에게 언어치료를 받도록 할 것이 아니라 부모가 의사소통 기술을 배우는 편이 더 효과적이다. 부모가 의사소통 기술을 배운다면 자녀의 언어발달뿐만 아니라 자녀와의 사이도 돈독해지므로 일거양득이다.

"부모가 의사소통 기술을 배워서 능숙한 질문자가 되자."

의사소통의 목적은 자녀의 마음을 이해하는 방법을 터득하고, 자녀의 문제해결력을 길러주며, 자녀의 자존감을 키워주는 데 있다. 부모가 능숙한 질문자가 되어 자녀가 생각하고, 느끼고, 고민하는 것을 직접 이해하고 격려할 수 있었으면 좋겠다.

놓치지 말아야 할 본질은 무엇인가요?

· · ·

"본질은 무엇인가요?" 경계선 지능 아동을 키우는 한 어머니께서 내게 한 질문이다. 경계선 지능을 가진 자녀를 위해 수년 동안 부단히 노력해 오신 어머니셨다. 늘 중심을 잃지 않고 아이의 편에 서서 더 중요한 무엇인가를 위해 고민하고 행동하시는 모습에 존경심이 들었다. 덕분에 나 자신도 놓쳐선 안 되는 본질에 관한 질문을 스스로 해볼 수 있게 되었다.

왜 그런 질문을 하셨을까? 아마도 본질이 아닌 것을 아이에게 제공하지는 않았는지 스스로 반성하는 질문이었으리라. 아이의 연령마다 필요하다고 생각되는 것을 찾아 헤매었고, 가장 유능하다는 전문가를 찾아 아이의 교육과 치료를 부탁했음에도, 어딘가 놓치고 있지는 않은지, 불안감에 던진 질문이라는 생각이 든다. 가장 필요한 것, 가장 유능한 사람을 만나게 하는 것이 남보다 늦되는 우리 아이를 위해 할 수 있는 최선의 노력이라고 생각하기 때문이 아닐까?

나 자신도 부모이기에 아이에게 가장 필요한 것을 제쳐두고 내 마음대로 결정하여 아이의 성장을 방해하진 않았는지 돌이켜보게 된다. 하지만 나 또한 자녀 양육 관련 지식과 실수를 줄이는 방법을 많이 알고 있다고 생각하지 않는다. 양육은 지식이 아니고 실천이다. 즉, 얼마나 아는 것을 실천하는가의 문제이다. 올바른 행동을 인지해도 막상 자녀의 행동을 보면서 아는 대로, 배운 대로 실천하지 못하는 경우가 더 많지 않은가?

경계선 지능을 가진 자녀를 양육할 때의 본질은 모든 자녀교육의 본질과 다르지 않다. 한 사람이 일생을 살아가는 데 필요한 것들을 배우도록 하는 그 자체가 본질이다. 다만 같은 내용을 전달해도 자녀가 더디게 학습한다는 차이점이 있을 뿐.

나는 경계선 지능 아동을 지도할 때 이들이 서른이 되었을 때를 생각하면서 지도한다. 어엿한 성인이 된 경계선 지능 아이가 직장에 다니며 매일 웃는 얼굴로 이웃들과 인사도 나누고, 연인과 데이트도 하고, 취미 생활도 하며 행복하게 사는 모습을 상상한다(많은 부모가 이런 상상을 하겠지만). 그리고 그 모습이 반드시 될 수 있다고 믿는다. 중요한 것은 믿음이다.

과연 우리 아이가 그렇게 될 수 있을까 하는 의구심을 갖는다면 그 순간부터 부모는 불안과 두려움에 압도돼 아이가 가진 본래 모습을 볼 수 없다. 반대로 '하루하루 생활하다 보면 저절로 어찌 되겠지' 하는 부모도 있다. '설마 계속 이대로 있겠어. 신은 각자 밥그릇을 주어 이 세상에 보내신다고 하니 크면 철들어서 알아서 하겠지' 하는 아주 낙관적인 부모도 있다. 지나친 낙관주의와 지나친 불안의 중간 정도에서 약간의 긴장과 희망을 함께 품는 것이 좋다고 생각한다. 지나친 불안은 아이를 위축되게 만들고 지나친 낙관은 아이의 잠재력을 외면하는 부모의 게으름을 나타내기 때문이다.

경계선 지능 아동을 초·중학교 때 만나는 교사들은 저마다 걱정한다. 저 아이가 커서 결혼을 하고, 직장을 가질 수 있을까 하고. 이 시기엔 부모들의 불안과 걱정도 최고조에 달한다. 경계선 지능을 가진 청소년의 부모들은 아이의 미래를 불안해하고 어디서, 어떻게 도움을 받아야 하는지 등 고민 속에서 방황하게 된다. 잘 해왔음에도 불구하고 말이다. 아이에게 양질의 환경과 양질의 자극을 준다면 충분히 행복하게 살 수 있다고 본다.

양질의 환경이란 무엇일까? 나는 가장 좋은 양질의 환경은 웃을 일이 많은 환경이라고 생각한다. 재미있고 즐겁고 마음이 편한 곳이 양질의 환경이다. 엄격하고 정돈된 환경이 좋다고 생각하는 부모가 있다면 그것도 좋을 것이다. 그러나 웃을 일도 없고 관심 두는 가족이나 누군가도 없고 재미도 없는 환경은 양질의 환경이 될 수 없다. 반대로 무엇인가를 강요하고, 무섭게 다그치고, 행복을 느낄 수 없는 환경은 최악의 환경이다. 경계선 지능인 자녀 덕분에 행복하지 않다는 부모가 있다면 그것은 최악의 환경이 아닐 수 없다. 우선 아이가 사는 환경을 양질로 만들어야 한다. 한 달에 2번 정도만 화내고, 나머지는 웃을 일을 만들자. 가족 중에 아무도 부모가 가진 부담감을 이해하고 덜어주는 사람이 없다면, 부담감을 조금 내려놓기 위해서는 자녀에 대한 믿음이 도움이 된다.

"그래, 엄마도 열심히 너를 키울 테니, 너도 열심히 성장해줘"라고 생각해보자. 내 아이를 위해 최선을 다하는 양육. 그것이 가장 좋은 양질의 자극이다.

양질의 교육적 자극은 먼 미래의 삶에 도움이 된다. 학습도 좋은 자극이다. 하지만 나는 예쁘게 말하기, 다정한 태도, 친절한 행동을 아이가 갖게 되는 것도 삶에 도움이 된다고 생각한다. 행동을 본보기로 보여줌으로써 아이들이 배울 수 있게 하자. 가장 좋은 자극은 어른들의 행동이다. 그래서 자녀의 본보기가 되려고 노력하는 부모들은 자녀 앞에서 친구를 비난하거나 뒤에서 흉을 보는 행동을 하지 않으려고 한다. 또한 스스로 자신을 지키는 데 본보기를 보이기 위해 부모가 직접 부당한 상황에 부닥치면 지지 않고 저항하는 모습을 보여주려 한다. 그러나 이러한 자극은 말로 지도하는 것보다 행동으로 보여주거나 사례를 들어서 의견을 물어보는 것이 좋다. 경계선 지능 아동일지라도 자신의 의견을 표현하는 기회를 통해 양질의 자극을 자신의 것으로 만들 수 있다.

또한 양질의 자극은 다양한 경험이라고 생각한다. 경험하는 과정에서는 누구나 좋은 결과를 얻기도 하고, 실수를 범하기도 한다. 실수와 시행착오가 없는 사람은 없다. 낯선 곳에 가려고 지하철을 타는 동안 지갑을 잃어버릴 수도 있고 길을 찾지 못해 곤경에 처할 수도 있다. 이런 경우 부모는 절대 야단을 쳐서는 안 된다. 이러한 실수들은 좋은 경험이 되어 성인이 되어서 문제해결을 잘하는 밑거름이 된다. 경험은 많을수록 좋다. 여러 가지 경험을 통해 자기 삶의 폭을 넓혀가야 한다. 이러한 경험은 부모 또는 친구들과 함께하거나 혼자서 해보는 것도 좋다. 또한 경험은 집 밖에서 하는 것도 좋지만 집안에서도 할 수 있다.

집안에서는 다양한 경험을 시키기가 쉽지 않다. 보통 아이들은 집안일들이 부모의 일이라고 생각하기 때문이다. 엄마나 아빠가 할 일을 왜 내가 해야 하냐고 말할 수도 있다. 또한 아이에게 무엇인가를 시켜놓으면 제대로 하지 못하거나, 시켜놓고 다른 일을 하다가 돌아보면 여전히 하지 않은 채인 경우가 많다. 나태하고 미숙한 아이들의 모습은 어찌 보면 당연하다. 집안일은 혼내더라도 꾸준히 시켜보자. 하지만 화는 그

자리에서만 내고 계속 집안 분위기를 무겁게 해서는 안 된다.

경계선 지능 아동 교육의 본질은 결국 모든 부모 양육의 본질과 맞닿아 있다. 경계선 지능 아동은 전문가만이 양육하거나 지도할 수 있는 아이들이 아니다. 전문가들은 더 효율적인 지도 방법을 아는 것일 뿐, 부모들도 누구나 스스로 연구하여 효율적으로 지도할 수 있다.

모든 양육의 본질은 행복한 삶을 살아가면서 스스로 자신을 돌볼 수 있는 성인으로 성장하는 것이다. 미래의 행복을 위해 성장하는 내내 행복을 포기해서는 스스로 자신을 돌볼 수 있는 성인이 될 수 없다. 커가는 동안 행복하다면 커서도 자신감 있는 성인이 될 수 있다. 부모는 스스로 돌보는 아이, 즉 독립적인 아이가 될 수 있도록 인내하고 격려하고 믿어줘야 한다.

경계선 지능 아동 지도의 원칙은 무엇인가요?

· · ·

경계선 지능 아동들은 순하고 착해서 부모나 교사의 지도를 잘 따른다. 다만 아동 행동의 변화가 더뎌서 답답함을 느끼는 부모나 교사의 감정 폭발을 다스리는 것이 더 어렵다. 하지만 부모나 교사의 감정 폭발은 화를 낸 당사자의 성격 문제일 뿐 아동에게 책임 전가를 할 수 없다. 아동은 늘 그렇듯이 자신의 속도로 성장하고 있을 뿐이다. 그런데도 어느 날은 부모나 교사가 지도하는 것이 수월하고, 다른 날 지도하는 것이 더 어렵다고 생각된다. 그것은 속도 조절이 어려운 부모나 교사의 문제이므로 경계선 지능 아동을 지도할 때는 속도 조절에 유의해야 한다.

자녀의 속도에 맞추려면 계속해서 부모가 자녀가 잘 따라오고 있는지 돌아보면서 관찰해야 한다. 관찰하다 보면 아이가 빨리 걸을 때와 느리게 걸을 때가 보인다. 그 보폭을 알고 맞춰야 한다. 그 밖에도 몇 가지 지도의 원칙에 대하여 알아보자.

첫째, 아동의 장점을 활용하기

아동의 장단점에 대한 파악이 먼저다. 아동이 잘하는 것과 잘하지 못하는 것을 구분하여, 장점을 활용하는 것이 중요하다. 보통 경계선 지능 아동의 부모들은 지능을 높이기 위해 부족한 점을 채우는 전략을 사용한다. 유아기에서 초등 저학년까지는 부족한 점을 채워서 균형 있는 발달이 이뤄지게 하는 것이 필요하지만, 초등학교 3학년 이상부터는 장점 중심으로 지도하는 것이 바람직하다. 초등 저학년까지는 아동들이 기본적으로 갖추어야 할 소양이나 발달 영역이 교육내용으로 다루어지지만, 초등 3학년 이후부터는 삶을 살아가는 데 필요한 경험과 지식을 가르치게 되기 때문이다.

둘째, 분명한 목표 세우기

학생에게 가르칠 내용을 분명하게 정하고 낮은 단계에서 차근차근 시작한다. 무엇을 가르칠지를 정하는 것이 쉬운 일은 아니다. 하지만 경계선 지능을 가진 부모들은 반드시 자녀교육의 목표를 세우고, 세부적인 단계를 쪼갤 수 있어야 한다. 실행하기 어렵다면, 전문가 혹은 이웃의 도움을 받아서라도 목표를 세워야 한다.

예를 들어 친구관계에서 어려움을 보이는 아이들은 친구들과 사이좋게 지내기가 목표가 된다. 이후 친구 사귀기의 세부단계를 정해야 한다. 먼저 친구 사이에 섞이도록 노력하고, 친구 사이에 오래 머물도록 하는 것이 필요하며, 그다음이 친구들과 갈등이 있을 때 조정하는 것을 배워야 한다. 아직 친구와 어울리는 것도 힘든 아이에게 갈등을 조절하는 법을 가르칠 수는 없다. 한동안 친구들과 어울리는 연습만 하고, 어느 정도 지나면 오래 머물러 노는 연습을 한다. 그러고 나서 갈등에 대한 조절능력을 길러주는 것이 좋다. 물론 이론처럼 단계가 나누어지지 않고, 동시다발적으로 아이의 친구관계 문제가 쏟아지기는 하지만 차근차근 아이의 능력을 발전시키라는 의미이다.

셋째, 다양한 보상물 사용하기

공개적으로 칭찬하기, 웃는 얼굴로 마주보며 엄지 척하기, 과자 주기 등 다양한 보상물을 개발하자. 현재 부모나 교사들이 자주 사용하는 보상물이 무엇인지를 점검하고, 늘 사용하던 보상물에 변화를 줘 재미있는 아이디어를 짜볼 필요가 있다. 스마트폰 게임이 취미인 아이에게 게임 시간을 늘리고 줄이는 보상물을 사용한다면, 나중에 스마트폰 사용 자체가 부모와 자녀 사이의 갈등 요소가 될 수 있다. 예를 들어 재미있는 보상물로 아이가 싫어하는 음식 일주일 동안 먹지 않기, 아빠와 데이트하기, 매일 아이가 원하는 간식 만들어주기, 아이와 보드게임 하기 등을 해볼 수 있다.

넷째, 흥미 유발 전략 실천하기

가르치는 사람이 배울 사람의 흥미를 끌지 못한다면 가르침의 시작이 이루어지기 어렵다. 우스갯소리나 친밀한 몸동작과 같이 아이의 관심을 끌 만한 행동을 적극적으로 해보자. 평소 재미있게 농담을 잘하는 부모는 자녀와 사이가 좋다. 그뿐만 아니라 자녀를 지도할 때 진심이 잘 전달되기 때문에 동기 유발이나 흥미 유발에 도움이 된다.

다섯째, 몇 번이고 시범 보이기

무엇인가 가르치고자 할 때는 아동이 이해할 때까지 시범을 보여주어야 한다. 예를 들어 뜨거운 냄비를 옮기는 것을 가르치려면 조심스럽게 뜨거운 냄비를 잡아서 옮기는 과정을 직접 보여주고 아동이 실행하는 모습을 지켜봐야 한다. 당황해서 냄비를 놓치면 다친다는 것을 주의 주면서 몇 번씩 연습해야 한다. 부모는 항상 가르침을 위해 시범을 보일 준비를 하고, 아동이 스스로 해보고자 노력할 때는 그 자리에서 직접 관찰하자. 전반적으로 아동이 배웠다 싶으면 그때 혼자 해보도록 하고 자리를 떠나도 된다. 경계선 지능 아동들은 말로만 해서는 잘 배우기 어렵다. 시범을 적극적으로 보여주고, 한 단계씩 스스로 해나갈 수 있도록 하자.

여섯째, 배운 것을 말로 해보도록 하기

머릿속이 정리되지 않을 때는 자기 생각을 차근차근 말해보도록 하는 것이 좋다. 다른 사람에게 방해가 되지 않는 범위 내에서 아동이 생각한 것을 크게 말할 수 있도록 하자. 경계선 지능 아동들이 무엇인가를 배울 때 배운 것을 말로 표현하도록 지도하는 것이 중요하다.

일곱째, 아동의 성과를 자랑하기

다른 사람 앞에서 자신이 얼마나 잘하는지를 알릴 기회를 만들어보자. 요리하여 친구들 앞에 내놓거나, 자신이 만점을 받은 받아쓰기 시험지를 벽에 게시하는 것은 성취동기를 높이는 데 큰 도움이 된다. 모든 아동들이 자신이 무엇을 잘하는지 알도록 하고, 부족한 점도 열심히 노력하면 잘할 수 있다는 것을 알게 할 필요가 있다.

여덟째, 쉽고 간결하게 의사소통하기

지적장애 아동들과는 다르게 경계선 지능 아동들은 비교적 나은 이해력을 보인다. 쉽고 간결하게 설명을 해주면 된다. 이해했다고 실천을 잘하는 것은 아니다. 하지만 이해시키는 과정은 자녀가 왜 해야 하는지를 알게 되는 과정이다. 즉 동기부여 과정이다. 행동 변화의 이유를 알게 된 자녀들은 더 잘 실천할 수 있게 된다.

민감한 부모가 되려면

· · ·

2007년 페닝과 베이커 등의 〈경계선 지능 자녀를 둔 부모를 대상으로 양육 특성을 밝히는 연구〉에 따르면, 경계선 지능 자녀를 둔 부모들은 보통 지능을 가진 자녀의 부모들에 비해 상대적으로 덜 민감하고 따뜻한 표현이 부족하다고 한다. 물론 아동의 반응이 느리고 성장 과정에서 손이 많이 간다는 특성을 고려해볼 때 경계선 지능 자녀의 부모들은 상당히 지쳐 있어서, 인내와 노력이 요구되는 상황에서 덜 따뜻하게 반응할 수도 있다. 그러나 민감성의 문제는 다르다. 민감성은 부모의 지시나 설명에 따른 자녀의 반응이 아니라, 자녀가 말을 하기 이전에 부모가 자녀의 상태를 알아차리는 능력이다.

부모의 민감성에 관한 연구는 1995년 이후에 미국의 심리학자 샤이퍼나 쉴러와 같은 이들에 의해 지속적으로 이루어졌다. 연구들은 부모와 자녀의 상호작용에서 부모의 민감성(혹은 감수성)이 매우 중요하다고 보고하였다. 부모의 일관된 민감성은 아동과 청소년의 모든 발달 영역에 긍정적인 영향을 미친다고 한다.

부모의 민감성은 자녀가 보내는 욕구나 신호에 대해 정확하고 일관성 있게 반응하는 부모의 능력을 말한다. 즉, 부모는 자녀에게 무엇이 필요한지를 빠르고 정확하게 알아내고, 일관성 있는 방식으로 자녀에게 반응해주는 능력을 갖춰야 한다는 것이다. 부모의 민감한 반응은 스트레스를 받는 자녀에게 위안과 보살핌을 제공함으로써 자녀가 심리적 안정감을 유지하여 자신의 발달을 진행할 수 있도록 한다. 따라서 부모의 민감성이 자녀 성장과 발달에 필수조건임을 알 수 있다. 부모가 덜 민감하거나 비일관적으로 반응한다면 자녀는 심리적 안정감을 받지 못해 자신의 잠재력을 충분히 발달시키기 어렵다. 이 때문에 반응성 애착장애와 같은 정신장애는 유아기에 겪었던 부모의 건전하지 못한 보살핌에서 비롯되어 평생 정상적인 발달을 이루지 못하기도 한다. 주변에는 생각보다 이와 같은 정신장애가 무척 많다.

민감성이 높은 부모들은 자녀의 마음과 상태를 쉽게 이해하고 자녀가 원하는 것을 잘 알아낸다. 하지만 민감성이 낮은 부모들은 노력해도 자녀가 무엇을 원하는지 잘 알아내지 못한다. 부모의 민감성은 다소 정서적인 반응이기도 하므로 이성적 판단을 잘하는 부모들은 이 부분에서 재능이 없다고 스스로 느끼기도 한다. 이성적 판단이 강한 부모들은 자녀의 마음이나 욕구보다는 왜 상황에 적합한 행동을 못 하는지 그 이유를 먼저 궁금해한다. 따라서 부모가 민감성을 갖기 위해서는 이성적 판단을 보류하고 정서적으로 자녀를 대하려는 마음이 필요하다.

이성적 판단이 앞서는 부모들에게 자녀의 울음이나 분노 폭발은 문제행동으로밖에 보이지 않는다. 또한 자녀가 또래들에게 놀림을 당하고도 적절한 대응을 하지 못하면 인지능력이 부족해서라고 판단해 인지능력이 나아지면 잘할 수 있다고 생각하기도 한다. 이성적 판단을 잘

하는 부모들의 판단은 대체로 옳다. 그리고 이성적으로 적절하게 대응하는 방법을 설명하고자 했을 때 그 내용 또한 적절한 경우가 많다.

정서적으로 민감성을 가진 부모들은 자녀가 울거나 분노를 표출했을 때 상황을 먼저 보기보다는 자녀의 마음을 먼저 들여다본다. '어떤 마음으로 저렇게 행동하고 감정을 표현하는 것일까?', '아이가 정말 원하는 것은 무엇일까?' 하고 말이다. 또한 또래들에게 놀림을 당하거나 적절한 대응을 하지 못할 때도 아쉬워하기보다는 자녀의 마음을 먼저 이해하고 힘을 주기 위한 고민을 먼저 한다. 자녀의 마음을 먼저 생각하기 때문에 마음 읽기를 잘하는 부모가 되는 것이다. 자신의 마음을 잘 알아주는 부모에 대해 자녀들은 큰 위로를 받고, 무엇이든 이야기할 수 있는 사람이라는 생각을 한다.

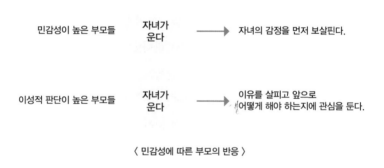

〈 민감성에 따른 부모의 반응 〉

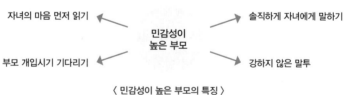

〈 민감성이 높은 부모의 특징 〉

하지만 민감성이 높은 부모라고 해서 아이가 원하는 것을 즉시 들어주지는 않는다. 민감성이 높은 부모는 자녀가 원하는 것을 알아차렸더라도 조금 더 기다리고 살펴본다. 또한 친구관계에서도 부모가 즉시 개입하는 것이 좋은지, 조금 기다렸다가 개입하는 것이 좋은지를 생각한다. 즉 민감성이 높은 부모들은 자녀의 마음을 즉시 알아차리는 능력이 뛰어나면서도, 부모가 자녀의 문제에 언제 개입해야 하는지 잘 안다. 하지만 민감한 부모들은 자신이 아이의 마음을 알고 있음을 즉시 말해준다. 그리고 부모가 개입 여부를 아이와 의논하거나, 즉시 혹은 나중에 어떠한 방식으로 나서겠다고 말해주기도 한다.

민감성이 높은 부모는 솔직하다. 경계선 지능을 가진 자녀라 할지라도 마치 어른을 대하듯 성숙한 대화를 이어간다. 만일 자녀의 마음을 부모가 잘못 알았다면 사과와 함께 자녀의 이야기를 경청하려고 노력한다. 조금 늦더라도 자녀가 자기 삶의 주체가 될 수 있도록 지지하고 격려하는 과정이 필요하다. 발달이 느릴수록 자녀가 자기 삶의 중심이 되도록 하는 부모의 노력이 중요하다.

민감성이 높은 부모가 자녀의 제반 발달을 촉진한다는 것은 이미 많은 연구가들이 증명했다. 민감성이 높은 부모가 되려면 어떻게 해야 할까? ① 이성적 판단의 보류, ② 자녀의 마음을 먼저 헤아리기, ③ 나설 때와 나서지 말아야 할 때를 알기, ④ 자녀에게 정중하게 대하기, ⑤ 자녀와 솔직한 대화 나누기. 말처럼 쉽지 않은 과정이기는 하나 항상 민감한 부모가 되어야겠다고 결심하고 자녀를 대하는 부모와 그러지 않은 부모는 차이가 크다.

건강한 분리 개별화의 필요성

· · ·

미국의 정신분석학자인 마가렛 S. 말러가 주장한 '분리 개별화(sepa ration-individuation)'의 개념은 어린 시절 부모-자녀 관계에서 벌어지는 심리 현상에 초점을 두었다. 자녀가 어머니와 떨어지는 과정이 성인기 자녀의 심리적 적응 행동에 지대한 영향을 끼친다고 보았다. 말러는 부모 특히 자녀가 부모에게서 떨어지는 과정을 "심리적 탄생"이라고 하였다.

말러는 아기가 어머니로부터 "자폐기 → 공생기 → 분리 개별화 단계"를 거쳐 독립생활을 해나간다고 보았다. 자폐기는 생후 12주까지의 시기로 누구와도 상호작용이 어려운 시기다. 공생기는 생후 1세 정도까지의 시기로서 어머니와 자녀가 특별한 애착관계를 형성하여 전적으로 자녀가 부모에게 의존하는 시기를 말한다. 분리 개별화 단계는 생후 1세 이후부터인데, 이때 자녀가 어머니로부터 점차 심리적으로 분리되어 가는 과정을 거치게 된다. 말러는 분리 개별화 단계를 하위로 4단계를 거치게 된다고 설명한다.

- 1단계: 생후 6~10개월 정도까지의 시기로 공생기의 일부에 해당한다. 아기가 세상에 관심을 가지는 시기다.
- 2단계: 생후 10~15개월 정도의 시기로 공생기의 일부를 포함한다. 아기는 걸음마를 하면서 신체적 분리와 함께 조금씩 어머니에게 의존하던 마음에서 벗어나게 된다.
- 3단계: 16~24개월의 시기로서 어머니의 곁에 머무르고 싶은 마음과 개인으로서 자율성을 얻고 싶은 마음 사이에서 갈등하게 된다. 세상에 대한 커다란 두려움으로 어머니의 곁을 떠나고 싶지 않은 "분리 불안"의 심리를 나타내기도 한다.
- 4단계: 24개월 이후의 시기로서 부모로부터 확고한 심리적 인식이 형성된다. 부모가 눈에 보이지 않더라도 자신을 지켜준다는 믿음과 함께 심리적 분리를 할 수 있게 된다.

이러한 과정은 자녀가 독립된 성인으로 성장하기 위한 필수 과정이다. 자녀가 "공생기에서 분리 자율화 단계"를 원만하게 해내지 못한다면, 자신이 겪어야 할 사회와 세상에 지나치게 압도되어 도저히 감당할 수 없다고 여길 수 있다. 또, 자신감 결여로 "분리 불안"을 경험하면 나이가 들어서도 부모의 그늘에 머물고자 하는 의타심이 가득할 수 있다.

경계선 지능 자녀들은 성장하면서 도움과 배려를 받는 환경에 노출되는 것은 당연한 과정이다. 하지만 우리 아이의 '심리적 독립'을 놓쳐서는 안 된다. 도움과 배려를 주는 것도 좋지만, 언젠가는 자신의 삶을 책임지고 살아가는 성인이 될 수밖에 없다. 그런데 성장하는 과정에서 당연하게 받은 배려들이 이 아이들의 마음속에 부모에게 도움을 받고 싶은 의존심을 만들어줄 수도 있다.

자녀가 스스로 자신의 삶을 책임지도록 하는 것은 고등학교를 졸업하거나 대학교를 졸업한다고 해서 바로 생겨나는 것이 아니라, 성장하는 과정에서 서서히 자란다. 어느 때는 세상이 두려워서 부모에게 의존했다가 또 어떤 날은 부모의 손을 놓고 혼자서 자신의 삶을 부딪쳐보는 등 반복된 과정이 우리 아이의 분리 개별화 과정이다.

건강한 분리 개별화를 위해 부모가 해야 할 일은 첫째, 부모가 스스로 정서적 안정감을 느끼기 위해 노력하기. 둘째, 자녀가 부모로부터 분리되는 과정을 기뻐하기다. 건강한 분리 개별화를 하지 못하는 부모들은 부모 자신도 불안하여 감정 기복이 심하고, 자녀가 무엇인가를 하고자 할 때 노심초사하여 마음을 놓지 못한다. 자녀와 함께 있을 때 아직 일어나지 않은 상황을 미리 걱정하고 단속하여 자녀를 불안하게 만든다.

반드시 자녀가 부모와 함께 있을 때 정서적 안정감을 느끼도록 해야 한다. 부모의 불안은 자녀에게 그대로 전달된다. 때로는 부모 자신이 불안한 심리를 가지고 있다고 자각하지 못할 때도 있고, 자녀가 인지적으로 부족하니 어쩔 수 없이 부모가 불안해진다고도 합리화한다. 그러나 부모가 불안한 것은 자녀 때문이 아니라 부모 자신의 성격이 조급하고, 다른 사람에게 무시 받는 것을 싫어하기 때문이다. 그래서는 안 된다. 다른 사람들에게 무시를 받는 것이 내가 무능력하기보다는 무시하는 사람의 인격이 잘못되었다고 생각했으면 한다. 우리 아이가 무시를 당할까 봐, 우리 아이가 실수할까 봐 자녀를 만날 때마다 잔소리를 하게 되면 아이들은 영원히 분리 개별화를 하지 못한다. 아기의 심리 상태를 갖게 돼 평생 부모에게 의존할지도 모른다. 부모가 다른 사람들의 말에 초연해져야 하고, 상처받지 않도록 애써야 한다. 그래야 우리 아이들이 부모의 안정된 정서를 전달받아 안정된 심리 상태를 발달시키고, 자신감 있게 부모에게서 벗어나 스스로 자신의 문제에 직면할 수 있다.

자녀가 부모의 말을 거역하려 들고 지나친 잔소리에 화를 내기 시작했다면 기뻐해야 한다. 아이가 정상적인 발달을 하고 있다는 뜻이다. 크게 위험한 상황이 아니라면 자잘한 심리적 상처나 사소한 친구와의 갈등을 도전의 기회라고 생각해야 한다. 자녀가 말을 듣지 않고 누군가와 갈등할 때, 자녀의 마음을 들여다보고 자녀가 자기 의지대로 해보려는 시도를 칭찬해라. 이는 실수가 아니다. 단지 시행착오이다. 친구와의 갈등을 잘 해결하는 방법을 함께 고민해서 도전하면 된다. 부모의 말을 안 듣는다고 화내지도 마라. 그건 부모의 욕심이다. 어느 정도 자라면 자녀는 부모의 말을 더는 듣지 않게 된다. 그것이 분리 개별화이다.

청소년기가 되면 말로만 가르치기가 어렵기 때문에 어릴 때 가르치는 것이 좋다. 청소년기가 되었는데도 무엇인가 잘못된 행동을 할까 봐 걱정된다면 평소에 솔선수범하는 행동을 먼저 부모가 보여야 한다. 그래야 자녀가 부모를 존경하게 되고, 부모 행동을 자기 행동의 거울로 삼는다.

건강한 분리 개별화가 이루어지지 않으면 부모의 걱정은 자녀가 살아가는 동안 지속될 것이다. 부모로부터 분리 개별화가 될 수 있도록 아이가 스스로 하고 싶어 하는 것을 기뻐하며 지켜보아야 한다. 아이가 저지른 실수를 과도하게 잔소리해서는 안 된다. 다시는 스스로 해보겠다고 생각하지 않기 때문이다.

부모의 철학

· · ·

네 아이의 아버지이자 교육자인 볼프강 펠처 박사의 저서 『내 아이를 위한 부모의 작은 철학』에는 이런 말이 나온다. "부모가 되는 첫걸음 중의 하나에는 이 세상의 통상적인 가치 평가 기준을 버리는 것이 포함되어 있다." 즉, 부모로서 출발점에 설 때는 이전에 가졌던 삶에 대한 가치 기준을 버려야 한다. 한 생명의 부모로서 어떤 삶을 살아야 행복한지에 대한 새로운 철학을 주문하는 것이다. 여태껏 살아왔던 삶과 자기 생각이 무엇이든지 간에 새로 태어난 자녀와 부모가 된 우리가 새롭게 가정을 꾸릴 수 있게 되었다. 자녀를 둔 부모는 행복한 가정을 위해 새로운 가치관을 만들어야 한다.

"가족을 지켜주는 철학"

하지만 가정에 경계선 지능을 가진 자녀가 있다면 그동안 부모가 생각했던 가정의 행복이라는 비전이 지켜지기 어렵다고 여겨지게 된다.

경계선 지능 아동이 잘 자랄 수 있는 환경을 만들기 위해 양보해야 하며 희생해야 한다는 가치관을 갖게 될지도 모른다. 그렇게 되면 평범하게 태어난 다른 형제들은 약하게 태어난 아이(경계선 지능을 가진 형제)를 위해 언젠가 부모를 대신해서 돌봐주는 역할을 하도록 강요될지도 모른다. 하지만 경계선 지능 아동은 그렇게 많은 가족의 양보와 희생을 해야 하는 존재가 아니다. 경계선 지능 아동도 충분히 책임감 있고, 자신의 삶을 성실하게 꾸려나가는 성인으로 성장할 수 있다.

"경계선 지능 아동은 스스로 성장할 수 있는 힘이 있다."

경계선 지능 아동이 지금은 미흡해 보여도 스스로 힘이 있다고 인식하는 순간 커다란 성장을 해낼 수 있다. 그러므로 애초부터 평생 누군가의 짐이 되거나 누군가 돌봐주어야 할 부족한 존재가 아니라 독립해서 살아갈 능력이 있는 존재이다. 어린 시절부터 아동을 지도할 때 여러 번 반복해야 알아듣는 모습이 느리지만, 자신만의 속도로 자신의 능력을 실현해나가는 중이다.

"경계선 지능 아동도 잘 해낼 수 있다는 믿음이 더 큰 힘을 발휘한다."

부모의 역할 중에서 가장 중요한 것은 자녀를 믿어주는 것이다. 부모의 지지를 받은 자녀는 거침없이 앞으로 나갈 힘을 얻는다. 자녀가 두려움을 느낄 때 뒤에서 여유 있게 웃으며 지켜봐 주는 부모를 바라보면 아주 큰 힘이 생긴다. 자신을 믿어주는 사람의 든든한 힘을 얻어, 거침없는 용기를 내는 것이다. 아이의 부족함을 느낀 부모들은 불안해한다.

부모가 불안하면 자녀는 힘을 낼 수가 없다. 견고한 믿음을 갖기 위해 노력해야 한다. 아무리 믿음이 좋은 종교인도 매일 기도하지 않으면 그 믿음이 흔들리기 마련이다. 부모도 한 사람의 종교인처럼 자녀에 대한 굳은 믿음을 갖기 위해 자신을 다잡는 노력이 필요한 것이다.

"경계선 지능 아동도 성장하고자 노력할 때
스스로 긴장하기도 하고 두려워하기도 한다."

성장하고자 하는 욕구는 우리에게 스트레스를 유발하며, 긴장과 두려움도 동반한다. 그러나 스트레스 없이 성장하는 사람은 아무도 없다. 아무리 마음이 강하고 머리가 좋은 사람이라도 스트레스를 받고 긴장을 하는 이유는 더 잘하고자 하는 욕구가 강하기 때문이다. 경계선 지능 아동들도 긴장하고 두려워한다. 때로는 주어진 일을 하기 싫어서 피하고만 싶어 할 수도 있다. 그러나 아이에게는 잘하고 싶은 마음이 강렬하다. 우리에게 필요한 것은 두려움에 떠는 아이에게 여유를 가지고 설득하는 것이다. 너무 힘들어하면 충분히 쉬게 해야 한다. 무작정 다그치기만 해서는 안 된다. 아이가 이해하기 쉽게 부모의 생각을 설명하고, 자녀의 의견을 들어가면서 대화를 해야 한다. 그러면 아이의 생각도 깊어지고 부모의 조급한 마음도 내려놓을 수 있다.

"무조건 긍정이 필요하다."

자녀가 충분히 제 기능을 하기 위해서는 부모의 무조건적 긍정이 필요하다. 무조건적 긍정은 허용이나 방임과는 달리 일정한 기준을 제시하더라도 조급해하지 않고, 긍정의 마음과 기다림을 보여주는 것이다. 하지만 '무조건 긍정하는 마음'을 알려주겠다고 자녀에게 "넌 할 수 있어"를 자꾸만 외치면 안 된다. 그것은 겉으로만 무한 긍정일 뿐, 속으로는 다그치고 싶은 마음이 있기 때문이다. '무조건 긍정' 혹은 '무한 긍정'은 말로 표현하지 않아도 부모의 행동으로 드러나게 되어 있다. 말로만 "넌 할 수 있다"가 아니고, 그 믿음을 행동으로 보여주어야 한다. 기회를 주고 기다려주고, 자녀에게 도움을 줄지 물어보면서 많은 가능성을 열어가야 한다.

철학이라는 말은 어렵지만, 그것을 생각이라고 바꾸면 쉽다. 부모의 철학은 다른 부모와 비교할 필요가 없다. 내 자녀와 내 가족을 위해 최적화된 부모의 무한 긍정 사고방식이나 행복한 가정을 위한 생각이라고 보면 된다. 충분히 제 몫을 할 줄 아는 성인으로 경계선 지능 자녀를 키워나가기 위해 부모로서 가져야 할 생각, 부모의 철학을 만들어보면 좋을 것 같다.

미안함과 죄책감

· · ·

부모는 아이가 아프기만 해도 미안하다. 가난해서 미안하고 부모가 더 많이 알지 못하는 것이 미안하다. 왜냐면 부모는 자녀들에게 더 많은 걸 해주고 싶고, 더 좋은 것을 주고 싶고, 아프지 않게 해주고 싶다. 할 수만 있다면 자녀의 힘든 일을 내가 대신해주고 싶은 것이 부모의 마음이다.

경계선 지능을 가진 부모들도 그러하다. 자녀를 느린 학습자로 낳아준 것에 대해 미안한 마음이 가득하다. 더 똑똑하게 낳아주어도 시원치 않을 마당에 느린 학습자라니, 앞으로 이 아이가 어떤 인생을 만날지가 두렵고 걱정이 된다. 아이가 상처받고 끝내 어려움을 이겨내지 못해서 불행할까 봐 무섭다.

"사랑한다. 미안하다."

경계선 지능을 가진 자녀의 부모는 아이들을 사랑하지만, 그들이 잘

해내지 못하는 것이 부모 자신의 죄인 것만 같아서 미안하고 어떻게든 그것을 보상하기 위해 방법을 찾고 싶어 하신다. 인지능력과 사회성을 개선하는 방법, 표나지 않게 발달할 수 있는 방법을 찾아서 정보를 검색하고, 전문가를 만나 치료를 받고, 교육하려고 애를 쓴다. 아이가 하루라도 빨리 어려움에서 벗어나길 바라기 때문이다.

"어떻게 해야 빨리 아이가 좋아질까요?"

그런데 부모의 미안함과 죄책감이 독이 될 때가 많다. 아이가 공부를 못한다는 이유로 학교에서 놀림 받고 상처받을까 봐 밤새워 공부를 시킨다. 또 학교에서 돌아온 아이를 붙잡고 "오늘은 누구랑 놀았어?"라고 매일매일 묻는다. 이러한 부모의 노심초사가 과연 아이에게 도움이 될까? 그렇지 않다. 부모가 왜 자녀를 다그치는지 자녀 스스로 이해하기 이전에, 자녀의 학교생활과 성적에 만족하지 못하고 걱정하는 부모의 행동은 곧 자녀가 부모의 눈치를 보게 만든다. 아이가 부모에게 편하게 학교 얘기를 해도 부모는 믿지 않고 불안한 마음으로 자녀를 바라보게 된다. 친구들과 사소한 다툼이나 쉬는 시간에 혼자 교실에 남아 있어도 부모는 자녀를 챙기지 않는 같은 반 친구들을 원망하게 된다. 경계선 지능 아동은 부모와 교사, 부모와 친구들 사이에서 자신이 어떻게 해야 부모님이 안심하실지 알 수 없어서 불편하고 불안한 마음뿐이다.

부모는 자녀가 덜 상처받고 자신감 넘치는 인생을 살아가기를 간절히 원한다. 그러나 자녀들에게 가장 상처를 주고 두렵게 하고 위축되게 만드는 존재가 누구인지를 생각해보아야 한다. 경계선 지능 아동이 학교에서 어려운 것은 사실이다. 하지만 경계선 지능 아동이 가장 눈치

보고 두려워하는 존재는 부모와 가족일 수도 있다.

미안함과 죄책감이 많은 부모의 양육 태도는 매우 불안정하고 조급할 수 있다. 그래서 지나치게 통제적이고 성급하다. 또한 자신이 보고 싶은 것, 듣고 싶은 것 외에 다른 의견들이 보이지 않고 들리지 않는다. 이상하게도 불안이 많은 부모들은 항상 자신이 보고 싶은 것만 찾는다. 여유가 없어서 다른 사람들이 하는 말을 오로지 아이의 문제와 연관 짓는다.

경계선 지능을 가진 자녀의 부모뿐만이 아니라, 세상의 어느 부모라도 자녀에 대하여 불안한 마음을 가져서는 전혀 도움이 되지 않는다. 느긋하게 여유를 가질수록 최상의 효과를 낸다는 것은 누구나 잘 알지만, 막상 부족해 보이는 자녀를 대하면 당황스럽고, 해결해야 하는 숙제처럼 조급해지는 것도 사실이다.

자녀는 부모의 숙제가 아니다. 비록 배움의 속도가 느린 아이라고 할지라도 잘할 수 있다는 믿음을 가져야 한다. 부족함이 많다고 생각되는 아이일수록 눈치를 더 많이 보고 자신이 하는 일에 자신 없어 한다는 것을 이해해야 한다. 부모가 할 일은 가르치는 것 외에 용기를 주고 자신감을 키워주는 일이다.

자신감은 타고나는 것이 아니다. 어떤 환경에서 어떻게 대접받고 자랐느냐의 문제이다. 그중에서도 가정에서의 대접이 가장 중요하다. 집에서 존중받고 이해받는 사람은 비록 학교나 밖에서 무시당하거나 따돌림을 당하더라도 결코 주눅이 들지 않는다. 반대로 학교에서나 바깥 생활을 아무리 훌륭하게 잘 해내도 가정에서 인정받지 못하면 주눅 들고 삶에 대한 의욕을 상실한다.

경계선 지능 자녀를 가진 부모는 가르치는 것만큼이나 용기를 주는 일이 매우 중요하다는 것을 알아야 한다. 혹시 미안하고 죄스러운 마음에 아이들을 주눅 들게 하고 있지는 않은지 돌아보길 바란다. 아이가 부모님이 이해할 수 없는 행동만 계속하고 있다면 부모 자신이 아이를 다그치고 있을 가능성이 높다. 부모 자신의 틀 안에서 아이를 다그치면 아이는 부모가 이해하지 못하는 여러 행동을 하면서 힘듦을 표시할 것이다. 자꾸 울거나, 짜증을 내거나, 멍한 얼굴로 부모를 바라볼 것이다.

이제는 천천히 인내심을 갖고 부모의 속도가 아닌 자녀의 속도에 맞추기를 권한다. 자녀를 믿자. 늦어도 할 것은 다 할 수 있다고.

지치지 않고 자녀와 행복해지는 방법

- 우리 아이는 왜 좋아지지 않나요?
- 언제까지 (언어, 놀이 등)치료를 받아야 하나요?
- 청소년이 되면 나아질까요?
- 숙제 좀 많이 내어주세요.
- 매일매일 치료센터 올게요.
- 왜 아이는 더 나빠지는 것만 같죠?
- 왜 아이는 달라지지 않죠?
- 여기까지가 우리 아이의 한계인가요?

발달센터는 성장이 느린 아이들의 발달을 가속하도록 도와주는 곳이다. 적절한 자극을 줘서 뒤처진 발달 영역이 균형을 이루도록 돕는다. 그래서 늘 발달이 느린 아이들이 많다. 그러다 보니 부모님들로부터 "왜 좋아지지 않나요? 언제까지 치료를 받아야 하나요?" 등의 질문을 자주 받는다. 우리 치료사들이 보기에는 처음에 만났을 때보다 훨씬 더 좋아졌고 그전에 하지 못하던 기능들을 제법 해낼 수 있게 되어서 발달에 가속도가 붙었다는 생각이 드는데도, 부모에게는 더딘 것처럼 보이나 보다.

아이들은 제법 눈에 보이게 발달하고 성장한다. 다만, 다른 또래들과 비교해보면 아직 부족하다고 생각이 드니 부모 눈에는 발달 속도가 빠르지 않아 보이는 것이다. 아이들은 성장하는 속도가 제각각이다. 아무리 치료사나 의사, 다른 전문가들이 다양한 자극을 준다고 해도 조금씩 가속도가 붙을 뿐, 한꺼번에 점핑하여 다음 단계가 될 수는 없다. 경계선 지능 아이들뿐 아니라 다른 아이들도 자기 속도로만 성장하지, 그 이상으로 성장할 수는 없다. 또한 다른 아이들도 어쩌다 봐야 '많이 성장했구나' 하고 느끼게 된다.

아이들이 빨리 좋아졌으면 하는 마음, 아이들이 좀 더 열심히 따라줬으면 하는 마음은 모두 조급하고 불안한 마음 때문에 생긴다. 예를 들어 마라톤 선수가 조급한 마음에 기록을 좋게 하는 약을 먹거나, 자신의 에너지 이상으로 과도하게 운동을 한다면 단기적으로는 실력이 좋아진 것처럼 보여도, 장기적으로는 운동을 못 하게 되는 불운을 겪을 수도 있다.

자녀를 기르는 부모는 자신을 지치게 해서는 안 된다. 아이 문제에 너무 깊이 연구하고 정보를 습득하고 전문가를 만나다 보면 어느새 부모의 에너지는 방전되고 부모 자신을 그렇게 만든 자녀가 원망스럽게 된다. 누구나 지치게 되면 자신을 그렇게 만든 누군가를 탓하게 된다. 그래서는 행복할 수가 없다.

아이를 키운다는 것은 적어도 20년이 걸리는 장거리 마라톤이다. 어쩌면 스무 살이 되어도 끝나지 않고 계속될지도 모른다. 내 부모님도 내가 50살이 되어도 옷을 너무 춥게 입었다고 자신의 옷을 벗어주시니 자녀를 키우는 일은 끝나지 않는 평생의 일인 것 같다. 자녀를 키우는 일에서 지치지 않고 행복해지는 가장 좋은 방법은 무엇일까?

그것은 현재에 집중하는 것이다. 과거를 돌아보면 아쉬움과 미련이 남는다. 과거에 잘못했던 일들이 수치스럽고 부끄럽다. 부모로서 한심하기도 하고 자녀에게 미안하기도 하다. 또 미래를 바라보면 과연 저 미래가 내 것이 될 수 있을지 막연하고 멀기만 하다. 또 그 미래에 도착하지 못할 것만 같아서 포기하고만 싶다. 그래서는 행복할 수 없다. 현재 아이가 열심히 하는 모습을 대견해해야 한다. 과거의 미안함을 잊고, 지금 내 앞에 서 있는 내 자녀를 사랑하자. 하루하루 열심히 사는 자녀에게 감사해야 한다.

우리는 매일 아이가 성장하고 있음을 믿어야 한다. 매일 회전하는 지구처럼 시간도 흘러간다. 그래서 자녀는 계속 성장하고, 부모는 서서히 나이 들어간다. 우리가 느끼지 못한다고 지구가 그 자리에 우뚝 서 있는 법은 없다. 아이들도 마찬가지이다. 아이들도 매일 자라고 성장한다. 꽃이 잘 자라려면 따뜻한 햇볕과 땅의 양분이 필요하듯 아이들이 잘 자랄 수 있도록 따뜻한 사랑과 좋은 자극을 주면 된다. 꽃도 지구도 멈추는 법이 없듯이 우리 아이들의 성장도 멈추지 않을 것이다.

부모로서 할 수 있는 것만 해주자. 아무리 자녀에게 모든 것을 해주고 싶은 부모라도 해줄 수 없는 것이 있다. 해줄 수 없는 것은 아무리 애를 써도 해줄 수 없다. 부모가 놓치고 자녀에게 해주지 못한 것은 다시 그때로 돌아간다고 해도 놓칠 확률이 높다. 부모는 경제적으로 형편이 닿는 만큼, 건강이 허락하는 만큼 자녀를 지원해야 한다. 최근에는 적은 비용으로 자녀를 교육하는 다양한 정보를 잘 습득하는 부모들이 많다. 하지만 아무리 적은 비용이 들고 좋은 교육프로그램이라고 해도 아이가 피곤할 정도로 참여를 시킨다면 그것은 부모의 욕심이 아닐 수 없다. 그렇게 되면 결코 자녀교육을 잘했다고 보기 어렵다. 자녀가 소화할 수 있는 만큼만, 부모 자신이 할 수 있는 만큼만 자녀에게 주어야 한다. 지나치게 과함은 좋은 결과를 얻을 수 없다.

반드시 우리 자녀와 부모인 나에게 가장 중요한 것이 무엇인지를 정했으면 한다. 휴식인지, 행복인지, 만족인지…. 그 밖에 무엇인지를 정해야 한다. 아무리 경계선 지능 아동을 자녀로 두었다고 해도 인생에서 가장 중요한 것은 달라지지 않는다. 걱정과 불안을 내려놓고 우리 인생에서 포기할 수 없는 것들에 대하여 곰곰이 생각해보길 바란다.

나로 말할 것 같으면 "즐거운 웃음"이다. 가족들과 시시콜콜 대화하며 낄낄대고 웃는 것을 절대로 포기할 수 없다. 나에게는 그것이 행복이다. 아이들의 좋은 성적도 아니고, 경제적인 부도 아니고, 사회적인 성공이나 인정도 아니다. 그저 행복하게 많이 웃고 싶다. 여러분은 부모로서 자녀와 함께 어떤 중요한 일을 하고 싶은가?

발달심리학으로 살펴본 경계선 지능 아동

성장기 아동의 심리 문제는 대부분 나이와 관련지어 이해한다. 그래서 성장기 아동의 심리 문제를 단순히 아동심리라고 부르지 않고 "발달심리"라고 부른다. 발달심리학은 아동의 연령 및 발달변화에 따라 심리 문제가 어떤 특성을 가지는지를 알아보고자 하는 학문이다.

발달심리학에서는 대개 아동의 심리를 여러 영역으로 나누어 이해한다. 신체 운동 발달, 언어발달, 인지발달, 정서발달, 사회성 발달, 행동발달 등이다. 이들 영역은 서로 유기적인 연관을 가지고 작용하기 때문에 어느 한 영역이 치명적인 어려움을 가지는 경우 다른 영역에도 크나큰 어려움이 발생하게 된다.

예를 들어 유아기에 언어발달이 느리면 의사소통의 어려움으로 또래들과 어울리는 것이 어려울 뿐만 아니라 부모나 교사의 지시내용을 이해하지 못하여 불순종해 보이거나 고집이 센 아이로 보일 수 있다. 그렇게 되면 교사나 부모는 아이에 대한 속상한 마음이 생기고 감정적으로 반응할 수도 있다. 그리하여 아동에게 지나치게 화를 내거나 꼬치꼬치 캐묻거나 아동을 무시하는 태도를 보일 수 있다. 이럴 때, 단순히 언어발달이 느린 것뿐인데 주변으로부터 부정적인 피드백을 자주 받게 되고 또래들과 어울리는 기회를 얻지 못하게 되어, 정서발달 및 사회성 발달 나아가 공격적인 행동이나 불순종한 행동이 반복되는 문제행동을 일으키게 된다.

마찬가지로 신체 운동 발달이 느린 초등학생은 대체로 소근육 협응 및 조절(미세 손 근육 사용 능력)이 부족할 수 있다. 그렇게 되면 교실에서 학습하거나 여러 가지 과제를 요구받을 때 또래들과 속도를 맞추어 과제를 완성할 수 없고, 시험을 볼 때도 정해진 시간 내에 문제를 풀지 못하여 자신의 능력보다 낮은 성적을 받을 수 있다. 또한 교사나 부모는 낮은 성적을 받은 아동을 무시하거나 열심히 하지 않는다고 다그치게 된다. 정서적으로 위축된 아이는 다른 사람에 대한 반감이나 억울한 마음에 문제행동을 일으키거나 산만하여 "주의력 결핍 및 과잉행동 장애"라고 진단을 받기도 한다.

따라서 부모나 교사는 발달심리학을 통해 아동의 전반적인 발달평가를 해볼 필요가 있다. 보통 유아기하고 초등과 청소년 시기에는 발달평가를 하지 않는다. 하지만 부모와 교사는 초등학생이나 청소년이라고 할지라도 발달의 제 영역들이 잘 발달하는지 살펴야 한다. 초등학생과 청소년을 위한 객관적이고 표준적인 발달평가 도구가 없으므로 다른 또래들과의 비교를 통해 주관적이나마 가늠을 해보는 것이 필요하다. 평가 기준은 부모가 보기에 각 영역이 또래보다 빠른지, 보통인지, 느린지를 알아보면 된다.

* 아래에서 알맞은 칸에 빗금을 쳐보자.

빠름						
보통						
부족함						
평가 / 영역	신체 운동 발달	언어발달	인지발달	정서발달	사회성 발달	행동발달

발달에 대한 주관적인 평가라도 나름의 평가를 하는 것이 필요하다. 왜냐하면 느린 학습자들도 각자의 장단점이 있기 때문에 장점을 생각해보는 것은 동기부여나 진로 설정 면에서 매우 중요한 시도다. 경계선 지능 아동을 지도할 때 초등학교까지는 또래보다 발달이 낮은 영역을 중심으로 지도하고, 중학교 이후부터는 아동의 단점보다는 장점을 중심으로 지도하는 것이 좋겠다.

왜냐하면 초등학교까지는 기초적인 인지능력이나, 학습능력을 습득하는 시기이고, 모든 아동들이 인지 혹은 성격적인 측면이 완성되지 않아 발달이 저마다의 속도로 이루어지는 시기이기 때문이다. 그러므로 부족한 점을 메워나가면서 앞으로 자신의 장점을 계발하기 위한 토대를 탄탄하게 만들어놓을 필요가 있다. 하지만 중학교 시기가 되면 장점 중심으로 지도하면서 미래 진로를 준비하는 단계로 들어가야 한다. 누구나 자신의 능력 중에 장점이 되는 부분이 있다. 눈에 띄게 소질이나 기능적인 부분이 우수한 아이들도 있고, 반대로 인성이나 태도 면에서 우수한 아이들도 있다.

부모나 교사는 아동의 기능적인 측면, 성격적인 측면, 사회적인 측면, 태도적인 측면 등에서 다양하게 살펴 장점이 되는 부분을 찾아야 한다. 중학생 이상의 경계선 지능 아동들에게서는 자신감이 무엇보다 중요하다. 자신감을 높이고 가지고 있는 장점을 극대화한다면 이후 진로 설계에도 큰 도움이 된다. 하지만, 중학생이라고 해도 현재의 생활에서 큰 어려움이 되는 부분을 발견한다면 단점을 먼저 치유해야 한다. 대개는 장점을 중심으로 지도하다 보면 자신의 어려움도 스스로 극복하고자 하는 노력을 나타내기도 한다.

부모는 항상 연구하고 공부해야 한다. 시기마다 유연한 부모 역할을 하려면 우리가 자라난 방식, 우리 부모가 했던 방식을 답습해서는 안 된다. 변화하는 세상에 맞게 우리 부모 역할을 연구하여 개발하려는 노력이 필요하다. 그런 측면에서 발달심리학은 큰 정보와 지식을 제공할 것이다.

어떤 사람들은 지능이 결코 좋아질 수 없다고 말한다.
글쎄?

과학전문지 <네이처>의 2011년 호에 실린 연구에 따르면
IQ는 4년 동안 추적한 결과
놀랍게도 21점이 올라가거나
18점이 떨어지기도 한다고 보고했다.

어떤 요인들이 지능을 떨어뜨리고 올리는 것일까?
우리 아이의 지적 능력을 올리기 위한 방법을 살펴보자.

PART 3

인지발달

:지능은 좋아질 수 있어요

경계선 지능 아동의 생각주머니

· · · ·

우리 머릿속에서 집중하고 생각하고 지식을 담는 공간이 있다. 그것을 "생각주머니"라고 말한다.

"생각주머니"

생각주머니라는 말은 유치원 교사들이 자주 사용하는 말이다. 유아들이 어떤 생각을 하거나 새로운 것을 배울 때 유아들의 머릿속에 생각이 담긴다는 의미로 사용한다. 머릿속에 "생각주머니"가 있다고 생각해 보자. 사람들의 생각주머니 속에는 각자가 살면서 배우고 경험한 정보들이 가득 담겨 있을 것이다.

사람들이 가지고 있는 생각주머니의 크기는 모두 똑같을까? 생각주머니가 큰 사람도 있고, 작은 사람도 있을 것이다. 사람들의 학습능력이나 배울 것을 기억하는 능력을 생각주머니에 비유하자면 각자 생각주머니의 크기가 다르다. 생각주머니의 크기를 인지심리학에서는 기억의 용량이라고 한다. 기억의 용량은 한 번에 듣고 기억할 수 있는 정도를 말하는 것이다.

기억의 용량은 우리의 뇌 속으로 정보나 경험이 들어와서 담기는 정도를 말하는데, 사람들의 머릿속 용량은 어느 정도의 한계를 가지고 있다. 인지심리학자인 조지 밀러는 한 번에 지식을 받아들여 사용할 수 있는 지식의 양을 단기 기억 용량으로 설명하고, 그 양을 7±2청크(chunk) 정도라고 제안하였다. 청크는 기억단위를 말하며, 1청크는 한 번에 기억할 수 있는 숫자 또는 그림의 개수가 1개라는 뜻이다. 그러므로 7±2청크(chunk)라는 말은 한 번에 기억할 수 있는 숫자 또는 그림 등의 개수가 5~9개 정도가 된다는 뜻이다. 이것을 생각주머니의 크기로 설명하면 생각주머니에 들어가는 지식의 양은 보통 사람의 경우 5~9개 정도가 된다.

하지만 안타깝게도 지능이 낮아질수록 생각주머니의 크기는 작아진다. 보통 경계선 지능 아동의 생각주머니에 담기는 양은 4~5개 정도이다. 지적장애를 가진 아동들은 그보다도 더 적다. 그렇기 때문에 한 번에 학습할 수 있는 양도 보통 아동보다 적고, 쉽게 피곤해서 집중력이 흩어지게 된다. 또한 생각주머니의 작은 공간 때문에 복잡한 과제를 줬을 때 동시에 여러 가지 정보를 떠올릴 수가 없다. 그러니 자연스럽게 복잡한 과제를 피하게 된다.

우리 아이의 생각주머니의 크기(기억의 용량)를 알고 싶다면 쉽게 아는 방법이 있다. 2~3음절로 이루어진 낱말을 5~7개 정도 불러주고,

곧이어 들었던 낱말을 기억해서 말해보도록 해보자. 보통 지능을 가진 아동들이라면 6~7개 정도의 낱말을 기억하지만, 경계선 지능을 가진 아동이라면 4~5개 정도의 낱말을 기억한다. 이것이 생각주머니 크기의 차이를 나타낸다.

보통 아동의 수준으로 6~7개 정도의 기억용량이라고 치자. 아마도 학습 부진이나 학교생활의 어려움에 영향을 주는 다른 문제가 있는데, 우리가 아이를 경계선 지능이라고 오해하고 있는 것일 수 있다. 사실 나를 찾아오는 많은 사례에서 오해를 발견한다. 실제로는 학습장애가 있다거나, 정서불안이 있다거나 오랫동안 무기력하게 살아왔다거나 하는 여러 가지 이유로 인해 인지능력이 낮아 보이는 것일 뿐, 실제로는 경계선 지능이 아닌 경우도 많았다.

경계선 지능 아동의 생각주머니를 6~7개로 늘릴 수 있을까? 물론이다. 반복적인 연습을 통해 자신이 한 번에 처리할 수 있는 정보의 양을 평균 지능의 수준으로 끌어올리는 것이 가능하다. 재미있게도 한 번에 처리할 수 있는 정보의 양이 많아지면 주의집중력도 향상된다. 즉, 생각주머니의 크기를 키우면 집중력이 훨씬 좋아진다.

생각주머니의 크기는 한 개인의 인지능력에서 매우 중요하다. 생각주머니가 작으면 한 번에 공부할 수 있는 양도 적고, 한 번에 집중할 수 있는 시간도 짧다. 머릿속 크기가 작아서 이것저것을 한꺼번에 생각하기도 어렵다. 그것이 경계선 지능 아동이 복잡한 생각을 하기 싫어하는 이유이다. 한 번에 떠올릴 수 있는 정보의 양이 적은 것이다. 생각주머니가 작아서 동시에 생각할 수 있는 지식이나 정보의 양이 적을 수밖에 없다. 생각주머니의 공간이 작아서 여유가 없으니 조금만 생각을 해도 머리가 아프다.

기억의 공간, 학습의 공간이 되는 생각주머니의 크기를 크게 만들기 위해서는 사소한 것이라도 자주 기억하는 연습을 하는 것이 좋다. 친구들의 이름을 외워보게 하고, 지나오면서 보았던 가게들의 이름을 기억하게도 하고, 나라와 도시 이름도 외우게 하자. 교육학자들은 무조건 외우도록 하는 교육이 무의미하고 창조성을 저해한다고 하면서 사고력 중심의 교육을 해야 한다고 주장한다. 하지만 그것은 어느 정도 생각주머니가 큰 사람들의 이야기다. 생각주머니가 작은 아이들에게는 기본적으로 외우는 연습이 생각주머니의 크기를 확장하는 중요한 방법이다. 지식을 주입한다고 생각하기보다는 자신이 활용할 수 있는 생각의 공간을 넓힌다는 의미에서 외우는 연습이 중요하다고 생각한다.

경계선 지능 아동에게는 적은 양부터 외우는 활동이 도움이 된다. 외우는 활동은 그 자체로 생각주머니를 넓힐 수 있다. 단, 지나치게 많은 양보다는 조금씩 매일 외우는 연습을 반복하는 것이 중요하다. 일단 생각주머니가 커져야 논리적 사고와 창조적 사고도 할 수 있게 된다. 스스로 생각을 떠올릴 수 있는 공간(생각의 공간)이 작아서는 절대로 논리적 사고도 창조적 사고도 제대로 할 수 없다. 논리적 사고이든 창조적 사고이든 기본적으로 여러 가지 생각을 동시에 떠올릴 수 있어야 하는데, 작은 공간에는 여러 가지 생각이 동시에 들어올 수가 없다.

생각주머니 안에서는 지식과 경험을 저장하고 사용하기 위해 많은 작업들이 이루어진다. 정보를 받아들이고 서로 관계를 연결 짓고, 일시적으로 저장하는 일을 하는 것이다. 따라서 생각주머니의 크기가 보통 정도의 크기가 되어야만 배운 것을 받아들여서 논리적으로 연결 짓고 자신에게 도움이 되는 판단을 할 수 있다. 또한 어른들이 당부한 일을 명심하고 실천하기 위해서도 생각주머니가 커야 한다. 약속이나 규칙, 상황에 맞는 어떤 행동들을 놓치기 않고 기억하여 실행할 수 있다. 생각주머니가 작은 경계선 지능 아동의 생각주머니를 지금보다 커지게 도와주어야 한다.

집에서 할 수 있는 인지 훈련

· · ·

경계선 지능 아동의 인지능력을 돕고자 할 때는 주의력과 기억력, 시각적 사고력과 언어적 사고력으로 구분하여 지도하면 좋다.

기억력

경계선 지능 아동들의 기억력은 평균 지능을 가진 아동들보다 조금 낮다. 한 번에 기억할 수 있는 양이 많지 않아서 더 많은 양을 기억할 수 있도록 도와야 한다. 암기 과제가 있다면, 더 많은 횟수를 암송하도록 할 수 있고, 효과적으로 외울 수 있도록 그림으로 그려보거나, 특별한 암기 방법을 사용하여 잘 기억하도록 하면 좋다. 또 나중에 기억한 내용을 꺼내어 사용할 때 단서가 될 수 있는 것을 미리 기억할 때 강조하면 더 좋다. 자신이 외운 것을 잘 꺼내어 사용하지 못하는 이유는 기억을 저장할 때 명확하게 하지 않아서다. 평소 시 암송, 노래 외우기 등 기억을 위한 연습을 자주 하면 도움이 된다.

주의집중력

경계선 지능 아동들은 기본적으로 주의집중력이 낮다. 주의집중력은 "지속적 주의력"의 부족에서 평균 지능을 가진 아동들과 차이가 난다. 달리기로 치면 경계선 지능 아동들은 오래달리기를 잘하기 어렵다. 우리가 오래달리기를 잘하려면 어떻게 해야 할까? 아마 달리는 거리를 조금씩 늘려나가는 훈련을 하게 될 것이다. 마찬가지로 경계선 지능 아동들이 주의집중력을 향상하기 위해서는 과제를 지속하는 시간을 의식적으로 늘려나가는 연습을 해야 하고, 평균 집중시간을 측정해야 한다. 도움 없이 과제를 하는 시간을 대략 살펴보면 아마 5분에서 10분 정도 될 것이다. 그러면 15분 정도 과제를 하는 연습을 일주일간하고, 그다음 주에는 20분간 과제를 하는 방식을 사용하여 주의지속시간을 늘려나가는 것이 좋다.

사실 경계선 지능 아동들의 기억력이나 주의집중력은 그렇게 평균 지능을 가진 아이들과 차이가 나지는 않는 것 같다. 조금만 연습을 하면 평균 수준의 기억과 주의집중을 할 수 있음을 수없이 발견했다. 그러므로 경계선 지능 아동들의 인지능력에서 가장 신경 써서 지도해야 하는 부분은 사고력이다.

사고력

사고력은 일종의 생각 근육을 키우는 일이다. 실상 뇌의 근육 부위를 단련한다고 생각하면 된다. 허리 근육이나 다리 근육이 약한 사람은 오래 서 있을 수 없지만, 반대로 강한 사람은 오래 서서 일할 수 있다. 오래 일을 하려면 근육이 있어야 한다. 그러므로 생각을 오래 하려면 뇌의 근육이 단련되어야 한다. 사고력이 곧 뇌의 근육이다. 사고력은 언어적 측면의 사고력과 시각적 측면의 사고력으로 구분하여 생각하면 이 해하기 쉽다. 우리는 무엇인가를 생각할 때 듣고 말하면서 생각하거나, 보고 판단하여 생각하는 경우가 많으므로 언어적 사고력과 시각적 사 고력을 사용하고 있는 것이다.

먼저 언어적 사고력에 대하여 알아보자. 듣고 생각하는 것, 생각하여 말하는 과정에서 언어적 사고력이 필요하다. 따라서 언어적 사고력을 기르기 위해서는 "대화"가 필요하다. 대화를 통해 사고력을 기르는 것 이 언어사고력이다. 대화 또는 말하기를 통해 사고력을 기르는 방법에 는 무엇이 있을까?

- 일상적인 대화
- 끝말잇기
- 낱말 맞히기 게임
- 시장에 가면
- 접어 게임
- 사자성어 외우기
- 그림 보고 원인 말하기
- 다른 사람 앞에서 자기소개하기
- 그림 보고 순서대로 이야기 만들어보기
- 다른 사람을 여러 사람 앞에서 소개하기
- 다른 사람 이야기를 경청하고, 요약해서 말하기

- 수수께끼
- 아이엠그라운드
- 초성 게임
- 당연하지 게임
- 동시 외우기
- 그림 보고 이야기 나누기
- 그림 보고 다음에 올 내용 말하기

〈 조금 더 알아보기 〉
- 당연하지 게임: 두 사람이 마주 서서 무슨 말을 하든 "당연하지"라고 말하 는 게임

- 접어 게임: 다섯 손가락을 펼친 후 "안경 쓴 사람 접어!"라고 외치면 질문에 해당하는 사람은 자기 손가락을 한 개씩 접는 게임
- 그림 보고 이야기 나누기: 그림 한 장을 펼쳐놓고 등장인물의 생각, 행동 등에 대하여 자유롭게 이야기를 나누는 활동
- 다른 사람을 여러 사람 앞에서 소개하기: 먼저 옆 사람과 단둘이서 자기소개를 한 다음 다른 사람들에게 옆 사람이 어떤 말을 했는지 기억하여 소개하는 활동

보통 언어사고력을 키운다고 하면 독서 활동을 생각하기 쉬운데, 책 내용을 이해하기 어려워하는 경계선 지능 아동들에게 독서 활동은 크게 도움이 되지 않는 것 같다. 만약 유아 그림책을 활용한 활동이라면 부담 없이 언어사고력 활동을 할 수는 있겠지만 부모나 교사가 아무 계획 없이 독서 활동을 진행한다면 큰 도움을 받지 못할 수도 있다. 책을 많이 읽어주는 것만으로 아이의 언어능력이 꼭 향상되지는 않는다는 점을 기억하자. 제대로 된 책 읽기 활동을 해보고 싶으신 분들은 독서 지도 방법에 관한 여러 강좌들이 개설되고 있으니 이들 강좌에서 좀 더 공부를 해보는 것도 좋은 방법이라고 생각한다.

기본적으로 부모와 대화를 많이 나눈 아이들이 언어사고력이 높다. 부모가 일방적으로 설명하는 것은 대화가 아니다. 대화는 주고받는 언어의 비율이 거의 반반 정도 되어야 한다. 혹은 부모의 언어량이 적고 아이의 언어량이 많아도 된다. 하지만 부모의 언어량이 더 많고 아이는 듣고만 있는 경우라면 크게 도움이 되지 않는다.

그다음으로 시각적 사고력은 보고 생각하고 판단하는 능력이다. 시각적 사고력이 부족하면 대인관계에서 상황판단력이 부족하다는 인상

을 줄 수 있다. 시각적 사고력을 기르는 가장 간단한 방법은 도형을 많이 가지고 노는 일이다. 탱그램이나 칠교놀이와 같은 조각도형을 활용한 놀이는 시각적 사고력의 첫 단계라고 할 수 있다. 조각을 이리저리 붙여서 여러 가지 모양을 구성해보는 것이 시각적 사고력의 기초이기 때문이다. 그 밖에 시각적 사고력을 기르는 다양한 방법을 알아보자.

- 종이접기
- 표 만들기
- 그림을 그려서 동화책 만들기
- 우리 가족 구성원 조직도 그리기
- 많은 수의 바둑돌 개수 눈으로 세기
- 도형을 여러 가지 특징으로 분류해보기
- 지도 및 대칭 도형, 우리 집 평면도 그리기
- 부분 그림을 보고 전체를 상상해서 그려보기
- 스마트폰 길 찾기 앱을 이용하여 목적지에 가보기

- 레고 맞추기
- 마인드맵 그리기
- 그림을 그려서 낱말, 속담 설명하기
- 그림 보고 똑같이 따라 그리기

시각적 사고력은 수학학습과 관련이 많다. 수학 교과에서 활용되는 과제들을 학습지로만 풀지 말고 직접 그려보고 도형으로 만들어서 돌려보는 등 시각적 사고력 활동을 하는 것이 좋다. 끝으로 언어적 사고력과 시각적 사고력을 종합적으로 사용하는 능력을 기르는 방법을 안내하고자 한다. 실생활에서는 언어능력 따로 시각능력 따로 사용되는 것이 아니라 언어와 시각이 동시에 사용된다. 언어능력과 시각능력을 함께 사용하는 능력을 키우는 매우 간단한 방법은 "보드게임"이다. 현재 우리나라에서 살 수 있는 보드게임은 아주 많다. 하지만 경계선 지능 아동들은 보드게임을 하자고 하면 할리갈리나 인생 게임과 같은 간단하고 쉬운 유형만 관심을 보인다. 게임을 하는 과정에서 머리를 쓰는 것이 버겁기 때문에 보드게임을 그다지 좋아하지 않는다. 하지만 인내심을 가지고 보드게임을 연습하게 되면 사고력도 좋아지지만, 친구들이 놀러 왔을 때 함께 할 수 있는 놀이 활동이므로 사회성 발달에도 좋다. 따라서 자녀와 보드게임을 자주 해보도록 노력하자.

경계선 지능 아동들의 인지발달을 돕는 여러 방법을 소개하고 나니 또 다른 걱정이 든다. 부모들이 이러한 활동들을 하면 자녀의 머리가 좋아질 수 있다고 믿기 때문이다. 이와 같은 활동은 머리를 좋게 하는 것이 아니라, 두뇌를 좀 더 잘 사용하기 위한 준비과정이다. 조금 더 두뇌를 사용할 준비가 되면 학교 공부도 조금 쉽게 지도할 수 있고, 다른 사람들과 어울릴 때 필요한 기술을 가르치는 것도 훨씬 수월하다. 또한 다른 사람의 마음을 이해하는 방법과 생활에 필요한 여러 가지 기술을 가르치는 것이 좀 더 쉬워진다. 인지발달과 인지능력이란 배워야 할 사항을 잘 배울 수 있도록 돕는 기본과정이지 그 목적지가 아니다. 자녀의 인지능력이 향상되고 나면 부모는 그전에 비해 수월하게 자녀교육을 할 수 있다. 물론 아이 스스로 무엇인가를 배우려는 관심과 의지가 뒷받침되어야 한다.

학습의 속도(rate of learning)

• • •

교육 현장에서는 경계선 지능 학생들을 "천천히 배우는 학습자"라고 부른다. 1960년대부터 이미 교육 현장에서는 천천히 배우는 학습자에 대한 논의가 있었다. "학습의 속도"는 하버드대 교육심리학 교수였던 존 캐럴의 주요 관심사였는데, 그는 학생들은 저마다 학습을 하는 데 걸리는 시간이 다르며, 이에 따라 천천히 배우는 학생과 빠르게 배우는 학생이 구분된다고 하였다. 학생들의 학습 속도는 학습에 대한 학생의 태도와 지능검사 결과를 통해 예측이 가능하다고 했다.

또한 그는 각 학생의 학습 잠재력을 최대한 발휘하기 위해선 학생들에게 충분한 시간을 제공해주어야 하며, 학생 개개인의 학습 속도에 맞춘 개별화된 교수 프로그램 개발 및 교실 관리 전략의 필요성을 주장했다. 그러나 현실적으로 모든 학생들의 학습 속도를 고려한 수업 및 교실 관리를 실천하기란 버겁다. 천천히 배우는 학생들에게 평등한 교육의 기회가 제공되기 어렵다고 보았다. 캐럴 자신도 교사들에게 요구되는 개별화된 교수 프로그램이나 교실 관리 전략에 대한 구체적인 해법을 제시하지는 못하였다(Guskey, 2015).

3~5배 이상의 시간과 도움이 필요하다.

천천히 배우는 학습자들은 같은 양의 학습을 하기 위해 빠른 학습자들에 비해 3~5배 이상의 반복과 시간이 필요하다고 한다. 인도 케랄라 대학의 교육학 교수 M. N. Mohamedunni Alias Musthafa 박사는 천천히 배우는 학습자에게 필요한 시간은 일반 학생들에게 필요한 시간보다 더 많은 반복의 시간이 필요하다고 주장하면서 이를 위한 개별화된 지도와 도움이 중요하다고 강조했다.

〈 반복 〉

천천히 배우는 학습자에게 가장 필요한 교수전략이다. 교사는 일반 교실에서 천천히 배우는 학습자를 위해 더 많은 시간을 허용할 필요가 있다. 그러나 시간이 정해진 수업에서 천천히 배우는 학습자만을 위해 더 많은 반복과 시간을 허용하는 것은 한계가 있다. 이 때문에 방과 후나 가정에서의 보충학습 시간이 더 요구되는 것이다. 반복은 교사가 제시하는 개념을 구체적으로 만드는 데 도움을 준다. 학습을 가르칠 때도 중요한 개념은 따로 정해서 가르치며, 덜 중요한 세부사항의 일부는 생략하거나 제외하는 것이 더 효과적이다.

과제분석(task analysis)

과제분석은 어떤 과제를 작은 단계로 나누어 학습하도록 하는 것이다. 천천히 배우는 학습자들은 복잡한 과제를 한꺼번에 이해하고, 학습하는 데 어려움을 느낀다. 따라서 복잡한 활동이나 과제를 작고 쉬운 단계로 쪼개어서 학습하도록 하는 것이 도움이 된다. 예를 들어 삼각형의 넓이를 구하는 방법을 배우기 위해 다음과 같은 방식을 따른다.

- 삼각형의 밑변과 높이를 그리는 방법을 배운다.
- 여러 가지 삼각형에서 밑변과 높이를 그려본다.
- 삼각형의 넓이를 구하는 방법을 배워본다.

배워야 할 내용을 작은 단계로 쪼개서 한 번에 한 단계씩 가르치는 방법을 말하는데, 이처럼 천천히 배우는 학습자들은 과제분석을 통해서 다양한 기술들을 습득할 수 있다.

〈 자기 방 정리하기 〉
- 물건 놓는 자리(구역)를 정해서 라벨지 붙이기
- 구역마다 물건 놓는 법을 배우기
- 매일 저녁 자기 방을 정리하는 시간 갖기

〈 국어 학습하기 〉
- 배워야 할 단원에서 모르는 낱말 찾아서 적기
- 낱말 뜻을 자기 말로 설명해보기
- 글의 흐름에 따라 단계 나누어보기
- 단계마다 내용 요약하기
- 문제지 풀어보기

일상생활 기술 및 기초학습 기술을 익히기 위한 과제분석 시 각 단계를 그림이나 글씨, 사진으로 찍어서 눈에 보이는 곳에 제시하면 효과적이다. 처음에는 부모가 자녀와 함께 과정에 참여하고, 한 단계씩 자녀가 스스로 할 수 있는 범위를 점차 늘려가도록 한다. 첫 단계부터 순서대로 수행하도록 지도하거나, 마지막 단계부터 점차 한 단계씩 거슬러 올라가면서 스스로 해보도록 지도할 수도 있다.

선호하는 학습양식이 다르다.

학습양식(learning styles)이란 특정한 학습이나 수업 활동에 대한 학생의 개인적 선호 경향을 말한다. 어떤 학생은 말로 설명하고 스스로 생각을 곱씹어보면서 학습하기를 좋아하지만, 어떤 학생은 학습이나 체험활동이 재미있게 진행되면 스스로 교과내용을 숙지하게 되는 수업을 선호한다. 이는 학생들의 활동성과 연관된다. 천천히 배우는 학생들에게는 언어적 설명 방식과 활동 중심의 중간 정도의 학습양식이 필요하다고 생각한다. 지나친 활동과 재미 중심의 수업을 진행하면 놀이에 치중되어 학습 내용 대신 즐거운 경험을 했다고만 기억할 것이다. 그러나 언어적 설명방식에 치중된 수업이 진행되면 집중력과 학습 동기가 떨어지는 결과가 나타나 학습에 대한 흥미가 떨어진다.

따라서 천천히 배우는 학습자들에게 적합한 학습유형은 활동 중심의 수업과 쉬운 언어적 설명이 균형 있게 병행되어야 한다. 이럴 경우 정해진 시간에 배울 수 있는 학습의 양이 많지 않을 수 있지만 한번 배운 것을 오래 기억할 수 있다. 하머(2001)는 선호하는 학습양식을 찾아 교수 방법을 바꾼다면 천천히 배우는 학습자들도 더 빠르게 배울 수 있다고 주장했다.

표준화된 평가가 필요하다.

많은 부모들이 자녀들의 낙인감이나 주변의 오해 때문에 자녀를 객관적으로 평가하는 것을 두려워한다. 자녀가 다른 또래보다 뒤떨어진다는 사실을 받아들이기도 어려울뿐더러, 학교 교사나 이웃, 주변 친구들이 자녀를 무시하고 따돌리지는 않을까 하는 두려움 때문에 표준화된 평가를 받는 것을 두려워한다. 그러나 이들의 장단점이 객관적으로 평가되어야 교사도 어떻게 지도할지를 알 수 있고, 부모도 자녀를 도울 수 있다. 주변의 따가운 시선과 무시는 인격적 성숙이나 다름에 대한 수용의 문제이므로 미성숙한 행동이다. 자신과 다름에 대한 편견을 가진 이웃들에게 위축될 필요가 없다. 당사자가 당당하게 맞서지 않으면 미성숙한 주변의 시선과 다름에 대한 편견이 달라지기 어렵다. 이웃들이 생각하는 것과 달리 천천히 배우는 학습자도 씩씩하게 성장할 수 있음을 보여주어야 한다. 이를 위해 객관적인 평가를 편안하게 받아들이자. 그것이 자녀를 정의(definition)하는 수단으로 쓰이지 않고, 자녀를 돕는(helping) 수단으로 쓰이도록 해야 한다.

누구나 장단점이 있다. 이 두 가지 양면을 인정하지 않고, 단점을 숨기고 남에게 보이길 꺼린다면 그 사람은 정신적으로 건강할 수 없다. 장점은 있는 대로 자랑스러워하고 단점은 있는 대로 도움을 청하면 된다. 나와 내 자녀에게 이러쿵저러쿵하는 주변 사람들의 말에 신경 쓸 필요가 없다. 그들 역시 단점이 분명 존재할 테니 말이다.

움직임을 허용할 필요가 있다.

천천히 배우는 학습자들은 오랫동안 한자리에 앉아 있는 것이 어렵다. 공부하는 도중에도 몸을 이리저리 뒤척이거나, 책상에 엎드리거나,

기어오르기도 한다. 갑자기 의자에 올라앉거나 허락 없이 자리를 이탈하기도 하는데, 이때는 쉬는 시간이 필요하다는 뜻이다. 정해진 시간에 너무 엄격하게 바른 자세를 요구하기보다는 스트레칭이나 자세를 조금씩 움직이는 것은 어느 정도 허용을 하고, 도저히 집중하지 못한다 싶을 때는 과감하게 쉬는 시간을 가져야 한다. 그러나 집중하는 시간을 늘려나가는 것도 필요하므로 책상 위에 시계를 올려놓고 함께 시간을 체크하면서 집중 시간을 늘려나가면 좋다. 이때 시간 예측 놀이(자신이 하는 과제를 얼마나 소요될지 예측하고 맞히면 상을 주는 놀이)를 하면서 스스로 자신의 집중 시간을 재미있게 늘려나가도록 하면 더욱 금상첨화일 것이다.

뇌파치료와 약물치료

• • •

과학이 발달하고 의료장비가 개선됨에 따라 인간의 신체나 뇌의 기능을 측정할 수 있는 기기들이 점차 개발되고 있다. 이뿐만 아니라 AR(증강현실), VR(가상현실) 기술들이 치료 및 교육에 적극적으로 도입되고 있어서 우리 아이들이 과학적으로 자신의 문제를 진단하고 더욱 세부적으로 이를 개선하기 위한 도구를 활용할 길이 열리고 있다. 그래서인지 많은 경계선 지능 자녀를 둔 부모들은 병원에서 제안하는 고가의 뇌파치료를 마다하지 않는다. 또 신경정신과 약물이나 비타민 제제와 같은 보조 약품들을 자녀에게 복용하도록 하기도 한다.

뇌파치료를 6개월 이상 받은 어떤 아동의 부모는 자녀가 주의집중력이 좋아졌다고 하거나 약물치료를 받았던 아동의 부모들은 자녀의 공격성과 산만성이 많이 좋아졌다고 그 효과에 대해 놀라워하기도 한다. 대체로 뇌파치료나 약물치료는 충동성과 감각의 흥분 정도가 심한 아이들에게 효과가 있는 것 같다. 지나치게 들떠 다른 사람의 말에 귀 기울이지 않던 아이들이 차분하게 이야기를 경청하게 되었거나 조금만

하기 싫어도 울고 짜증을 내던 아이가 침착하게 학습을 하는 모습을 보이는 등 큰 효과를 나타내기도 한다. 그러나 뇌파치료나 약물치료가 정신활동을 활발하게 하여 지능이 좋아지지는 않는다. 주의집중을 하는 시간이 길어져서 스스로 안정된 기분으로 학습을 하다 보니 성적이 향상되고 행동이 침착해지는 것을 보고 우리가 달라졌다고 인식하는 것이다.

하지만 어떤 아이들은 심각한 부작용을 호소한다. 아이가 갑자기 무표정해진다거나 다른 아이가 된 것처럼 낯설게 행동하는 경우도 있다. 또한 밤이 되어도 잠을 청하지 못하거나 온종일 밥을 먹지 않기도 한다. 전반적으로 활기가 떨어지고 멍한 모습을 보인다. 또한 지나치게 오랜 시간(5~6년 이상) 약물을 복용했던 청소년은 심각한 우울증이나 자살 충동을 나타내는 경우도 보았다. 이는 내가 직접 목격했으므로 과장한 내용이 결코 아니다.

약물치료와 뇌파치료는 모든 아이들에게 적용되지 않는다. 일부 아이들에게는 더없이 좋은 효과를 나타내지만, 어떤 아이들에게는 심각한 부작용을 유발한다. 또 어떤 아이들은 전혀 효과를 나타내지 않기도 한다.

그러므로 뇌파치료와 약물치료를 받을 때는 아이의 변화를 주치의나 치료사와 함께 적극적으로 모니터링해야 한다. 효과를 보았을 때는 그 전에 교육하지 못한 내용을 적극적으로 전달하고 좋은 훈육이 이뤄지도록 부모도 가정교육에 힘써야 한다. 뇌파치료나 약물치료를 받는다고 해서 아이의 모든 문제가 해결되었다고 믿어서는 안 된다. 이들 치료는 아동이 정상 기능을 가질 수 있도록 도와주는 것에 불과하다. 학생 스스로 해야 하는 학습, 가정교육, 친구들과의 관계유지, 공공질서 지키기 등의 사회성 지도도 적극적으로 해야 한다. 약물치료를 받는다고 해서 사회성 기술을 배울 수는 없기 때문이다.

현대 과학의 눈부신 발전으로 우리 아이들에게 도움이 되는 진단기법이나 치료기법이 더 많이 개발되리라 믿지만, 현재의 과학이나 의학 수준에서 정밀하게 진단하고, 의료장비나 뇌파장비를 가지고 완전하게 치료할 방법은 없다. 오직 보조 장치로서 덜 흥분하는 방식으로 아이들을 잡아줄 수는 있을지 몰라도, 아이들이 어른들과 친구들로부터 배우고 연습하면서 노력해야 하는 부분들은 여전히 많다. 약물치료나 뇌파치료는 그러한 연습과 노력을 좀 더 쉽게 할 수 있도록 도와줄 뿐이다.

더욱이 경계선 지능 아동들은 약물치료나 뇌파치료의 효과가 미미하다. 경계선 지능 아동들의 경우 주어진 학습이나 과제물의 난이도나 제시 방법에 따라 주의집중이 달라져서 약물치료나 뇌파치료의 도움 없이도 얼마든지 교육적 치료를 통해서 개선될 수 있기 때문이다. 경계선 지능을 가지고 있더라도 '주의력 결핍 및 과잉행동 장애'나 '우울 장애', '충동조절 장애'와 같은 다른 심리행동 문제를 가지고 있는 경우라면 약물치료와 뇌파치료가 도움이 될 수 있으나 평범한 경계선 지능 아동이라면 약물치료를 통해 효과를 경험하는 경우가 거의 드물다.

어떤 부모나 교사들은 좀 더 빨리 경계선 지능 아동의 발달을 촉진하기 위해 약물치료와 뇌파치료의 도움을 받으려 한다. 경계선 지능 아동은 부모가 조바심을 내지 않아도, 나름의 속도에 맞춰 조금씩 성장하는 모습을 보인다. 하지만 부모는 혹시나 하는 심정으로 약물치료 처방을 받는 경우도 많다. 나도 자식을 키우는 처지인지라 부모로서의 그런 마음을 충분히 이해한다. 나 또한 같은 마음이 들어서 부모님의 뜻이 정 그렇다면 약물치료나 뇌파치료를 해보시라고 동의하기도 한다. 하지만 모두 큰 효과를 보지 못했다. 거의 효과가 미비한 모습을 보면서도 자녀에게 할 수 있는 노력을 다하고자 하는 부모의 마음과 새로운 약물이나 뇌파치료기술의 도입에 대한 나의 작은 기대가 맞물려 자꾸 약물치료나 뇌파치료를 동의하게 되는 것이다. 하지만 경계선 지능 아동의 경우에는 약물치료나 뇌파치료에 기대를 하지 말고 부모 자신이 가정에서 할 수 있는 교육에 힘쓰는 편이 낫다. 또한, 믿을 만한 치료사를 만나서 세세한 부분까지 부모가 무엇을 아이에게 할 수 있는지를 의논하여 이를 실천하는 것이 좋다. 나 자신도 앞으로 10년 안에 지금보다 나은 약물치료나 뇌파치료 기법이 개발되기를 기대한다. 그래서 우리 아이들이 성장하는 데 도움이 될 수 있기를 간절히 바란다.

제아무리 약이 좋고 뇌파훈련 장비가 좋아도 사람으로 살아가는 도리나 방법은 사람에게 배워야 한다. 또한 사람들이 만들어놓은 지식과 정보로 사람들과 부딪히고 겪으면서 배워야 한다. 이러한 아동의 배우는 과정에서 부모나 교사가 해야 할 몫은 분명히 있다.

우리가 아이들을 경계선 지능이라고 분류해놓기는 했으나 이는 우리가 아이들의 특성에 맞춰 학습·지도하기 위해 임의로 만들어놓은 기준이다. 이 아이들이 너무 특별하고, 너무 장애가 심해서 특수교육 전공을 하였거나 치료 경험이 많은 사람들만이 지도할 수 있는 것이 아니다. 우리 경계선 지능 아동의 성장 속도를 이해하고, 한 번 가르칠 것을 두 번, 세 번 가르치는 성의와 노력이 필요하다. 빨리 아이의 문제를 해결하려 하기보다는 약물치료와 뇌파치료를 다양한 도움 중의 하나일 뿐이라고 생각하기를 희망한다.

언어가 인지발달에서 중요한 역할을 해요

• • •

언어와 인지발달의 관계에 관해 수많은 연구자들이 서로 다른 견해를 보인다. 왓슨과 같은 행동주의 심리학자들은 '사고=언어'라고 주장한다. 인간이 말하기 위해 뇌와 목소리를 사용하는 모든 과정이 생각하는 과정이라는 것이다. 또 다른 학자들은 언어가 인지발달의 핵심이라고 말하면서 인지능력이 발달하기 위해서는 언어발달이 우선시되어야 한다고 주장한다. 대표적인 학자 중 비고츠키나 루리아는 언어가 발달하지 않으면 인지능력도 발달하지 못한다고 했다. 하지만 반대로 인지능력이 발달해야 언어가 발달한다고 보는 학자들도 있다. 피아제와 같은 이들은 감각 운동기관을 사용하여 사고하는 감각 운동적 사고가 선행하고 나서 언어발달이 차례대로 발달한다고 보았다. 하지만 피아제도 언어발달이 인지발달에서 매우 중요한 역할을 한다고 여겼다.

이처럼 수많은 학자들이 언어가 인지발달을 촉진하는가? 인지발달이 언어발달을 촉진하는가? 아니면 언어능력과 인지발달은 동일한 것인가? 등 다양한 의견을 제시한다. 하지만 중요한 것은 이들 모두 인지발달과 언어발달이 서로 중요하게 영향을 끼치고 있다는 점이다. 무엇이 우선이든 간에 언어와 인지능력은 불가분의 관계다. 언어가 인지를 촉진하기도 하고 인지능력이 언어발달을 이끌기도 하면서 중요한 상호관계임은 분명하다.

"언어발달과 인지발달"

한 중학생의 지능검사 사례에서 인지발달 혹은 지능의 발달에서 언어발달이 얼마나 중요한지를 깨달을 수 있다.

〈 C 군이 초등학교 1학년에 실시한 검사와 중학교 때 실시한 검사의 결과 〉

초등 1학년

전체 70 언어성 74 동작성 73 언어이해 79 지각조직 69 주의집중 77 처리속도 83

상식	공통	산수	어휘	이해	숫자	빠진	기호	차례	토막	모양	동형	미로
6	7	4	6	7	9	6	9	9	3	4	6	8

중등 2학년

전체 62 언어이해 54 지각조직 67 작업기억 70 처리속도 82

상식	공통	산수	어휘	이해	숫자	빠진	기호	공통 그림	토막	행렬 추리	동형	순차
3	3	3	4	2	5	6	9	8	5	2	5	4

C 군은 초등학교 1학년 때 경계선 지능이라는 진단을 받았고, 다양한 치료교육을 경험했다. 자녀를 중심에 두고 생각하는 부모의 노력과 헌신 덕분에 C 군은 중학교에 들어가서도 학교생활에 잘 적응할 수 있

게 되었는데, 새 지능검사에서는 예상보다 훨씬 낮은 수준의 평가 결과가 나타났다. 그 이유가 무엇일까?

지능검사에서 언어이해라는 항목의 점수를 살펴보자. 초등학교 1학년 때 언어이해 점수는 79점(경계선 지능 수준), 중학교 2학년 때는 54점(지적장애 수준)이다. 그것은 아동이 언어발달이 다른 발달에 비해 따라가지 못했기 때문이다. C 군의 경우에는 언어치료도 꾸준히 받아왔는데 왜 이러한 결과가 나타난 것일까? 이는 C 군의 언어발달이 또래의 언어발달을 따라가지 못하고 있음을 나타낸다. 또래 학생들은 초등학교-중학교 생활을 통해서 다양한 언어적 경험을 한다. 친구들과의 대화, 사회적 지식(인터넷 기사나 대화를 통해 얻은 지식), 교과서에서 배운 다양한 지식이 언어의 형태로 학습된다. 학령기 동안에 끊임없이 언어 자극에 노출되어 언어적 지식을 습득한다. 그런데 언어적 지식은 상당 부분 추상적인 개념을 담고 있다. 즉, 일일이 실물을 보지 않아도 혹은 직접 경험하지 않아도 낱말이나 문장을 통해서 그 의미를 이해할 수 있는 형태이다.

그런데 추상적 개념이나 다양한 낱말의 의미에 취약한 경계선 지능 아동들은 교과서를 통해 많은 어휘나 언어표현을 습득하지 못했다. 또한 친구들과의 대화에도 제대로 끼지 못한 채 일상적인 언어발달을 해내지 못한 경우가 많다. 그래서 실제 생활적 지능을 비롯해 다른 발달영역이 골고루 발달했음에도 언어발달이 확연히 뒤처지는 바람에, 오히려 지능지수가 낮아진 것처럼 평가되었다.

지능지수가 절대적인 아동의 능력을 반영하진 않으나, 인지발달의 일부를 보여준다는 점은 확실하다. 지능검사 결과만 보더라도 아동의 인지발달에서 언어발달이 얼마나 중요한지를 알 수 있다. 따라서 경계

언어　　　　　인지
　　　　　　　（사고력）

〈 언어와 인지발달의 관계 〉

선 지능 아동의 인지발달을 촉진하기 위해서 언어발달 영역을 등한시해서는 안 된다. 언어발달이 인지발달을 촉진할 수도 있고, 어쩌면 언어발달과 인지발달이 겹치는 부분이 상당수일지도 모른다.

언어가 인지발달에 얼마나 중요한 역할을 하는지는 러시아의 심리학자 비고츠키의 '사적 언어(private speech)'라는 용어에서도 알 수 있다. 그는 우리가 생각이 잘 정리되지 않고 문제해결이 용이하지 않을 때 나도 모르게 사용하는 혼잣말을 사적 언어라고 했다. 예를 들어 일이 많아서 나도 모르게 "어느 것부터 하지?"라고 중얼거렸다거나 수학 문제를 풀 때 자기도 모르게 집중하여 "2 더하기 5를 하고, 그다음에⋯"와 같은 식이다. 혼잣말, 즉 언어를 사고하는 과정, 즉 인지발달을 촉진해서 더 잘 생각할 수 있도록 한다는 것이다. 그래서 그는 언어가 사고를 촉진한다고 보았다.

"언어가 사고를 촉진한다."

비고츠키의 말이 모두 옳은 것은 아닐지라도 실생활에서 혼잣말과 같은 언어의 사용이 사고를 촉진하는 경우는 많다. 부정적인 말을 많이 하는 사람보다 매사 긍정적인 말을 많이 하는 사람이 더 일이 잘 풀리고 마음도 편하지 않은가? 사람들이 어떤 말을 사용하느냐에 따라 그 사람의 생각이 바뀌고 행동이 달라진다. 습관이나 일상생활도 잘하게 되니 일이 더 잘 풀린다는 말이기는 하다. 하지만 이 같은 경우에도 분명 언어가 사고를 변화시키지 않았는가? 사고능력은 곧 인지능력과 같다. 경계선 지능 아동의 인지발달을 촉진하기 위해서는 언어능력을 향상해야 한다. 읽기·말하기·듣기·쓰기든, 아니면 전체 언어발달이든 어떤 형태의 언어 영역이든 우리 아이에게 필요한 언어발달을 촉진하는 일이 매우 중요하다.

"쓰기"보다는 "읽기"를 더 많이 해야 해요

· · ·

경계선 지능을 가진 부모들은 자녀의 학습과정에 오랫동안 참여하는 편이다. 주변에서 보면 대개 학부모들은 자녀가 초등 저학년 때까지는 직접 학습지도를 하다가 초등학교 고학년이 되면 학원에서 전문적으로 지도를 받을 수 있도록 한다. 그것에 비하면 경계선 지능 아동의 부모들은 자녀가 중학생이 되어서도 직접 학습을 지도하는 경우가 많다. 학교에서 시험을 보기 전에 자녀와 함께 공부하기도 한다. 자녀 혼자서 공부하는 것이 버겁다는 사실을 알고 있기 때문이다. 함께 공부하면서 자녀의 눈높이에서 설명하고 주의집중을 하지 않을 때도 주의를 환기하며 자녀의 공부를 돕는다.

이러한 부모의 노력에 대하여 많은 분들이 지나치다고 생각할지 모르겠으나, 나로서는 필수과정이라고 생각한다. 중학교 때까지는 누군가 옆에서 아이들의 공부를 돌봐주는 것이 적절하다. 스스로 학습을 잘 해내는 아이가 중학생이 되면 서서히 부모의 개입을 줄여나가는 것이 좋다는 생각도 하지만, 또래보다 늦게 발달하는 경계선 지능 아동의 경우에는 중학생 때라도 부모가 옆에서 자상하게 학습을 도와주는 것이 좋다. 그런데 자녀의 학습을 도와주다 보면 항상 답답하게 막히는 부분이 있다. 학습지나 문제집에서 질문을 읽고도 원하는 답을 찾아내지 못하는 아이들이 많기 때문이다. 또한 긴 글을 제법 집중해서 읽는 것처럼 보였는데도 그 내용을 숙지하지 못하는 아이들이 많다.

이때 자녀의 학습을 도와주는 부모들은 자녀의 독해력이 매우 부족하다는 것을 깨닫는다. 독해력이 부족하면 긴 글을 읽고도 그 내용을 잘 파악하지 못한다. 또한 문제를 읽고 문제가 원하는 방향을 이해하지 못한다. 학습에서 독해력은 매우 중요한 부분이다. 하지만 경계선 지능 아동들의 독해력은 대체로 초등 2~3학년 수준에서 크게 발전하지 못하는 모습을 보인다. 중학생이 돼서도 초등 3~4학년 수준의 독해력을 나타내며, 독립적인 글 읽기, 즉 스스로 긴 지문을 읽고 그 내용을 쉽게 이해하는 정도에 도달하지 못한다. 글을 읽도록 해보면 막힘없이 읽는 모습을 보여주며, 글자를 쓸 때도 맞춤법이나 띄어쓰기에 큰 틀림이 없어서 문자 학습이 잘 이루어진 것처럼 보인다. 그런데도 스스로 글을 읽고 나서 내용과 관련 없이 딴소리하는 자녀를 볼 때면 과연 이렇게 학습을 시키는 게 도움이 되는 건지 의문을 품게 된다.

학습자에게 있어서 '독립적인 읽기' 능력은 매우 중요하다. 독립적인 읽기란 어렵지 않은 수준의 어휘로 구성된 10~12줄 정도의 글을 스스로 읽고 이해할 수 있는 수준에 도달한 것을 말한다. 특히 입으로 소리 내어 글을 읽지 않고, 눈으로 글을 읽었어도, 소리 내어 읽은 것과 동일한 수준의 독해능력을 나타내야 한다. 즉, 독립적인 글 읽기는 '도움 없이 읽기', '눈으로 읽기', '글을 읽고 나서 내용을 이해하기'가 포함된 과정이다.

하지만 경계선 지능 아동들은 '도움 없이 읽기'는 가능하더라도, '눈으로 읽기'나 '글을 읽고 나서 내용을 이해하기'가 잘 이루어지지 않는다. 특히 눈으로 읽는 과정에서 대충 글을 훑어보듯이 읽어서, 읽고 나서도 그 내용을 잘 알지 못한다. 즉 읽는 과정이 제대로 이루어지지 않는다. 눈으로 글을 읽으라고 하면 단어를 띄엄띄엄 읽게 돼 조사나 몇몇 단어들을 빼고 읽는 경우가 대다수다. 눈으로 읽기가 제대로 이루어지기 위해서는 자주 사용하는 손가락으로 글자를 하나하나 짚어가면서 읽도록 해야 한다. 비록 소리를 내어 읽지는 않더라도 손가락으로 짚는 과정이 포함되면 시선이 글자에 머무는 시간을 늘려주고 글자 하나하나를 성의 있게 읽도록 도와준다. 하지만 소리 내어 글을 읽도록 하고 나서도 그 내용을 잘 이해하지 못하는 아이들도 많다. 글에 모르는 낱말이 많거나, 문장이 길어서 그 내용을 잘 파악하기 어렵기 때문이다. 어른들이 외국어를 배우고 나서도 영문 책을 읽기가 쉽지 않은 것과 똑같다. 어른들도 외국 서적을 읽기가 쉽지 않다. 소리 내어 읽을 수는 있어도, 읽으면서 동시에 그 내용을 이해하기가 어렵다. 소리 내어 읽고 나서 다시 차근차근 내용을 분석해야 한다. 그래야 비로소 제대로 된 뜻을 알 수 있다.

독해력이 부족하면 국어뿐 아니라 수학이나 다른 과목을 학습하는 데도 어려움이 크다. 그래서 여러 과목을 독립해서 공부하지 못하고 누군가의 도움이 필요하게 된다. 독해력 발달에서 가장 중요한 시기는 초등학교 3~4학년이다. 이 시기에 독해력이 길러지지 않으면 학습에 대한 흥미를 상실하고 억지로 공부를 할 수밖에 없다.

독해력을 기르기 위해서는 책 읽기의 나쁜 습관부터 고쳐야 한다. 글을 지나치게 느리게 읽거나 빠르게 읽는 습관을 고쳐야 한다. 글을 느리게 읽으면 나중에 앞에서 읽었던 내용을 기억해내기 어렵다. 마찬가지로 글을 빨리 읽는 것은 글자를 빼고 읽거나 다른 글자로 바꾸어 읽는 등의 읽기 오류가 나타날 수 있어서 독해력 향상에 도움이 되지 않는다. 글자를 한 글자씩 정확하게 읽고, 문장의 어미 부분도 대충 읽어 버리면 안 된다. 적절한 속도로 글자를 정확하게 띄어 읽는 습관을 먼저 들이고 나서 글의 내용을 잘 이해하기 위한 방법을 배우는 것이 좋다. 등장인물의 이름 찾기, 소소한 내용 정보 기억하기(장소, 사물 등), 주제 이해하기, 앞으로 벌어질 일 예측하기, 등장인물들의 감정 이해하기 등은 모든 독해력 검사에서 질문하는 내용이다.

보통 부모들은 글자를 배울 때 받아쓰기를 매우 중요하게 생각한다. 하지만 글자를 정확하게 쓰는 것이 이해력에 직접 도움이 되지 않는다. 글자를 틀리게 쓰더라도 시간이 지나서 자주 글을 쓰다 보면 교정이 된다. 그러나 글자를 쓰는 것만 강조하다 보면 이해력을 높이는 방법을 놓칠 수 있다.

독해력을 기르기 위해서는 글을 많이 읽어야 한다. 처음에는 긴 글보다는 짧은 문단의 글을 읽도록 하는 것이 좋다. 짧은 문단의 글에 익숙해지면, 조금 긴 글로 연습한다. 긴 글은 되도록 문단별로 쪼개거나, 내용별로 쪼개보는 연습을 많이 하도록 한다. 그러다 보면 글을 읽는 능력이 늘어날 수 있다. 물론 독해력 향상에서 어휘의 양은 무척 중요하다. 아는 단어가 많을수록 독해력이 향상된다. 초등학교 4~5학년이 되면 기본적인 한자 학습을 하게 하자. 우리말은 한자에 어원을 두거나 한자음이 연관된 경우가 많으니, 낱말의 의미를 이해하는 데 한자 학습이 도움이 된다. 하지만 한자 공부가 자녀의 스트레스 원인이 되어 공부에 대한 흥미를 잃게 해서는 안 된다. 그저 꾸준히 한자를 익히면서 우리말과 연관 지어 이해력을 길러나가는 것이 좋다.

글자를 배울 때 글자를 읽는 법, 글자로 만들어진 글을 읽고 이해하는 법, 글자로 글씨를 쓰는 법, 아는 글자를 이용하여 긴 글을 쓰는 법 등을 배운다. 그중 글자로 만들어진 글을 읽고 이해하는 법을 배우는 것은 스스로 학습할 수 있는 통로를 만들어주는 것이다. 즉 독해력은 글로 된 정보들로부터 무엇인가를 스스로 배울 수 있는 길을 만들어준다. 아는 단어와 문장을 이용하여 장문의 글을 쓴다는 건 자기 생각과 지식을 정리하는 과정이다. 독해는 입력(input)이고 쓰기는 출력(output)이다. 입력을 정확하게 하지 못하면 머릿속에서 생각하는 과정이 빈약하고 부정확할 수밖에 없다. 그러한 빈약한 생각을 가지고는 쓰기가 제대로 이루어질 수 없다. 읽기는 정보의 습득을 돕고, 쓰기는 생각의 정리를 돕는다.

쓰기도 매우 중요하다. 자기 생각을 글로 적는다는 것은 말하기를 글로 하는 것이니 다른 사람에게 자기 생각을 전달하는 중요한 과정이다. 그런데 읽기와 쓰기 중 어떤 기능이 더 능숙해지는 것이 도움이 될까? 내 생각에 성인들의 경우라면 모르겠으나, 학령기 학생이라면 읽기와 독해가 우선이다. 성인들은 굳이 공부하지 않아도 인생을 살면서 다양한 지식과 경험을 터득하였기에 자기 생각을 나름대로 가지고 있다. 이럴 때는 쓰기를 배우는 것이 생활하는 데 큰 도움이 된다. 하지만 지식을 습득해야 하는 학령기 학생들에게는 독해력 향상이 중요하다. 스스로 누군가의 도움을 받지 않아도 학습할 수 있는 길이 열리기 때문이다.

경계선 지능 아동들에게 읽기와 쓰기 중에서 무엇을 더 강조하고 싶은지를 묻는다면 읽기를 강조하라고 하고 싶다. 되도록 많은 글을 읽고 글을 통해 무엇인가를 배우는 데 막힘이 없도록 하자. 내 생각에 쓰기는 학습하는 과정에서도 도움이 되지만, 의사소통 과정에서 더 중요한 것 같다. 자기 생각을 조리 있게 말로 표현하지 못하는 학생들이 쓰기를 병행한다면 자기 생각을 좀 더 잘 말할 수 있기 때문이다.

학교 학습에서는 읽기, 쓰기, 듣기, 말하기는 모두 중요하다. 실생활에서는 각각을 동일한 비중으로 다루기보다는 우리 아이가 부족한 점이 무엇인지를 살펴서 집중적으로 가르치는 편이 낫다. 학습능력이 부족한 아이는 읽기(독해력)를 집중적으로 가르치고, 또래관계가 어려운 아이들은 쓰기와 말하기를 집중해서 가르치면 도움이 된다.

단어보다 문장으로 길게 말하게 해요

경계선 지능 아동들과 대화해보면 유난히 말이 짧다는 생각이 든다. 학교에서 무엇을 했는지 물어도 "몰라요"라고 대답하거나, 어떤 의견을 물어도 단답형으로 대답한다. 말을 하기 싫은 건지, 정말 기억이 안 나는 건지, 말주변이 없어서인지 이유가 궁금하지만, 자세히 관찰해도 정확하게 파악하기 어렵다. 경계선 지능 아동들은 대체로 문장으로 말하기보다는 단답형으로 말한다. 가끔 자기가 하고 싶은 말을 할 때는 제법 말을 잘하기도 하고, 논리적으로 말할 때도 있어서 언어발달이 느린 것 같지도 않다. 경계선 지능 아동들의 말하기 습관을 살펴보면 다음과 같다.

- 초등학교 고학년이나 중학생 이상의 아이들은 스스로 논리적으로 말하고 싶어 한다.
- 말할 때 장황하고, 꼭 필요한 말을 조리 있게 말하지 못한다.
- 말의 주제가 이런 주제 저런 주제로 이리저리 왔다 갔다 한다.

- 평소 묻는 말에는 단답형으로 말한다.
- 큰 아이들은 꼬치꼬치 캐물으면 화를 내기도 한다.
- 글쓰기를 할 때 접속사를 적절하게 사용하지 못한다.
- 말을 이어가도록 하기 위해 누군가가 "그래서"라는 말을 해주어야
  할 때가 자주 있다.
- 어휘가 부족하다는 인상이다.
- 말할 때 문장의 길이가 길지 않다.
- 말꼬리를 얼버무리거나 정확한 단어를 뭉개듯 발음한다.

경계선 지능 아동들은 언어표현력이 다소 부족하여 말하기 습관에서 바로잡혀 있지 않은 경우가 많다. 그래서 아이들과 대화 시 답답함을 느끼는 부모들은 다음의 행동들을 한다.

- 천천히 말하라고 다그친다.
- 정확하게 말하라고 지적한다.
- 끝까지 말하라고 지시한다.
- 울거나 짜증 내지 말고 원하는 것을 말로 하라고 엄하게 꾸짖는다.

부모가 하는 말은 모두 옳다. 그러나 다그치고, 지적하고, 지시하고 엄하게 꾸짖는 것은 아이를 주눅 들게 한다. 같은 말을 하더라도 친절하고 다정하게 말해주면 좋다. 부모의 바람대로 하지 못하더라도 기다려주고 도와준다는 기분으로 말을 해보는 건 어떨까?

"천천히 말하면 좋겠는데."

"아빠가 못 들었는데 다시 한번 천천히 말해줄래?"

"말할 때 끝까지 힘주어서 말하면 더 잘 알아들을 수 있을 것 같아."

"울면서 말하면 알아들을 수 없느니, 다 울고 나면 대화할까?"

경계선 지능 아동과 대화를 할 때는 조금 여유 있게 대하는 것이 좋다. 아이의 말에 충분히 귀 기울일 여건이 안 된다면 아이에게 상황을 잘 설명하도록 해야 한다. ① 아이가 기다리지 못한다면 조용한 곳에 데려가서 부모의 상황을 설명한다. ② 빨리 일을 마치고 아이의 이야기를 듣겠다고 이야기한다. ③ 아이가 떼를 쓰면 부모가 난처한 상황이 되는데 괜찮겠냐고 물어본다. 이렇게 하는 시간이 길어야 5분 정도이므로, 부모가 여유 있게 대응하는 것이 좋다.

대체로 경계선 지능 아동들은 말을 할 때 문장의 길이가 짧고 단어로 대답하는 경향이 있다. 이러한 모습은 마치 응석 부리는 아기처럼 보이기 때문에 아이 입장에서나 부모 입장에서 귀엽게 보일 수도 있다. 하지만 아이가 귀엽더라도 단답형으로 대화하지 말고 문장으로 의견을 말하도록 하는 것이 좋다. 아이가 단답형으로 말하는 습관이 있다면 "길게 말해줄래?"라고 요청한 후 문장으로 표현하는 연습이 필요하다. 단답형으로 말하는 습관은 급한 성격과 말하기를 귀찮아하는 성격에서 생긴다.

경계선 지능 아동이 말하는 것을 귀찮아하는 이유는 말하면서 생각을 해야 하기 때문이다. 생각을 동시에 하면서 말하기는 어른들도 쉽지 않다. 하지만 친숙한 주제에 대하여 대화를 할 때는 생각하면서 말하는 것이 아주 어렵지 않다. 경계선 지능 아동들과 대화를 많이 해야 하는 이유가 여기에 있다. 대화를 많이 하다 보면 처음에는 낯선 주제 같지만 나중에는 친숙한 주제가 된다. 단순한 이야기도 좋지만, 그날그날 낮에 보았던 어떤 장면이나 사람들에 대하여 이야기하는 것도 좋다.

경계선 지능 아동이라고 어려운 주제에 대하여 대화를 나누는 것이 어려운 것은 아니다. 사회적 이슈, 최근 이웃에서 발생한 사건, 부모의 직장생활 등에 대하여 이야기할 수 있다. 아이가 좋아하는 게임에 대하여도 이야기할 수 있고, 함께 본 텔레비전 주인공에 대하여도 이야기할 수 있다. 만일 부모가 대화하는 것이 익숙하지 않다면, 퀴즈 내기를 하면서 서로 간에 대화의 물꼬를 트는 것이 필요하다. 집안에서 하기 어렵다면 길을 가면서, 자동차를 타고 가면서 해보면 좋다. 말은 할수록 실력이 향상된다.

언어는 모방이고 습관인 경우가 많다. 발음도 모방한다. 부모가 되도록 순화된 단어를 사용하고 평소에도 문장으로 대답하는 습관을 먼저 보여야 아이들도 이것을 모방한다. 부모가 좋은 단어로 대화를 하려고 애쓰고, 누군가에게 비난하거나 평가하는 말투보다는 칭찬하고 격려하는 말투를 자주 사용하자. 부모가 불현듯이 사용한 짜증과 공격적인 말투를 아이가 고대로 배워서 사용한다는 것을 깨달아야 한다. 어른들은 상황을 가려가면서 문장을 사용할 줄 알지만, 아직 여러모로 미숙한 경계선 지능 아동들은 그럴 수가 없다. 되도록 아이에게 모범이 되는 말투로 단답형보다는 문장으로 말하는 습관을 부모가 먼저 보여주자. 아이들의 언어습관이 달라지면 사회성도 좋아진다. 예쁘게 말하는 사람과는 누구나 친해지고 싶은 법이니까.

아이에게 비난하고 공격하는 말투를 사용하게 되면 아이들이 친구들에게 비난하고 공격적인 말투를 사용하게 된다. 아이에게 단답형으로 대답하고 묻는 말에만 대답하는 모습을 보여주면 아이들도 묻는 말에만 대답하는 아이가 된다. 다양한 주제에 대하여 질문을 많이 해야 아이도 긴 문장을 사용하여 말할 수 있다.

요즘은 부모의 질문하는 능력을 길러주는 부모교육 서적이 많이 출간되고 있다. 부모가 대화를 잘하기 위해서 질문하는 능력을 길러주는 책을 읽어보는 것도 좋다. 질문을 잘하면 아이들이 대답하는 능력이 길러진다. 그리고 다른 사람에게 어떻게 질문하는지를 보고 배우게 된다. 부모의 말씨와 문장 사용은 보고, 듣고, 모방할 수 있는 다감각적인 자극이 된다. 부모의 말씨와 문장 사용을 먼저 점검하고, 아이들의 말씨와 문장 사용을 위한 솔선수범이 되도록 하면 좋다. 단답형 대답보다는 2~3문장 길이로 대답하는 습관을 길러줄 수 있도록 평소 대화 연습을 많이 하자. 이것이 사회성 능력의 아주 중요한 요소이다.

글을 읽을 때 호흡이 짧은지 살펴봐요

경계선 지능 학생들의 학습을 지도하시는 코칭 선생님들이나 매일매일 가정에서 자녀의 공부를 봐주시는 부모님들이 한결같이 하시는 말씀이 있다.

- 아이가 책을 소리 내어 읽고도 무슨 내용인지 몰라요. 왜 그런가요?
- 아이가 너무 빨리 글을 읽어버리려고 해서 틀리게 읽는 글자들이 많아요.
- 아이들이 글자를 정확하게 몰라서인지 문장 끝을 얼버무리고 "했습니다"를 "했어요"라고 틀리게 읽어요.

경계선 지능 학생들은 글 읽기가 유창하지 않다. 시간이 지나면 소리 내어 읽고 나서도 그 뜻을 말하지 못하므로 이 또한 유창성이 부족하다고 할 수 있다. 이렇게 글을 읽는 것이 유창하지 않을 때는 아이들의 호흡을 먼저 살펴보는 것이 좋다. 아이들의 호흡을 다음의 2가지 측면에서 살펴보자.

① "아~" 하고 길게 소리를 내도록 하여 소리의 길이가 긴지 짧은지를 살펴본다.
② 글을 소리 내어 읽게 하고 띄어 읽기를 잘하는지 못하는지를 잘 살펴본다.

평소 호흡이 짧은 아이들은 발음과 읽기의 이해, 말하기 습관에서 어려움을 겪을 수 있다. 특히 말을 할 때 어려움이 크게 드러난다.

- 말을 빨리하는 습관이 생긴다.
- 숨이 차듯이 말을 한다.
- 처음에는 말을 잘하다가도 뒤쪽으로 갈수록 얼버무리는 경우가 많다.
- 받침이 있는 글자를 정확하게 발음하지 못하고 혀 짧은 소리처럼 말을 한다.

그래서 호흡이 짧은 경계선 지능 학생들은 발음 문제를 자주 보이고 말할 때도 길게 말하지 않고 단답식으로 말하는 경우가 많다.

재미있는 것은 글을 읽을 때 호흡을 적절하게 하지 못하는 것이 읽기 이해능력에 영향을 줄 수 있다는 점이다. 글을 읽을 때 호흡이 길어야 띄어 읽기를 잘한다. 긴 문장이나 긴 글을 읽어 내려갈 때 적절한 부분에서 띄어 읽기를 해야 한다. 그래야 정확한 소리로 글을 읽을 수 있다. 하지만 정확한 위치에서 띄어 읽기를 할 수 있다는 것은 긴 문장이나 긴 글에서 의미 구를 잘 찾는다는 말도 된다. 보통 띄어 읽기는 의미가 한 덩어리로 묶이는 곳에서 하게 된다. 그래서 글을 읽어도 그 의미가 덩이 덩이로 잘 이해되는 것이다.

글을 읽을 때 호흡이 짧은 아이는 띄어 읽기를 잘하지 못한다. 그래서 독해를 지도하기에 앞서 띄어 읽기 연습을 바르게 시키는 것이 필요하다. 처음에는 천천히 읽도록 지도한다. 호흡이 짧은 아이가 천천히 읽으려면 자주자주 끊어서 읽어야 한다. 의식적으로 자주 끊어서 읽기를 연습한다. 이때 끊어 읽기 좋은 곳과 그렇지 않은 곳을 구분할 수 있도록 도와준다.

조금 끊어 읽기가 능숙해지고 천천히 읽는 것을 잘하게 된다면 글자 하나하나에 힘을 주어서 읽어보도록 한다. 혀에 힘을 주고 글자마다 힘을 주어 읽는 연습을 한다. 그렇게 하면 혀의 움직임을 스스로 느껴서 힘 있게 발음하는 법을 터득하게 된다.

그다음으로는 연음법칙이나 구개음화와 같이 읽을 때 소리가 달라지는 글자들을 형광펜으로 표시하고 그 밑에 소리 나는 대로 연필로 적어준다. 그러고 나서 소리가 자연스럽게 될 수 있도록 문장을 읽어보도록 한다. 반복적으로 연습을 하다 보면 자연스러운 소리로 글을 읽는 방법을 익힐 수 있게 된다.

곰이/시냇물에서/가재를 잡고 있습니다. 꾀 많은 여우가/살금살금 다가갑니다.
　　　시냇물에서
"곰아/나무에 있는/꿀을 따서/함께 나눠 먹지 않을래?"
　　　　　　　꾸를　　　　　　　　　나눌래
곰이/여우를 따라 갑니다.
"히히/맛있겠다. 나 혼자 먹어야겠다."
　　맛이께따
여우는 꾀를 냅니다.
"곰아/네가 나무에 올라가서/벌집을 따서 던지면/내가 받을게."
곰이 살금살금/나무를 타고 올라 갑니다. 그리고 꿀이 가득 들어 있는/벌집을 따서/아래로
　　　　　　　　　　　　　　　　　　　　　바들께
던집니다.

이 모든 과정에서 가장 중요한 연습은 문장의 끝에 나오는 "…습니다", "…다"를 분명하게 발음하는 것이다. 문장 어미인 "다"를 정확하게 소리 내려는 노력만으로도 우리 아이들의 발음이 크게 좋아진다.

끝으로 재미있는 추가 정보를 준다면 "웃는 얼굴로 읽기"이다. 사람들의 얼굴에는 수십 개의 근육이 있는데, 그중 웃을 때 50개 이상의 근육을 사용한다고 한다. 무표정일 때는 얼굴 근육을 거의 사용하지 않는다. 그러므로 책을 읽을 때 웃는 표정으로 읽는 것만으로도 더 많은 근육을 사용하게 된다. 특히 웃는 얼굴을 하면 입안에서 소리를 내게 하는 여러 통로가 열려서 발음은 더 정확해진다. 이것은 웃는 얼굴로 책을 읽을 때가 무표정으로 읽을 때보다 소리가 울리는 공간이 더 넓어지게 되어 호흡이 더 수월하게 된다는 말이다.

"웃는 얼굴로 읽으면 발음이 정확해진다."

아이들이 즐거운 표정으로 책을 읽을 수 있는 분위기를 형성하자. 만약 부모가 무서운 얼굴 또는 무표정하게 옆에 앉아서 아이가 책 읽는 것을 바라보고, 아이는 억지로 웃는 표정을 짓고 책을 읽는다면 어떨까? 이러한 상황은 정말 비정상적이고 무서운 장면이다. 부모와 아이가 모두 즐거운 표정으로 책 읽기를 한다면 호흡도 좋아지고 발음도 명확해지지만, 부모는 무서운 표정이거나 무표정하고 아이만 억지로 웃는 표정으로 책을 읽는다면 아이 마음속에는 정말 책 읽기가 괴로운 상황이 될 것이다.

글 읽기나 말하기에서 호흡의 길이는 매우 중요하다. 가수들도 길게 소리를 내는 연습을 자주 한다. 그래야 발음이 정확하고 그 의미를 명확하게 표현할 수 있기 때문이다.

아이들도 호흡이 길어야 발음도 좋아지고 좋은 책 읽기 습관도 형성된다. 호흡이 길어지려면 아랫배에 힘이 단단하게 들어가야 한다. 이를 복식호흡이라고 한다. 복식호흡을 하면 소리가 길어진다. 또한 산소 공급이 몸속 깊이 퍼질 수 있게 되어 신체의 컨디션과 기분이 좋아진다. 경계선 지능 아동들은 평소 목소리도 어눌하거나 소리가 작다. 목에서 나오는 소리만 사용한다. 배에서 나오는 소리가 아니다. 배로부터 힘 있게 나오는 소리를 사용하도록 해주면 좋다. 배에서 나오는 소리를 사용하면 나도 모르게 자신감도 생기고 스트레스도 쉽게 이겨낼 수 있다. 그래서 평소에 화가 나는 일이 있으면 깊게 숨을 세 번 쉬라고 하지 않은가? 호흡을 세 번 하는 것만으로도 기분전환이 된다.

경계선 지능 아동들이 평소 배에 힘주고 소리 낼 수 있도록 연습을 해보자. 이를 위해 호흡 연습을 할 수도 있다. 하지만 더 좋은 활동은 많이 뛰어놀기다. 오래 뛰어다니다 보면 폐활량이 좋아지고 배 속부터 숨을 쉬는 능력이 저절로 생긴다. 뛰어다니는 활동이나 운동을 자주 함으로써 아이가 호흡량과 길이가 늘어날 수 있도록 하면 더 좋다. 활동적인 아이들은 자신감이 넘친다. 경계선 지능 아이들이 호흡량이 많아지고 호흡 길이가 길어져서 글도 잘 읽고, 발음도 정확해지고 자신감도 생긴다면 더없이 좋을 것 같다.

스무고개가 어려워요

경계선 지능 아동들은 "스무고개"가 어렵다. 스무고개는 한 사람이 어떤 사물이나 대상을 머릿속에 생각해놓고 다른 사람에게 질문해서 답을 맞히도록 하는 전통 게임이다. 질문할 수 있는 기회는 총 20번이다. 스무고개를 넘어서 답을 맞힌다는 의미로 스무고개라는 이름이 붙여졌다. 그런데 경계선 지능 아동들은 문제를 내고 질문을 하는 과정을 적절하게 진행하기 어렵다. 무엇을 질문해야 하는지, 대답을 어떻게 해야 하는지를 잘 모른다.

- 엄마: "이것은 동물입니다. 무엇일까요?"
- 아동: "동물입니다…."
- 엄마: "질문을 해야지."
- 아동: "질문입니다…."
- 엄마: "아니, 질문을 해야지. 그렇게 대답하면 어떻게 해? 다리가
    4개입니까라고 말해봐."

- 아동: "다리가 4개입니까."
- 엄마: "아닙니다."
- 아동: "아닙니다…."
- 엄마: "또 다른 질문을 해봐."
- 아동: "질문을 해봐."

이렇게 대답을 하면 문제를 내는 사람도 답답하고 맞히는 사람도 답답한 상황이 된다. 질문이 무엇인지 모르는 경계선 지능 아동들은 스스로 질문을 만드는 것이 어렵다. 이럴 때는 거꾸로 시범을 보이면 좋다. 아동에게 먼저 어떤 물건을 생각해보라고 말하고 한달음에 질문해보는 시범이다.

- 엄마: "동물입니까?"
- 아동: "아닙니다."
- 엄마: "음식입니까?"
- 아동: "아닙니다."
- 엄마: "물건입니까?"
- 아동: "예."
- 엄마: "그러면 어린이들이 좋아하는 물건입니까?"

스무고개를 하는 과정을 직접 시범 보여서 알려주고 순서를 바꾸어 부모님이나 교사가 문제를 내고 아동이 맞혀보도록 하면 된다. 스무고개는 경계선 지능 아동들의 사고력 발달에 매우 좋다. 왜냐하면 머릿속에서 무엇을 생각하는 과정 그 자체만으로도 유익하기 때문이다. 경계선 지능 아동들은 생각하는 과정이 매우 부담스럽고 버거워서 스스로 생각하는 힘이 약하다. 다른 사람들이 지시하는 대로 따라 하는 것이 더 쉽게 느껴져서, 무언가를 생각하게 하면 안색이 나빠지기까지 한다. 하지만 언제까지나 부모가 시키는 대로만 할 수는 없다. 경계선 지능이 더라도 '스무고개'를 자주 한다면 스스로 생각하는 힘을 얼마든지 기를 수 있다.

스무고개는 20번이나 질문을 해야 한다. 한 가지 주제가 나오면 오랫동안 집중할 수 있는 능력이 길러지며, 지속적 주의력이 향상된다. 또한 느슨하게 생각하기보다는 좀 더 적극적이고 긴장감 있게 자신의 머릿속에 있는 지식을 떠올려야 한다. 그래서 적극적인 문제해결력이나 적절한 수준의 긴장을 유지하는 능력이 향상되고, 상상력도 좋아진다. 답을 생각해내려면 상상의 나래를 펼쳐야 하기 때문이다. 경계선 지능 아동들은 상상력이 부족하여 생각을 다양하게 하기 어려워서 상상력을 높일 수 있는 활동을 하는 것이 매우 좋다.

경계선 지능 아동들은 상황에서 무엇이 중요하고 무엇이 덜 중요한지를 잘 모른다. 그래서 상황에 적절하지 않은 반응을 자주 보인다. 무엇을 질문해야 답에 가까워지는지를 생각해야 하는 스무고개는 중요한 것과 중요하지 않은 것을 구분하는 능력이 길러진다. 한 중학생과 스무고개를 했던 예시를 보면 무엇을 말하고 있는지를 잘 알 수 있다.

- 선생님: "이것은 음식입니다. 무엇일까요?"
- 학생: "맛있습니까?"
- 선생님: "맛은 각자 느끼는 것이 다르니까, 말하기 어렵습니다."
- 학생: "면입니까?"

- 선생님: "아닙니다."
- 학생: "후루룩 먹습니까?"
- 선생님: "아닙니다."
- 학생: "라면입니까?"
- 선생님: "면이 아니니까 라면은 아니겠지요?"

학생은 어떤 질문을 해야 하는지 잘 모르고 있으며, 자신이 했던 질문과는 연관성조차 고려하고 있지 않다. 분명 면이 아니라고 했는데도 라면인가 묻고 있다. 맛있는가 하는 질문도 음식의 중요 범주를 구분하는 질문이 아닌데도 가장 먼저 하고 있다. 이렇게 질문을 하는 아이들은 무엇을 질문해야 하고 무엇을 생각해야 하는지를 잘 알지 못한다. 중요한 것과 중요하지 않은 것, 맥락에 맞는 질문을 하는 능력은 사고력에서나 의사소통에 매우 중요한 능력이다. 사실 스무고개는 연역적 추리능력을 요구하는 게임이다. 주어진 개별의 단서를 근거로 답을 추리해나가야 하므로 아동의 추리력을 요구한다. 여러 가지 단서를 모아서 한 가지 답을 얻고자 하니 수렴적 사고능력을 길러주기도 한다. 여러 가지 단서들을 근거로 가장 적합한 답을 얻고자 하는 과정이기 때문이다. 수렴하는 능력은 문제해결력을 높이는 데 도움이 된다. 따라서 스무고개만 열심히 해도 가장 중요한 사고력 훈련이 가능하다.

경계선 지능 아동들과 스무고개를 시간 날 때마다 해보자. 학습지를 통해 핵심 찾기를 하기보다는 스무고개를 통해 핵심을 찾는 능력을 길러주는 것이 훨씬 더 오래 남고 생활 속에서 일반화도 잘 된다.

개념화 활동과 이해력

개념화(conceptualization) 활동이란 우리가 보고 들은 내용을 추상적으로 해석하는 능력이다. 보통은 우리가 보거나 들었던 어떤 대상들의 공통 특성을 찾아내어 범주화(categorization)하는 능력과 밀접한 관련이 있다. 쉽게 말해서 우리가 그림책에서 말, 개, 고양이, 소, 염소 그림을 보았다고 하면, 이들의 공통된 특성은 털이 있고, 다리가 4개이고, 얼굴과 꼬리가 있으며, 새끼를 낳는다는 것이다. 이러한 특성을 찾아내는 것이 개념화 활동이다. 개념화 활동은 대개 언어사용능력과 크게 연관된다. 우리가 말, 개, 고양이, 소, 염소가 어떤 점이 비슷한지 혹은 공통 특성이 있는지를 물었을 때, 모두 다리가 4개라고 말할 수 있지만, "모두 동물이다"라고 말할 수 있어야 하기 때문이다.

예를 들어 수건, 비누, 샴푸를 보고 이것들이 어떤 공통점이 있는지를 묻는 것이 개념화 활동이다. 이때 "몸을 씻을 때 사용한다"라고 말할 수 있어야 하지만, 동시에 "세면도구"라고 말할 수 있어야 한다. 거꾸로 세면도구가 무엇인가를 물었을 때, "수건, 비누 같은 것을 말한다"라고 답할 수 있어야 한다. 이러한 개념화 활동을 할 수 있는 아동들은 수건, 비누, 바구니, 자동차, 샴푸가 섞여 있는 그림 중에서 비슷한 성격을 가진 사물들로서 "수건, 비누, 샴푸"를 골라낼 수 있다. 이렇게 공통 특성을 골라낼 수 있는 능력을 "범주화"라고 한다. 따라서 개념화 활동과 범주화 활동은 서로 밀접한 관련성을 띤다. 개념화나 범주화 활동은 아동의 이해력 발달의 기본이다. 말, 개, 고양이, 소, 염소 그림을 보고 이들이 동물이라고 떠올리지 못한다면 그 아동은 이해력이 부족하다는 것을 알 수 있다. 말, 개, 고양이를 모두 알지만, 이들이 동물이라는 공통점이 있다고 생각하지 못하는 것은 개념적으로 이해 능력이 부족하기 때문이다.

대부분의 경계선 지능 아동들은 개념화를 잘하지 못한다. 여러 가지 대상들이 섞여 있을 때 이들을 비슷한 특성을 가진 것들로 묶지 못한다. 그것은 경계선 지능 아동의 머릿속에 입력되는 많은 사물과 단어들이 개별적인 것으로 입력은 될 수 있지만, 하나의 공통 특성으로 묶여서 입력되기는 어렵다는 말이다. 그 정보들을 머릿속에서 꺼내어 사용할 때도 효율적으로 인출하기 어려워서 누군가가 묻는 말에 답하기 어렵다.

개념화 활동은 추상적으로 생각하는 능력이다. 실제로 동물이라는 말을 사용하지만, 동물은 그 자체 눈에 보이는 것이 아니라 말이나 개와 같은 사례로서만 설명할 수 있는 추상적인 용어이다. 추상적인 용어를 사용하여 답할 수 있는 능력이라고 생각해보면 된다. 그런데 대개의 추상적인 용어들은 "언어"이다.

경계선 지능 아동들은 "자연보호나 환경오염"이라는 말은 사용할 수 있지만, 환경이라는 말속에 산과 들, 바위와 강, 공기 등이 모두 들어 있다는 것을 알지 못한다. 그저 환경오염은 미세먼지가 있어서 괴로운 상태, 쓰레기를 많이 버리는 상황이라는 것만 알 뿐이다. 따라서 환경오염이라는 말은 대충 이해한다고 해도 자연보호를 어떻게 해야 하는지 스스로 생각해내기 어렵다. 자연이나 환경의 범위가 어디까지인지 알지 못하기 때문이다.

경계선 지능 아동들에게 이해력을 높이는 방법에는 여러 가지가 있겠으나, 먼저 필요한 것은 "개념화"를 할 수 있도록 도와주는 일이다. 특히 추상적 어휘를 사용하여 사물을 묶을 수 있도록 하는 것이 좋다. 동물, 식물, 음식, 교통 등의 기본적인 것부터 신체, 운동, 직업, 환경, 우주 등 범위를 확장하여 추상적으로 이해하는 능력을 길러주어야 한다. 책을 많이 읽게 하는 것도 좋겠지만 부모의 설명과 질문이 필수적이다.

집에서 퀴즈 형태로 자주 추상적 개념들을 말해보도록 해도 좋고, 대화 속에 자연스럽게 녹아들어도 좋다. 아예, 책이나 그림 자료를 사용하여 가르쳐도 좋다. 추상적 용어를 사용할 줄 알아야 한다. 학교 선생님들은 자기도 모르게 추상적인 용어를 많이 사용한다. 추상적 용어를 잘 이해해야 학교 수업 내용을 잘 이해하고 따라갈 수 있다.

하지만 개념화 활동은 눈으로 관찰하는 능력이 필요하다. 개, 염소, 말의 그림이 있어도 다리가 4개, 꼬리가 있고, 털이 나 있다는 것을 관찰하는 능력이 있어야 개념화할 수 있다. 시시때때로 사물을 지켜보고 관찰할 수 있도록 질문하고 주의를 환기할 필요가 있다. 부모가 먼저 지나치는 사물들을 소홀히 보지 않고, 호기심을 갖고 아이들이 관찰하고 살펴볼 수 있도록 격려해야 한다. 그렇다고 아이들이 지루함을 느끼는 박물관에 아이를 억지로 끌고 가서 관찰해야 한다고 다그치는 것은 잘못된 노력이다. 평소 버스 창밖으로 지나치는 사물들을 관찰하도록,

동생이 만들고 있는 레고 블록을 관찰하도록 지도하자. 그러기 위해서는 먼저 부모들이 아이들의 눈높이에서 관찰하는 것이 필요하다. 부모가 먼저 행동을 보이면, 아이들도 부모가 이끄는 활동에 궁금증을 보인다. 자녀의 행동에 관심이 없는 부모가 무조건 학습적으로 관찰을 끌고 가려고 하면 아이들은 흥미를 잃는다.

개념화 활동을 능숙하게 하는 아이들이 인지능력이 좋다. 경계선 지능 아이 중에도 개념화 활동을 잘하는 아이들이 있다. 이럴 경우 경계선 지능이어도 학습도 어느 정도 따라가고 성적도 좋다. 개념화 능력은 몇 년에 걸쳐 서서히 만들어지는 능력이다. 조급하게 생각하지 말고 시간을 두고 서서히 개념적으로 사고할 수 있도록 도와야 한다.

중요한 개념화 활동을 소개해보려고 한다. 우리 아이와 비교해보고 부족한 부분이 있다면 신경 써서 개념을 형성할 수 있도록 도와주자. 분명 이해력이 좋아질 것이다. 비록 초등학교 고학년이나 중학생이 되었다고 할지라도 아래의 개념들을 모두 습득하지 못한 경우가 많기 때문에 우리 아이에게 부족한 개념을 발견하여 도움을 주는 것이 필요하다. 거듭 말하지만, 개념화 활동을 하지 못하는 아동은 이해력이 부족하다. 또한 개념화 활동을 잘 할 수 있는 아동은 지금 당장은 인지능력이 부족해도 스스로 학습할 수 있는 잠재력이 높고, 앞으로 인지능력이 성장할 가능성이 크다.

- 사물 개념: 우리가 자주 사용하는 물건의 이름, 기능, 비슷한 성격을 가진 것끼리 묶고 특정 낱말로 집합을 표현할 수 있어야 한다. 예를 들어 떡볶이, 과자, 과일 등은 "간식"이라고 표현한다.
- 시간 개념: 시계를 보는 능력뿐 아니라, 내가 화장실에서 보내는 시간이나 밥

을 먹는 데 걸리는 시간을 현실적으로 인식하고 이해하는 것, 어제, 오늘, 미래의 개념을 이해하는 것 등이 포함된다.

- 무게, 길이 등의 비교: 더 무거운 것, 더 긴 것, 더 말랑한 것 등을 이해하고 비교하는 능력이 있어야 한다. 또한 더 먼 것, 더 오래 걸리는 것 등의 비교를 3~5가지 비교하여 순서대로 말할 수 있어야 한다.

- 색 개념: 8가지 이상의 색을 구분하여 말할 수 있고, 비슷한 색깔끼리 묶을 수 있어야 한다. 예를 들어 파란색과 하늘색이 서로 비슷하다고 말할 수 있어야 한다.

- 수 개념: 수를 헤아릴 수 있고, 10 이하의 개수는 직접 세지 않아도 눈으로 보고 말할 수 있어야 한다. 또한 연령에 맞게 연산을 수행할 수 있어야 한다.

- 시각 및 공간 개념: 크기, 모양, 위치, 방향을 이해할 수 있어야 한다. 또한 같은 모양을 찾기 위해 스스로 사물의 방향을 이리저리 돌려볼 수 있어야 하며, 주어진 사물들의 작은 부분을 살펴보고 전체 모양 중 어느 부분인지 판단할 수 있어야 한다.

집중력이 생기면 적극성도 생겨요

• • •

경계선 지능 아동을 접하신 분들은 잘 알겠지만, 경계선 지능 아동들은 대개 적극적인 태도가 부족한 편이다. 특히 학습할 경우에 열의가 없고 시키는 대로 수동적으로 학습한다. 부모 입장에서는 매우 답답하게 여겨질 때가 많다. 열의 부족은 집중력 부족과 연결된다. 어떤 과제나 일에 대하여 집중을 잘하지 못하는 모습을 보면서 '아, 저 아이는 열의가 없구나!' 하고 생각하기 때문이다.

집중력이 부족하면 우리는 배워야 할 사항을 잘 배우기 어렵다. 집중력의 부족은 우리가 듣고 보는 것들에 대하여 관심을 크게 두지 않고 눈앞에서 지나치는 대로 그저 바라만 보는 것이다. 즉, 보고 들은 내용이 머릿속에 입력되지 않아서 의미 있는 정보를 얻을 수 없다.

집중력이 부족하다는 것은 우리 눈앞에서 흘러가는 정보를 무의미하게 내버려 두는 것이며, 우리 귀로 들려오는 정보들을 흘러가는 대로 두어서 마음과 머릿속에 담아두지 않는다는 것이다. 집중을 하지 않으면 제대로 학습할 수 없다.

집중은 학습의 근원이며 집중하지 않으면 학습은 이루어지지 않는다. 반대로 어떤 것에 집중하면 할수록 더 많은 정보를 학습하게 된다. 그러므로 학습을 하기 위해서는 어떤 대상에 관심을 두는 것이 우선시되어야 한다. 제일 바람직한 것은 아동이 좋아하는 것에 대한 집중력이다. 아동은 자기가 좋아하는 것이라면 누가 시키지 않아도 자연스레 보고 즐긴다. 숫자나 글자를 좋아하는 자폐 아동들은 다른 것에 대한 학습은 어려워하지만 수 세기나 한글을 빨리 익히게 된다. 이럴 때는 특별히 학습의 동기라고 부르지 않는다. 숫자나 글자가 가지는 시각적인 어떤 특성이 자폐 아동에게 매력으로 느껴졌기 때문이다.

경계선 지능을 가진 아동들은 어떠한가? 사실 경계선 지능 아동이 특별한 관심을 보이는 대상은 많지 않다. 가끔 버스 기계 작동 혹은 컴퓨터 내부에 관심을 가진 경계선 지능 아동을 보긴 했는데, 이들은 꽤 전문적인 수준으로 자신의 관심사를 설명할 수 있었다. 지능이 낮건 높건 간에 집중력에서만큼은 자신의 관심이 가장 중요한 요소임을 알게 해주는 대목이다.

아동이 특별히 관심을 두는 대상이 없다면 어떻게 해야 할까? 이런 경우에는 부모나 교사들이 이 아동에게 다양한 경험을 제공해왔는지를 점검해봐야 한다. 손으로 하는 놀이, 야외활동, 여행, 텔레비전 등 내외부에서 아이들이 특별히 관심을 보이는 것을 찾아야 한다.

내가 아는 어떤 경계선 지능 아동은 텔레비전을 무척 좋아한다. 텔레비전은 아이를 더 산만하게 하고 인지발달에 방해가 될까? 아니다. 텔레비전을 좋아하는 아이를 나무라지 말고, 특히 어떤 부분을 좋아하는지를 살펴보아야 한다. 만화영화를 좋아한다면 함께 만화를 즐기면서 관련 전시회를 방문해도 좋다. 최근에는 클래식이나 전통 회화만을 전시하지 않고 만화작가의 습작들도 자주 전시한다. 스튜디오 지브리의 작품이나 우리나라에서 1980년대를 주름잡았던 만화가들의 작품을 전시하기도 한다. 단지 추억상품이 아니라 작가로서 작품성이 인정받는 것이다. 아이가 만화 캐릭터에 흥미를 둔다면 캐릭터가 그려진 공책이나 필기구를 선물해서 학습 동기를 높일 수 있다. 열린 마음으로 아이들의 흥미를 살펴보자. 아이의 집중력을 높이는 방법이 거기에 있다.

"아이의 관심사에서 집중력 향상의 방법을 찾아라."

하지만 아이의 흥미만으로 집중력이 향상되기는 어렵다. 아이의 주의집중력의 취약점을 찾아서 도움을 준다면 꽤 재미있는 결과를 얻을 수 있다. 센터를 방문했던 한 여학생은 집중력 향상을 위해 거의 1년 정도를 노력해왔다. 자신의 집중력을 향상한다는 것은 뇌를 단련하는 과정이므로 사실상 1년 정도의 투자는 해야 한다. 다이어트도 단시간에 하면 요요현상이 나타나듯이 집중력 향상이 단시간에 가능하겠는가? 그 여학생이 1년 동안 공들인 집중력 향상에 대한 노력의 결과는 참 재밌었다. 여학생의 부모님은 이런 표현을 하셨다.

"귀가 열린 것 같아요."

귀가 열렸다는 것은 귀 옆으로 흘러가는 소리를 그저 흘러가는 대로 두지 않고 자신의 귓속으로 받아들이게 되었다는 뜻이다. 부모님의 말씀이신즉슨 아이가 옆에서 엄마와 언니가 나누는 대화를 다 듣고, 나중에 자기 의견을 말하더라는 것이다. 이처럼 집중력이 생긴다는 것은 자신의 눈과 귓속으로 정보를 적극적으로 받아들인다는 의미이다. 집중력이 생기면 스스로 궁금한 것도 생기고 보았던 경험을 남에게 자랑할 수도 있다.

"집중력 삼총사 = 선택, 순차, 지속"

아이에게 흥미를 찾아주는 것 외에 어떻게 해야 집중력을 길러줄 수 있는가? 집중력에는 꼭 살펴보아야 할 삼총사(주의집중의 주요 3요인)가 있다. 바로 선택적 집중, 순차적 집중, 지속적 집중이다. 선택적 집중은 여러 가지가 섞인 그림 중에서 자신이 보아야 할 것을 찾아내는 능력을 말한다. 마트에 가서 자신이 찾는 물건을 찾아내는 능력과 같다. 선택적 집중력을 기르기 위해서는 '숨은그림찾기, 틀린 그림 찾기 등'을 자주 하면 좋다. 만약 선택적 집중력이 부족하지 않다면 순차적 집중력을 살펴보자.

순차적 집중력은 주어진 대상이 순서대로 제시될 때 빠짐없이 하나씩 살펴보는 능력이다. 도서관에 가서 자신이 원하는 책을 잘 찾으려면 서가에 꽂힌 책들을 차근차근 하나씩 살펴보아야 한다. 하나라도 빠뜨리고 이리저리 살펴보면 자신이 원하는 책을 잘 찾기 어렵다. 마찬가지로 책을 읽을 때도 글자를 빠짐없이 하나씩 차근차근 읽어야 한다. 만일 글자를 빠뜨리고 읽거나 건너뛰어 읽거나 하면 책을 읽고 나서도 그 내용을 잘 이해하기 어렵다. 순차적 집중력을 높이기 위해서는 책을 손가락으로 짚으면서 소리 내어 차근차근 읽는 연습을 반복하면 좋다. 하지만 순차적 집중력이 아무리 좋아도 오랫동안 책을 읽지 못한다면 주어진 과제를 시간 내에 끝내기 어렵고, 수업 시간에 쉽게 지루함을 느껴 딴짓을 하기 십상이다. 오랫동안 집중할 수 있는 능력이 지속적 집중이다. 최근 들어 스마트폰에 익숙한 학생들이나 어른들도 모두 지속적 집중력이 매우 짧아졌다. 지속적 집중력을 기르기 위해서는 '시간 늘리기'를 연습해야 한다. 처음에는 5분 집중하기에서 10분 집중하기 식으로 늘려가다 보면 오래 집중하는 능력이 길러진다.

처음부터 집중을 잘하는 아이들은 없다. 집중력도 개인차가 있다. 어떤 사람들은 집중하는 능력이 좋고 또 어떤 사람들은 집중하는 시간이 부족하다. 집중을 잘하는 사람이야 좋겠지만 집중력이 부족하더라도 실망하지 않고 노력을 하다 보면 충분히 자신의 부족한 능력을 극복할 수 있다.

"흥미"

집중력의 다른 요소에는 "흥미"가 있다는 점을 잊지 말고, 즐거운 마음으로 집중하는 연습을 시켜야 한다. 놀이를 하면 좋겠지만 학습상황에서도 집중력을 길러주기 위해서는 "적절한 수준"의 보상이나 칭찬을 제공하는 것도 좋고, 그래프를 만들어서 집중력이 향상되고 있는 모습을 보여주는 것도 좋다. 집중력은 절대 강압적인 분위기로는 향상되지 않는다. 항상 즐겁고 기꺼이 집중력이 향상되도록 해야 한다. 어렵더라도 칭찬과 온화한 말투를 사용하여 상황을 잘 설명한다면 아이들이 기꺼이 집중력 향상에 참여한다는 것을 기억하자.

아래 학년 것만 가르치지 마세요

경계선 지능 학생들에게 어떻게 공부를 가르치는 것이 좋으냐? 혹은 학습을 계속 시키는 것이 효과가 있느냐? 공부를 해도 성적이 나오지 않으니 어떻게 성장하고 있다는 것을 알 수 있는가? 등의 질문을 많이 받는다. 공부를 계속 시키는 것이 도움이 되는지에 대해 질문하는 것이라면, 나의 답은 "예"이다. 이미 여러 번 말했지만, 적어도 중학교 시기까지는 성적이 나오지 않더라도 꾸준히 공부를 시키는 것이 중요하다. "성적이 나오지 않으니 머릿속에 학습한 내용이 들어가지 않는 것 같은데, 그것이 의미가 있는가?"라고 질문하시는 분이 있다. 하지만 성적이 낮다고 해서 머릿속에 아무것도 받아들이지 못했다는 것은 아니라는 점을 기억해야 한다. 요즘 시험문제가 너무 어렵다 보니 학생들이 알고 있는 것을 어떻게 표현해야 하는지를 잘 모른다고 생각하는 것이 옳다. 하지만 공부를 어떻게 지도해야 좋을지 곰곰이 생각해보면 좋겠다. 나는 인지학습치료사라서 인지능력의 향상을 위해 일하기도 하지만 학습을 어떻게 시키면 효과적일까에 대한 생각도 많이 하면서 아이들을 만난다. 그래서 학습 방법에 대한 고민이 많다.

경계선 지능 학생들의 학습과정을 보면서 가장 안타까운 건 대부분의 학생들이 초등학교 저학년 수준의 학습지와 씨름하고 있다는 것이다. 당연히 이해가 부족하니 진도가 나가지 않는 것이 당연할 터. 늘 초등학교 저학년 공부만 하고 상급 학년의 공부를 해본 적이 없다면 어떤 일이 발생하겠는가? 결국 인지능력이 저하된다. 지능지수 수치상으로도 10점 이상 떨어지는 경우를 보았다.

결국 정체되어 진도를 나아가지 못하는 학습은 아무 도움이 되지 않는다. 오히려 학생들의 학습 의욕을 떨어뜨리거나 쉬운 것만 하려는 무기력한 태도를 취하게 할 뿐이다.

경계선 지능 학생들도 제 학년의 학습을 해야 한다. 저학년 것도 이해를 못 하는데 어떻게 제 학년의 공부를 한다는 말인가? 아래 학년의 공부를 반드시 해야만 다음 학년의 공부를 할 수 있는 과목은 사실상 수학뿐이다. 다른 과목들은 부족한 기초를 되짚으면서 제 학년의 공부를 해나갈 수 있다. 하지만 수학도 모든 단원에서 제 학년의 공부가 불가능한 것은 아니다. 사칙 연산만 기본적으로 할 수 있다면 도형과 그래프가 나오는 단원 등은 제 학년의 것을 배우면서 아래 학년을 되짚어 올라올 수 있다. 제 학년의 지식을 배워야만 학교 수업 시간에 조금이라도 참여할 수 있다. 아는 이야기가 나오면 저절로 수업에 귀 기울이게 되고, 교사의 질문에 답할 수 있다. 수업에 참여하는 것은 친구들에게도 이 학생이 같은 반 학생이라는 소속감을 인식해주고, 학생 자신도 같은 반이라는 사실을 자각하게 해준다. 그래서 학교생활에 대한 기대감도 커지고, 친구도 사귀면서 사회성이 발달한다.

또한 제 학년의 지식을 배워야만 지적 능력이 조금씩 성장한다. 지적 성장은 어느 정도 연령까지는 질적으로 나아지지만, 어느 순간부터는 양적 성장이 중요해진다. 질적 성장은 생각하는 방법, 즉 기초 인지능력이나 사고력의 성장을 의미한다. 질적인 성장을 해야만 다양한 측면을 살피고 앞으로 어떤 일이 벌어질지 등에 대한 예측, 앞과 뒤를 연결하는 인과관계 등을 이해할 수 있다. 이에 비해 양적 성장은 누가 얼마나 많이 아는가의 문제이다. 대개 초등학교 고학년부터는 질적인 차이보다는 양적인 차이에서 지적 능력의 차이가 나기 시작한다. 더 많이 알고, 더 많이 경험한 사람이 더 똑똑해 보이고, 더 문제해결을 잘하는 것처럼 보인다. 따라서 저학년의 학습에만 머물러서는 인지능력이 질적인 성장도 양적인 성장도 할 수 없다. 그래도 제 학년의 공부를 해나가다 보면 양적으로 더 많은 것을 알게 되어 조금씩이라도 인지능력이 성장할 수 있게 된다.

제 학년의 학습을 해온 아이와 일찌감치 공부를 포기한 아이는 고등학교를 선택하는 순간부터 달라진다. 일찌감치 공부를 포기한 아이들은 오로지 흥미만으로 고등학교를 선택해야 하므로 선택의 폭이 좁아진다. 그러나 조금이라도 공부를 해온 아이들은 고등학교 선택에서 조금 더 많은 기회를 가지게 된다. 완전히 바닥인 성적을 가진 아이와 그래도 어느 정도 노력을 통해 낮지만 자기 성적을 가진 아이와는 선택의 폭이 조금이라도 다를 수밖에 없다.

경계선 지능을 가진 아이 중에는 대학에 들어가서 원만하게 졸업하는 아이들도 많다. 그러나 대학 수업을 따라가려면 어느 정도 학습능력이 되어야 한다. 그러려면 아예 공부에서 손을 뗀 것보다는 꾸준히 자신의 능력을 닦아온 아이가 더 잘 학습할 수 있다. 우리가 알다시피 대학에서 배우는 공부는 전공별로 자신이 흥미 있어 하는 분야를 중심으로 배운다. 물론 그중에서 관심이 없는 분야에 관한 기초 교양도 배우기는 하지만 오히려 중고등학교 시절보다 공부하는 것이 더 쉬운 부분도 있다. 물론 깊이 있고 폭넓은 사고를 요구하는 전공들도 많다. 그러나 대학은 자기가 원하는 학과에 지원할 수 있으니 자신에게 맞지 않는 전공을 선택하지 않아도 된다. 대학을 반드시 졸업해야 하는 것은 아니다. 그러나 자기 인생에서 고를 수 있는 선택지라고 생각해볼 수 있다. 경계선 지능 학생들도 대학을 하나의 선택지로 가질 수 있었으면 좋겠다. 자신이 스스로 가지 않겠다고 생각하는 것과 못 가는 것은 차이가 있지 않겠는가?

제 학년의 공부를 열심히 하는 것은 학생 자신의 태도에도 큰 영향을 끼친다. 결과가 어떠한들 자신의 부족한 점을 보완해나가면서 어떻게든 더 많이 알아가겠다는 도전의식을 길러준다. 물론 과정상에서는 하기 싫은 공부를 억지로 할 수도 있고 부모와 갈등도 있을 수 있다. 하지만 포기하지 않고 성실하게 노력하는 과정을 부모가 인정하고, 지나치게 완벽한 학습을 하도록 요구하지 않는다면, 열심히 공부하는 과정은 학생에게 정신적 성장을 가져다줄 것이다. 성실한 태도, 포기하지 않는 정신, 결과보다는 노력하는 과정이 중요하다는 인식, 자신이 좋은 결과를 내지 못해도 지지받고 격려받는다는 경험 등은 인생을 살아가는 데 중요한 원동력이 된다.

스스로 잘하는 것이 아무것도 없다고 생각하게 되면 자신이 잘하는 것이 없어서 주변 사람들이 자신에게 관심을 보이지 않는다는 그릇된 인식을 하게 만든다. 자신이 어떻게 해야 무엇인가를 잘할 수 있는지 아무도 가르쳐주지 않는 환경에서는 주변 사람들에 대한 원망과 부모나 교사 탓이라는 타인에게 책임 전가를 하려는 마음이 생겨난다. 결국, 학습을 포기한 채 마음이라도 편하게 생활하라고 내버려 두는 것은 방치이고 방임이다. 자신감도 저하되고 도전정신도 낮아진다. 만일 공부보다 아이가 잘하는 것을 찾아줘야겠다고 생각하는 부모는 아이에게만 맡기지 말고, 직접 나서서 아이가 잘할 만한 분야를 함께 찾아야 한다. 그 과정에서 자녀가 끈기가 없어 중간에 포기하더라도 실망하지 말자. 자녀가 끈기를 내지 못하면 다른 분야를 찾아 도전하게 하면 된다. 이전에 도전했던 것보다 새로 도전한 분야에 더 오래 끈기를 보였다면 그것으로 아이가 성장한 것이다. 계속 도전하다 보면 분명 아이가 좋아하는 분야가 생겨난다. 그것은 지극히 자연스러운 과정이지 우리 아이가 문제가 있어서가 아니다. 제 학년의 공부를 시키는 것은 또래관계에 도움이 된다. 친구들과 대화를 할 때도 부지불식간에 자신들이 수업에서 배운 내용을 사용할 때가 있다. 이때 전혀 알아듣지 못하는 것보다는 자신도 동참할 수 있다면 큰 도움이 될 것이다. 공부의 목적은 좋은 성적을 내는 것이 아니다. 또한 국가에서 정해놓은 교육과정도 절대적인 순서를 가진 것은 아니다. 때로는 배우는 순서가 바뀔 수도 있지 않겠는가? 우리 아이에게 맞게 공부를 하면 그뿐이다. 진정한 학습과 지식의 습득은 초등학교 고학년부터인데, 항상 기초 학습만 하고 있으면 지식은 언제 습득한다는 말인가? 공부를 못해도 괜찮고, 성적이 나빠도 괜찮다. 우리 아이에게 제 학년 교과의 내용을 이해하는 만큼 가르쳐주어야 한다.

경계선 지능 아이들도 유능하다.
겉으로 더 많이 유능한지 속으로 유능함을 감추고 있는지의
차이만 있을 뿐.

러시아의 심리학자 비고츠키는
아이들이 타고난 잠재력을 키우기 위해
부모나 교사의 적극적인 노력이 필요함을 강조한다.

전문가나 치료사에게만 의존하지 말고
부모가 더 많이 적극적으로 노력하기 바란다.

PART 4

행동발달

: 유능한 아이로 키우려면
부모의 적극적 역할이 중요해요

집안일을 도와주는 아이

최근에는 유튜브가 대세다. TV보다는 동영상 시청을 더 많이 하는 시대가 왔다. 한 동영상을 보다가 유치원생 자녀들과 엄마가 가정에서 김장을 하는 모습을 발견했다. 미숙하지만 또래보다는 능숙하게 배춧속을 버무리고 절인 배추에 속을 채워 넣는 모습이 제법이었다. 혹시나 하는 생각에 인터넷 검색을 해보니 비슷한 가정이 여럿 있었다. 소신 육아를 표방하는 한 블로거는 가정에서 하는 모든 요리과정에 자녀를 참여시킨다고 했다. 김치 담그기는 물론이고 밥 짓기, 계란말이 하기, 만두 빚기 등 다소 귀찮더라도 어린 자녀가 요리과정에 참여하는 것이다. 그 결과 처음에는 재미있는 놀이로만 생각하던 아이들이 제법 진지하게 요리를 하고 각 음식에 대한 가치관이나 노동에 대한 중요성도 알아가는 것 같다고 했다. 이러한 과정을 통해 돈을 크게 들이지 않고 자녀의 유능성을 길러줄 수 있었고, 부모-자녀 간의 신뢰도 깊어졌다고 한다.

경계선 지능 아동은 매사에 배우는 과정이 오래 걸리고 배워도 완벽한 수행력을 보여주지 않아서 가르치는 사람이 보고 있자면 매우 답답하다. 아이가 지능이 떨어져서 그렇다고 부모 스스로 위로하면서 아이가 속상해할까 봐 나서서 적극적으로 도와주게 된다. 그러면 부모는 아이가 스스로 배워야 한다는 것을 까먹는다. 오늘 한 번만 도와주지 뭐, 하면서 하루 이틀 미루다 보면 아이는 어느새 도움을 받는 것이 당연시되어 어려운 일이 있으면 자기가 안 해도 된다고 인식한다. 부모 또한 도와주는 것이 당연시되고, 아이에 대한 기대감을 점점 내려놓게 된다.

"도와주는 습관"

부모가 도와주는 것이 습관이 되면 아이는 점점 더 무능해진다. 부모는 아이가 점점 나빠지고 있다고 단정 짓고 어느새 부모의 머릿속에는 자녀를 평생 곁에 두고 도와주어야 한다는 책임감을 안게 된다.

"평생 부모 곁에서 돌보겠다는 생각"

만약 부모님이 돌아가신다면 어떻게 해야 할지 생각해보자. 뉴스에 나오는 것처럼 함께 하지 말아야 할 선택이라도 할 것인가? 또한 자녀의 생각이 부모의 생각과 일치하기는 한 것일까? 그렇지 않다. 자녀들도 나름의 인생을 살고 싶어 한다. 커서 돈도 벌고 싶고 데이트도 하고 싶고 결혼도 하고 싶다. 장애를 가진 아이의 부모는 아이가 성인이 되어 결혼하더라도 계속 짐처럼 도움을 줘야 한다는 편견에 휩싸인다. 하지만 지적장애인 부부들도 스스로 삶을 꾸려간다. 하물며 경계선 지능 아동들은 장애를 가지고 있는 것도 아니며, 훨씬 능력을 많이 갖추고 있다. 그들이 무능하고 스스로 할 수 있는 것이 없다면 가르치지 않고 경험을 시키지 않아서다.

"가르쳐야 한다."

먹고 싶은 요리를 하기 위해 장보기, 대중교통 이용하여 혼자 외출하기, 도서관에서 책 빌려 오기, 좋아하는 영화 보러 가기 등등. 세상에는 배워야 할 것들이 많다. 전문기관이나 어떤 특별 프로그램에서 배우는 것이 아니라 생활 속에서 배워야 하는 것이 더 많다. 할 수 있는 것이 많아지면 자신감도 높아진다.

"할 수 있다는 유능감과 자신감"

유능감이란 아무리 어려운 일도 자신이 해결할 수 있는 능력이 있다고 믿는 것이다. 유능감은 자기 효능감이나 자신감, 그리고 자기 통제감이라는 말과도 통한다. 자기 통제감이란 자기 힘으로 주변에서 일어나는 일을 해결할 수 있고, 자기에게 주어진 과제를 해낼 수 있다는 믿음이다. 결국 유능감, 자신감, 자기 효능감, 자기 통제감은 하나로 통한다. 자기 스스로 무엇인가를 해낼 수 있다는 마음이다. 또한 스스로 문제를 해결해내는 능력이기도 하다. 하지만 처음부터 자기 통제감이나 유능감, 자신감을 타고나는 사람들은 없다. 살아가면서 스스로 무엇인가 해본 경험으로 인해 처음에는 자신이 없고 두렵지만 반복되는 경험과 해결과정을 통해 단단하고 흔들리지 않는 유능감과 자신감이 만들어지는 것이다. 그러므로 유능감과 자신감을 만들어가기 위해서는 수많은 두려움과 좌절을 반복해야만 한다. 누구도 단 한 번의 실패나 두려움 없이 유능해질 수는 없다. 두려움이 많은 자에게 필요한 것은 회피나 도움이 아니라 격려와 지지이다. 응원과 안전한 마음의 울타리다. 아이가 실수해도 웃어주고 기다려주고 사랑의 말로 보듬어주면 아이는 부모의 기대대로 점점 더 유능해진다.

생각해보자. 할 수 있는 것이 다양한 사람과 할 수 있는 것이 그다지 없는 사람을. 두 종류의 사람을 떠올려보면 할 줄 아는 것이 많은 사람이 더 자신감 있고 매력 있다. 자신감이 크면 주변 사람들에게 편안함을 주어 주변에 사람들이 끊이지 않는다.

> "할 줄 아는 것이 많다는 것은 좋은 것이다."

어떤 부모들은 돈이나 많이 벌어서 물려주면 된다고 생각하기도 한다. 그래서 힘들게 아이들에게 좋은 행동이나 습관, 기술을 알려주지 않고 다 해주거나 누군가를 시켜서 대신하게 한다. 그러나 물질적 자원이 아무리 많아도 본인 스스로 자신의 것을 만들지 못하면 아무 소용이 없다. 경계선 지능 아동에게 무엇을 가르친다는 것은 정말 아이가 배울 수 있을까 하는 의심이 든다. 빨리 배우지 못하고, 배워도 미숙해 보이면 답답하고 화가 난다. 나는 경계선 지능을 가진 자녀의 부모가 아이들에게 내는 화는 "걱정의 다른 모습이다"라고 말하고 싶다. 혼자서 아무것도 못 하는 아이가 될까 봐 걱정돼서 화로 표현하는 것이다. 화를 내어 아이를 각성하게 하고 어떻게든 가르치고자 함이 부모의 마음이다.

화는 "화"일 뿐 "걱정"이 아니다. 아이들은 부모가 내는 화를 자신에 대한 걱정이라고 생각하지 못한다. 자신을 비난하고 못마땅하게 생각하는 것이라고만 생각한다. 마음을 진정하고 하나씩 하나씩 정진해야 한다. 천 리 길도 한 걸음부터라고 하지 않는가? 우리 아이가 어느 정도까지 성장할지를 자꾸 예측하지 말자. 자녀들을 가르칠 때 자녀들이 자꾸만 학습지를 하다 말고 얼마만큼 남았는지 넘겨볼 때를 생각해보자. 우리는 그때 그런 생각을 하지 않는가? '자꾸 얼마 남았는지 보는 시간에 한 문제라도 더 풀면 빨리 끝날 텐데' 하고 말이다. 자꾸만 얼마나 지도해야 아이가 혼자 설까 넘겨보지 말고, 오늘 무엇을 가르칠지를 생각해보자.

가르칠 것은 거창하지 않다. 서랍에 양말 넣기, 책상 서랍 속에 불필요한 물건 버리기, 내일 필요한 학용품을 가방에 정리하기 등등 사소하고 일상적인 것을 찾아서 하나씩 가르쳐보자.

동기 유발: 의욕을 높여주는 대화법

· · ·

"우리 아이는 매사에 의욕이 없어요. 어떻게 하면 의욕을 높일 수 있을까요?" 경계선 지능 아동의 부모교육 현장에 가서 가장 많이 듣게 되는 질문 중의 하나는 의욕과 열정에 관한 내용이다. 하지만 수개월에 걸쳐 아이들을 만나다 보면 절대적인 무기력 상태가 아니라는 것을 알 수 있다. 오히려 자신이 하고 싶은 일에 대하여 어른들에게 말해도 되는지 눈치를 볼 때가 많았다. 내가 보기에는 아이들이 스스로 의욕과 열정을 숨기고 있는 것 같았다. 예쁘게 꾸미고 싶은 마음, 자동차에 대하여 더 알고 싶은 마음, 강아지를 잘 돌보고 귀여워하고 싶은 마음 등등. 아이들은 의지를 갖고 하고픈 일들이 많지만, 자신이 어떤 말을 했을 때 받아들여질 것인가에 대한 확신이 부족하고, 스스로 의욕과 동기를 낮춘 채 생활한다.

어떤 부모들은 이와 같은 자녀들의 마음을 이해하고, 따뜻한 위로를 건네도 크게 달라지는 것이 없다고 한다. 위축된 아이에게 다양한 기회를 주고, 때로는 다그쳐도 역시 효과가 없었다는 것이다. 다그치거나 재촉하는 것은 결코 동기 유발을 일으킬 수 없다. 동기 유발을 위해 부모가 좋은 대화기술을 익혀 사용하면 좋다. 아이들 마음속에 들어 있는 열정과 의욕이 두려움 없이 드러나도록 하기 위해서는 기술적인 대화법이 필요하다. 윌리엄 밀러(William Miller)와 스테판 롤닉(Stephen Rollnick)은 좀처럼 열정을 내지 못하고 스스로 변화할 수 있다는 의지가 약한 사람들과 대화를 통해 의욕과 동기를 높일 수 있는 상담 기술을 제안하였다. '동기면담(Motivational Interviewing)'이라는 기술인데, 우리나라에도 일찍이 소개된 상담기술이다.

'동기면담' 기술의 기본 가정은 이래라저래라하지 않아도 자기 마음을 드러내는 동안에 문제를 어떻게 해결해야 할지 스스로 해결책을 찾을 수 있게 된다는 것이다. 대화를 이끄는 사람은 답을 주는 것이 아니라 적절한 질문만 던지면 된다. 밀러와 롤닉은 여러 가지 대화의 기술을 제안했는데, 우리 아이들에게도 적용하면 큰 도움이 될 것 같다.

* 공감하는 대화

"학교에서 힘들게 공부하고 왔는데, 집에 와서도 숙제를 해야 하니 많이 힘들겠구나!"

〈적절하지 않은 대화〉

"공부를 누가 좋아서 하니? 참고 하는 거지. 그러니까 진작 학습지를 밀리지 말고 하지 그랬어. TV 본다고 안 했으니 네 책임이지. 진작에 엄마가 하라고 할 때 하지 그랬어!"

* 마음을 비춰주는 대화

아이가 마음속에 가진 갈등을 겉으로 드러내서 스스로 바람직한 해결책을 찾을 수 있도록 돕는 대화 방법이다. 이때 부모는 자녀의 마음을 전적으로 이해하여 아이의 시각으로 상황을 바라보도록 노력해야 한다.

"오늘 친구들이 놀러 간 곳에 너만 못 갔는데, 괜찮은 거야? 엄마라면 무척 속이 상했을 것 같은데…. 너도 가고 싶지 않았어?"라고 부모가 자신의 마음을 알아주면 부정적인 감정을 혼자서만 간직하지 않고 겉으로 드러낼 수 있게 된다. 그러면서 "나도 친구들과 놀고 싶은데 어떻게 하면 좋아요?"라고 물어볼 수 있다. 속상하고 난처한 아이의 마음을 부모가 그대로 받아주면, 자녀는 스스로 문제를 해결하고자 하는 태도를 취할 수 있다. "글쎄, 어떻게 하면 될까?"라고 대답해주면 된다.

〈적절하지 않은 대화〉

"지난번에 네가 먼저 친구들에게 욕을 해서 아무도 너랑 놀고 싶어 하지 않잖아. 엄마가 친구들에게 욕하지 말라고 몇 번을 말했니? 자업자득이다. 계속 엄마 말 안 듣고 욕하면 친구들은 영원히 네 곁에 없을 거야."

* 효능감을 높여주는 대화

효능감은 스스로 잘 해낼 수 있다는 마음을 갖게 되는 것이다. 앞서 마음을 비춰주는 대화를 잘하게 되면 아이들이 스스로 해결책에 대하여 먼저 제안을 할 수도 있다. "아마 내가 친구들에게 욕을 해서 친구들이 나를 싫어하게 되었나 봐요. 메신저로 사과해볼까요?" 이렇게 해결책을 아이가 내면 부모는 객관적인 평가를 하지 말고 긍정적으로 답해주어야 한다.

"그것참 좋은 방법이다. 친구에게 메신저를 보내서 욕한 것에 대해 미안하다고 말하면 친구 마음도 풀릴 수 있겠다. 엄마라면 먼저 사과하기가 쉽지 않았을 텐데. 어떻게 그렇게 용감한 생각을 다 했을까? 대단한데!"라고 용기를 주어야 한다. 설령 부모 입장에서 자녀가 내놓은 방법이 적절하지 않을 수도 있다. 그렇더라도 일단 인정해주고 좋은 결과를 얻지 못하면 그때 다시 더 나은 방법을 생각해보도록 하는 편이 좋다.

〈적절하지 않은 대화〉

"메신저로 사과한다고 당장 아이들이 너보고 같이 놀자고 할 것 같니? 어제 일을 생각해봐. 그렇게 쉽게 아이들 마음이 풀릴 것 같지 않다. 메신저로 사과하기보다는 내일 학교에 가서 얼굴 보고 사과하는 것이 더 나을 것 같다"라고 부모가 객관적인 평가를 해버리면 아이는 스스로 무엇을 하고자 하는 의욕이 사라진 채 우울하고 무기력한 기분에 사로잡히게 된다.

* 열린 질문하기

무기력한 모습을 자주 보이는 아이와 대화를 할 때는 부모가 말을 하기보다는 아이가 더 많이 말하도록 해야 한다. 아이가 말을 한다는 것은 스스로 생각하고 있음을 보여준다. 즉, 아이가 더 많은 말을 하도록 하면 아이는 자신의 문제에서 주인공이 되어 훨씬 능동적이고 적극적으로 행동하게 된다. 아이가 더 많이 말하게 하는 방법은 부모가 자녀에게 질문하고, 자녀가 그 질문에 답변하게 하는 것이다. 그런데 아이들은 스스로 생각하는 경험이 부족하고, 언어 표현력이 약해서 짧게 대답할 때가 많다. 이래서는 능동적인 아이가 되기 어렵다.

아이가 긴 문장으로 대답하기를 원한다면 그동안 해왔던 부모의 질문 방식을 바꿔야 한다. "외출할래? 집에 있을래?" 같은 선택형 질문은 단답형으로 대답하기 쉽다. "엄마가 지금 외갓집에 갈 건데, 너는 어떻게 하고 싶니?"와 같은 열린 질문이 아이로부터 더 긴 문장으로 대답하도록 이끌 수 있다. 물론 말주변이 없는 아이들은 어떤 질문을 해도 단답형으로 짧게 대답할 가능성이 크다. 그럴 때는 다른 열린 질문을 던져보자. "집에 있겠다고? 그러면 외할머니께는 뭐라고 말씀드릴까? 우리 손자 보고 싶다고 기다리시는데. 그리고 저녁 식사는 어떻게 하고 싶어?"와 같이 스스로 생각하여 답할 수 있도록 하는 것이 도움이 된다. 열린 질문에 대답하는 것은 처음부터 쉽게 되지는 않는다. 하지만 아이가 좋아하는 주제에 관해 대화할 때는 더 능동적으로 대화하려고 하는 경향이 있으니, 아이가 좋아하는 주제에서 시작해 점차 다양한 주제로 확장해 나가자.

* 요약해서 대화하기

아이들은 '조리 있게 말하기'가 어렵다. 그저 생각나는 대로 말하는 경우에는 아이의 말을 끝까지 듣고 그중에서 핵심이 되는 내용을 간추려 요약해서 아이에게 들려주어야 한다. 부모가 자신이 했던 말을 정리해서 요약해주면 왠지 존중받는 느낌도 들고 자신이 한 말에 대하여 책임감도 느끼게 된다.

"나도 외갓집에 가고 싶은데…. 사촌 형도 보고 싶고, 아~ 숙제도 많고…, 오늘 내가 좋아하는 TV 프로그램도 하고… 햄버거 먹고 싶다. 햄버거 먹으면 안 돼요?"라고 아이가 말했을 때, "네 말은 외가에 가고 싶지만 집에서 할 일이 많아서 못 간다는 말이구나. 저녁 식사로는 햄버거가 먹고 싶다는 거지?"라고 정리해주면 아이는 엄마가 자신의 말을 열심히 경청했음을 깨닫고 자신감을 얻는다. 그리고 자기에게 의견을 묻는 엄마의 행동으로 인해 책임감도 생겨난다.

〈적절하지 않은 대화〉

"아유, 그게 무슨 말이야. 외갓집에 가고 싶다는 말이야, 안 가고 싶다는 말이야. 정확하게 말해야지. 숙제는 가져가서 하면 되고, TV 보려고 외갓집에 안 간다는 것이 말이 돼? 그리고 햄버거는 또 무슨 소리야. 무슨 소리를 하는 건지 하나도 모르겠다. 정리해서 다시 말해봐. 얘가 매일 이렇게 정신없이 말을 할까?"

* 골라서 묶어주기 대화법

아이가 의욕이 생겨서 이것저것 여러 가지를 나열할 때가 있다. 이때 아이가 더 의욕적으로 자신의 생활을 해나가도록 도와야 한다. 아이가 이런저런 말을 할 때 잘 듣고 대화를 해보자.

"엄마, 피아노도 너무 재미있어요. 꼭 배울래요. 태권도에 가면 친구들이 많아서 좋아요. 그리고 공부도 열심히 할래요. 학습지도 시켜주세요. 수영도 열심히 해볼게요." 이렇게 말하는 아이는 욕심이 많고 더 잘하고 싶은 마음이 크다. 하지만 부모가 보기에 체력이 약한 아이가 그 많은 것을 한꺼번에 하기에는 어려울 것 같다는 생각이 든다. 이럴 때는 바람직한 얘기만 골라서 간략하게 정리해 되풀이해주어야 한다.

"와, 대단하네! 공부도 열심히 하고 운동도 열심히 하고 피아노도 배우고 싶다니. 정말 대단하다"와 같이 보태지도 과장하지도 말고 아이가 한 말을 간단하고 있는 그대로 요약해주어야 한다. 이때 부정적인 말이나 부모의 염려와 걱정의 말도 제외한다. 부모 입장에서는 "말만 앞서는 아이가 되면 어떡하지?" 하고 염려할 수도 있지만, 그것은 구체적인 상황이 되었을 때 이야기를 나누어도 늦지 않다. 피아노를 배우고 싶다고 조를 때나 학습지를 하고 싶다고 다시 말하는 상황에서 현실적인 대화를 나누어도 큰 문제가 되지 않는다. 어쩌면 아이가 다시 피아노를 배우고 싶다고 말하지 않을 수도 있고, 학습지를 시켜준다고 해도 안 한다고 할 수도 있다. 지금은 아이의 의욕을 꺾지 않고 부모가 존중해준다는 점을 일깨워주는 것이 중요하다. 현실적인 문제해결력은 구체적인 상황이 되었을 때 길러주는 것이 더 효과적이다. 지금은 아이가 의욕을 내는 상황이니 응원해주는 편이 더 낫다.

〈적절하지 않은 대화〉

"아이고, 하고 싶은 것도 많네. 하던 것이나 잘하세요. 말만 앞서고 제대로 하지도 못할 거면서 욕심만 부리면 뭐 하니?"

몰라요, 싫어요, 안 해요 3종 세트

• • •

경계선 지능 아동 중에서 습관적으로 "몰라요, 싫어요, 안 해요"를 반복하는 아이가 있다. 이런 아이들은 늘어지는 엿가락처럼 책상 위에 엎드려버리곤 한다. 그러고는 졸린다는 듯이 멍한 표정을 짓곤 한다. 무엇을 물어도 모른다고 하고, 하고 싶은 것이 있냐고 물어도 없다고 외친다. 대개 공부를 하거나 상담을 할 때 나타나는 모습이다. 이럴 땐 억지로 상담을 하거나 공부를 하자고 해도 건성인 경우가 많다. 이러한 모습으로 늘어져 있으면 부모도 선생도 화가 솟구쳐서 결국 소리를 빽 하고 지르지 않을 수 없다. 이런 아동이나 청소년들은 대개 주의집중력이 약하고 의욕이 없다. 어떻게든 의욕을 갖도록 도와주고 싶어도 본인의 의사가 확고하여 의욕을 내고자 하는 마음조차 없어 보이기 때문에 가르치는 사람도 지치기 마련이다.

"몰라요, 싫어요, 안 해요"라는 말은 부정적인 생각을 만드는 일종의 습관이다. 그런 경우에는 습관 자체를 인정하지 않는 것이 좋다. 내 경우에는 그런 말은 몹시 나쁜 말이기 때문에 내 방 안에서 사용할 수 없다고 정해버린다. 그래서 "몰라요, 싫어요, 안 해요"를 할 때마다 벌칙을 받아야 한다고 말한다. 그러면 어느새 놀이처럼 생각이 되는지 그 말을 사용하는 버릇이 사라지곤 했다.

그래도 여전히 그 말을 사용하겠다고 주장할 때는 합당한 이유를 대서 부모님과 선생님을 설득해야 한다고 말해주고, 시간을 주면서 본인이 무엇을 생각하는지 돌아보는 시간을 갖게 한다. 그래도 계속 주장을 반복할 때는 일단 그 생각을 들어주고 "몰라요, 싫어요, 안 해요"를 사용하도록 허락할지 말지 생각해보겠다고 하고 아동이 다시 한번 생각할 시간을 갖게 한다. 얼마간의 시간이 흐른 후에 다시 이야기를 나누어 생각이 달라졌는지 물어본다. 여전히 사용하겠다고 하면, 모든 것을 허락할 수 없으니 꼭 그 말을 써야 하는 상황을 적어보라고 한다. 그 상황에서는 허락하도록 하겠으나 그 외에는 사용할 수 없다고 분명하게 말하고 아이와 협상한다.

그렇게 되면 아동은 스스로 상황을 판단하여 말을 사용할 수 있게 된다. 이러한 과정을 통해 부정적인 말이 습관화되는 것을 막고 스스로 상황을 살피는 능력이 생겨난다. 또한 자신의 마음을 어느 정도 경청하는 선생님과 부모님께 신뢰감을 느끼게 된다. 말은 생각을 조정한다. 우리는 살아가면서 본인에게도 타인에게도 긍정적이고 좋은 말을 많이 하려고 노력해야 한다.

경계선 지능 아동의 회피하고자 하는 방어기제를 합리적인 논의를 통해 스스로 개선하도록 하는 것은 아동의 사고력 증진에도 좋고 부모-자녀 관계의 신뢰감 형성에도 도움이 된다. 항상 합리적인 의사소통을 하도록 노력하면 경계선 지능 아동의 자기조절 능력에 큰 도움이 될 것이다.

혼자서 버스 타고 심부름하기

· · ·

어린이 동화책 중에서 자주 아이들이 첫 심부름을 하는 내용을 발견한다. 처음으로 먼 거리를 이동해 심부름하기, 버스를 타고 친척 집에 가보는 과정은 부모에게도 자녀에게도 큰 용기가 필요한 일이다. 스스로 자신의 안전을 책임져야 하고, 중간에 발생하는 의도치 않은 문제들, 목적지 대신 엉뚱한 곳으로 가게 되는 당황스러운 상황을 스스로 헤쳐 나가야 하기 때문이다.

나도 중학생 때 부모님의 심부름으로 서울 도심 한복판으로 나온 적이 있었다. 서울 시내로 나온 건 처음이라 버스를 잘못 타고 말았다. 당시에는 휴대폰도 없어서 오로지 착해(?) 보이는 어른들에게 묻고 또 물어서 집에 돌아올 수 있었다. 그 당시에는 너무 무서웠다. 그 후로도 몇 번인가 길을 잃고 헤매면서 집을 찾아갔던 경험이 있다.

가끔 부모님 중에서 자녀가 초등학교 저학년일 때 경계선 지능이라는 평가를 받고 난 뒤 안심이 되지 않아 자녀가 어디를 가야 할 때면 항상 동행하시는 분들이 계신다. 그렇게 되면 자녀가 중학생, 고등학생이 되어서도 혼자 외출을 못 하게 된다. 항상 아이들과 동행하는 부모님들의 마음에는 '성인기가 되면 저절로 혼자 다닐 수 있겠지'라는 생각이 들거나, 성인기가 되어도 필요하다면 부모와 함께 다니면 된다는 생각이 자리 잡고 있다. 하지만 중고등학생 때 전혀 시도하지 않았던 일이 성인기가 되어 저절로 되는 법은 없다. 또한 필요하다면 부모와 함께 살고 외출도 함께하면 된다는 생각은 자녀의 능력을 지나치게 과소평가하여 내린 결정이 아닐 수 없다. 성인기에도 "분리 불안"을 나타내어 집 밖에 혼자 못 나가고 늘 아기처럼 부모와 함께 외출하는 사람들이 실제로 꽤 있다.

초등학교 3학년부터는 동네에서 간단한 심부름을 시켜보자. 늘 함께 가는 마트에 가서 물건을 사 오게 하거나 친구의 생일파티에 혼자서 가보도록 하는 것은 반드시 해봐야 하는 경험이다. 초등학교 고학년이 되면 버스나 지하철을 타고 간단한 거리를 혼자 다녀보도록 하는 것도 좋다. 혹은 집 근처 2~3km 반경 이내에서 혼자 다니도록 해보는 것도 좋다. 혼자서 외출을 하면서 안전하게 행동하는 법을 배워야 성인이 되어서도 자신의 안전을 지킬 수 있다.

대도시에서는 지하철을 타고 환승을 해야 할 때는 환승하는 연습을 시켜주어야 한다. 미리 환승이 필요한 거리까지 이동하는 능력을 기르기 위해서는 일단 부모와 함께 동일한 거리를 이동해보자. 함께 자주 다니던 길은 환승을 해도 어떻게 이동하는 것인지 알 수 있기 때문이다. 또한 환승이 필요한 거리로 외출을 하거나, 처음 가는 곳을 찾아가도록 하기 위해서는 스마트폰 앱을 사용하여 쉽게 정보를 찾는 방법을 알려주는 것도 필요하다.

부모가 보기에 부족한 점이 많은 자녀를 혼자서 외출을 시키는 것은 매우 두렵고 걱정이 된다. 하지만 예기치 않은 상황에 접했을 때 부모에게 연락하는 방법, 가까운 어른에게 도움을 청하는 방법, 친절한 사람과 나쁜 행동을 하는 사람을 구분하는 방법을 미리 가르쳐서 연습해보는 것이 필요하다. 그 과정에서 우리 아이들이 매우 영리해진다는 것을 알아야 한다. 부모가 걱정되고 불안하다고 기회를 주지 않으면 아이들은 영원히 스스로 아무것도 할 수 없게 된다.

심부름과 외출, 이 두 가지 활동 안에는 아이들이 배워야 할 너무도 많은 경험이 담겨 있다. 이동 시간 예측하기, 교통비나 물건 비용을 적절하게 내기, 대중교통을 이용하는 동안 지켜야 할 에티켓이나 규범, 해가 될 만한 사람과 그렇지 않은 사람을 구분하는 방법, 길에서 사람들이 이해하지 못할 만한 행동을 할 때 의문을 가져보기 등이다. 그러므로 아이가 혼자서 외출하는 경험은 앞으로 사회생활에 필요한 수많은 정보를 습득하고, 스스로 어떤 행동을 해야 하는지를 깨닫게 해준다.

문제해결력이란 책으로 배울 수 있는 것이 아니다. 또한 부모의 말을 통해서만 배울 수 있는 것이 아니다. 문제해결 능력은 직접 경험하면서 배우는 것이다. 짧은 거리를 혼자서 버스를 타고 외출해보는 동안 수없이 많은 문제 상황을 만나게 될 것이고 그때마다 스스로 해결하지 않으면 집에 돌아올 수 없다. 단계마다 미션을 수행해야만 다음 단계로 가는 일종의 게임과 같다. 그러므로 혼자서 외출을 잘한다면 우리 아이의 문제해결 레벨이 상승한다. 자신감을 얻는 것은 물론이고 비슷한 상황이 발생 시 응용력도 생긴다. 응용력은 다양한 상황에서 유연하게 대처하도록 만들어주는 능력이므로 두려움이나 불안한 마음도 줄어든다.

마음의 상태는 그 사람이 겪은 경험과 밀접한 관계가 있다. 긍정적인 경험을 많이 해보면 긍정적인 마음으로 가득한 사람이 되고, 경험이 부족하거나 부정적인 경험만 기억하게 되면 부정적이고 소극적인 사람이 된다. 심부름은 아이들에게 매우 긍정적인 경험이다. 부모님이 자신을 믿고 자신에게 무엇인가를 맡겼다는 생각으로 책임감도 생겨난다.

부모는 자녀의 인생을 대신 살아줄 수 없다. 부모가 자녀에게 벌어질 위험한 일을 막아주고 자녀를 안전하게 지키는 일을 하는 것도 중요하지만, 스스로 인생을 살아가기 위한 준비를 해주어야 한다. 책상에 앉아서 공부만 시키는 것이 인지능력을 향상하는 일이 아니며, 전문 치료를 받도록 하는 것만이 세상에 대한 적응력을 길러주는 것이 아니다. 자신의 방식으로 세상에 대처하는 능력을 길러주어야 한다. 아주 기본 단계부터 복잡한 단계까지 차곡차곡 능력을 쌓도록 도와야 한다.

아이들이 좋아하는 컴퓨터 게임처럼 1단계, 2단계 점점 단계를 높여가면서 아이가 스스로 문제해결 능력을 기르도록 도와야 한다. 처음에는 가까운 거리를, 나중에는 먼 거리를 혼자 다녀보도록 해야 한다. 혼자서 버스를 타고 심부름하기는 그러한 과정을 경험하는 데 아주 좋은 방법이다. 아이의 안전과 심리적 상태를 고려하여 조금씩 단계를 높여가면서 혼자서 외출하는 능력을 길러주도록 했으면 좋겠다.

문제해결력: 여행 계획을 함께 세워요

· · ·

경계선 지능 아동들은 책으로 배우는 것보다는 직접 체험해서 배우는 것을 잘한다. 여름휴가나 긴 여행을 계획하고 있다면 부모가 계획을 짜거나 패키지여행을 하기보다는 가족이 모두 모여서 여행에 대해 의논하면 좋다. 우선 여행지를 조사해보자. 벽에 우리나라 지도를 붙여놓고 여행지를 표시하면 더 좋겠다. 여행지 후보가 몇 개 정해지면 교통편을 함께 알아보자. 대중교통을 타고 가면 좋은 점과 불편한 점을 말해보자. 말로만 하지 말고 벽에 포스트잇으로 써서 붙여도 좋다. 여행지와 교통편이 정해지면 여행 코스와 숙박지도 정해보자. 모든 일정이 정해지면 음식이나 사야 할 것을 적어보게 하고 예상 비용을 아이가 직접 계산하도록 해보자.

차근차근 생각하고 그림이나 표로 정리하는 과정은 경계선 지능 아동에게 꼭 필요한 사고력 활동이다. 경계선 지능 아동들은 직접 가보지 않았거나 해보지 않은 일에 대하여 상상하는 능력이 부족하다. 하지만 상상하고 예측하기도 연습을 통해 좋아질 수 있다.

여행은 가보지 않은 곳을 상상하는 능력을 길러준다. 지도와 인터넷 검색을 통해 가보지 않은 곳이지만 충분히 상상력을 자극할 수 있고, 그 결과 의문이나 질문이 생기기도 한다. 경계선 지능 아동들은 스스로 질문하는 것을 두려워한다. 자신의 질문에 성의 있는 답변을 듣지 못했거나, 어려서부터 다른 사람의 의견이 모두 옳은 줄 알고 지시에 따르기만 해왔기 때문이다.

여행지에 대한 질문은 경계선 지능 아동의 호기심을 자극하고 자신감을 끌어올린다. 또한 질문을 많이 하면 중요한 질문과 중요하지 않은 질문에 접근하는 능력이 향상된다. 무엇을 물어봐야 자신이 원하는 답변을 얻을 수 있는지에 대하여 알게 된다.

"부모가 만들어준 여행은 효과가 절반도 안 된다."

여행은 아이에게 지식도 쌓게 해주고 나쁜 감정도 발산하게 해준다. 또한 가족들과 함께하는 동안 좋은 에너지를 얻어서 생활의 활력을 얻게 해준다. 다른 아이들이 못 가본 곳에 다녀온 아이들은 친구들에게 자랑거리가 생긴다. 하지만 부모가 만들어준 여행은 그 효과가 절반이다. 아이와 부모가 함께 계획한 여행이 효과가 크다.

아이의 집중력이 짧아서 흥미를 잃고 어떻게 해야 할지 몰라서 처음에는 소극적인 태도를 보일 수 있다. 그렇다면 다음과 같이 해보면 좋다. 매일매일 하지 않고 일주일에 한 번씩 해도 된다.

- 계획 짜기 첫날: 여행지 후보를 정하고 지도에 표시하기
(왜 그곳에 가고 싶은지 말해보기)

- 계획 짜기 둘째 날: 여행지 후보지와 교통편 알아보기
　　　　　　　　 (각 교통편의 편리한 점과 불편한 점 말해보기)
- 계획 짜기 셋째 날: 여행지에서 꼭 들러야 할 곳 찾아보기
　　　　　　　　 (인터넷 검색 함께해보기)
- 계획 짜기 넷째 날: 우리 가족만의 여행 일정과 식단 정하기
- 계획 짜기 다섯째 날: 예산 정리하기(처음에는 식사 예산만 정리해본다)
- 여행 전날: 마트에 가서 준비물 사고 짐 싸기

모든 가족들이 이미 하는 일이라고 생각할지 모른다. 하지만 우리 아이들이 이 과정에서 적극적으로 참여하도록 허락하는 가정은 그리 많지 않다. 부모나 계획을 잘 짜는 사람이 혼자서 하는 편이 편리하니까 주로 담당하는 사람이 정해져 있다. 하지만 경계선 지능 아동을 둔 가족은 이렇게 좋은 교육의 기회를 놓쳐서는 안 된다.

여행 계획은 다음과 같은 장점이 있기 때문이다.

- 상상력을 길러준다(여행지 찾기).
- 자신감을 길러준다(자기 의견 말하기).
- 논리적 사고를 길러준다(일정 짜기, 불편한 점과 편리한 점 비교 분석하기).
- 수학에 대한 필요성과 즐거움을 알게 한다(계산하고 예산 짜기).
- 지식과 상식, 어휘가 향상된다(새로운 곳에 대해 배우니까).
- 사회성이 길러진다(타인과 의견을 조율하는 방법을 배운다).

여행은 휴식을 위한 것이기도 하지만 좋은 교육의 기회이다. 교육의

기회를 가볍게 넘기고 아이들에게 지식 전달만 하려고 해서는 안 된다. 경계선 지능 아동에게 생각하는 능력은 지식이나 상식만큼이나 중요한 능력이다. 생각하는 능력은 학교에서 배우기보다는 평소 생활 속에서 배우는 편이 낫다. 학교에서는 학생 한 사람 한 사람이 어떻게 생각하는지에 관심을 가지기 어렵기 때문이다. 자녀의 생각하는 능력을 길러 주기 위해 느긋하게 가족여행 계획을 세워보면 좋을 것 같다.

다양한 여가활동 만들기

· · ·

여가활동은 직업이나 가사, 학업과 같이 필수적인 일을 하는 것 외의 활동을 의미한다. 주로 먹기, 자기, 일하기, 공부하기, 숙제하기, 집안일 하기와 같은 의무적인 활동 전후에 만들어지는 시간에 하는 활동을 말한다. 최근에는 많은 사람들이 직업이나 학업과 같은 필수적인 활동만큼이나 여가활동을 중요시하여 단순히 여유 시간 보내기라고 정의하기도 어렵다. 중요한 것은 이전 시대에 비해 한 개인의 삶에서 여가활동의 비중이 점차 커지고 있다는 점이다.

왜 여가활동의 비중이 커지는지를 생각해보면, 사회가 이전 시대와 많이 달라졌기 때문이다. 과거에는 우리 일상생활이 주로 공동체 안에서 이루어졌다. 3대의 대가족 안에서 생활한다거나, 어릴 적에 동네 친구와 매일 어울려 지내고 우리 집과 남의 집 구분이 없이 놀러 가거나 밥을 얻어먹는 등 매우 허물없이 지내는 경우가 많았다. 그러다 보니 일을 하고 남는 시간이나 방과 후가 되면 특별한 여가활동을 하지 않아도 이웃이나 친구들과 어울려 지내거나 맛있는 음식을 나눠 먹고, 바깥놀이를 함께 즐기는 등 재충전과 휴식을 자연스럽게 할 수 있었다. 하지만 현대는 다르다. 우리 일상생활이 타인과 상당한 거리를 두고 진행된다. 이웃들과 왕래하는 시간이 턱없이 부족하고, 친구 집에 놀러 가는 것도 미리 허락을 받아야 가능하며, 바깥놀이를 할 충분한 시간이 없다. 여가활동도 다른 사람들과 어울려 하기보다는 자기 혼자 해야 할 때가 많다. 호탕한 즐거움이나 편안한 위로보다는 스스로 차분하게 재충전의 시간을 보내는 경우가 늘고 있다.

이러한 시대 변화 속에서 우리 자녀들이 성장하고 있다. 휴식이나 재충전을 위한 절대적인 시간의 양이 부족하고, 휴식의 질 또한 좋지 않아서 쉬어도 쉰 것 같지 않고 기분전환도 충분히 생겨나지 않는다. 그렇기 때문에 많은 사람들이 휴식과 여가활동의 중요성을 인식하고 애써 여가활동을 하기 위해 노력하는 것이다. 그럼에도 우리 학생들은 여가활동을 할 수 있는 시간이 매우 부족하다. 이렇게 여가활동의 양과 질이 나빠지면 우리 삶은 어떻게 달라질까?

첫째, 충분한 재충전이 되지 않아서 늘 무기력하고 의욕이 없는 상태가 이어질 것이다. 여가활동은 기분전환과 재충전의 시간이다. 충분한 재충전이 이루어지지 않으면 우리는 고장 난 기계처럼 제 기능을 발휘할 수 없다.

둘째, 대인관계나 공동체 경험이 줄어든다. 많은 여가활동은 다른 사람들과 함께 시간을 보내는 과정이 포함된다. 간혹 혼자 하는 여가활동도 있지만, 그마저도 필요한 물건을 구매하거나 할 때 필수적으로 타인과 상호작용하는 과정이 요구된다. 공동체 경험이나 대인관계의 경험이 부족하다는 것은 사회성 발달의 기회가 적어진다는 것이므로 결국 사회에 적응하는 능력이 낮아진다는 것을 의미한다.

셋째, 공감의 경험이 줄어든다. 공감이란 비슷한 감정을 다른 사람이 함께 경험하는 것이다. 공감을 통해 외로움이 줄어들고 속상하거나 화가 난 감정이 풀리기도 한다. 여가활동은 주로 비슷한 관심사를 가진 사람들이나 공감을 서로 잘하는 사람들이 하기 마련이다. 그러므로 같은 활동을 하는 것만으로도 공감능력이 향상되고 부정적인 감정이 자연스럽게 풀리는 경험을 하게 되는 것이다. 이전에 친구들과 어울려 놀 때를 생각해보자. 부모에게 야단을 맞는 등의 비슷한 경험을 했던 친구들이 서로의 감정을 이해해주고 어울려 노는 과정에서 부모에 대한 원망도 어느새 풀리곤 하지 않았는가. 여가활동이 충분하지 않은 현대의 학생들은 자신의 감정을 나누거나 공유할 수 있는 친구와 시간이 부족하다.

경계선 지능 학생들도 마찬가지다. 우리 아이들도 여가활동을 하는 시간이 부족하다. 또한 함께 여가활동을 하는 친구들도 거의 없다. 사회성 발달이나 타인에 대한 공감능력이 부족한 우리 아이들에게는 이러한 상황이 매우 부정적인 영향을 주게 된다. 결국 사회성은 더 나빠지고 타인에 대한 이해능력이 저하되는 결과를 초래한다. 그래서 우리는 아이들에게 여가활동을 적극적으로 지도해야 한다.

어떻게 여가활동을 지도해야 하는가? 사실 여가활동은 학생 자신에게 주어진 자유 시간을 어떻게 이용하는가 하는 문제다. 자유 시간을 이렇게 보내라, 저렇게 보내라고 하는 건 간섭이 될 수 있으므로 여가 지도라는 말이 다소 모순일 수 있다. 하지만 최근 인터넷 사용이나 일탈 행동 등을 통해 재미 요소를 찾는 학생들이 많아진 것을 볼 때 어떻게 자유 시간을 보내는 것이 좋은지에 대한 지도가 필요한 것도 사실이다. 또한 자녀가 자유 시간 혹은 여가활동을 하는 과정에서 부모가 어떻게 대처해야 하는가에 관한 부분도 함께 인식 개선을 해나가야 한다.

먼저 학생들이 여가를 잘 보내기 위해서는 학생들이 흥미를 보일 만한 다양한 프로그램이 개발될 필요가 있다. 종이접기나 보드게임, 미술, 악기 연주와 같은 방과 후 프로그램들 등이 될 수 있다. 꾸준히 학생이 좋아하는 방과 후 활동에 참여하도록 하는 것만으로도 여가활동을 할 수 있는 조건이 만들어진다. 그러나 그것이 학교에서만 진행되고 가정에 돌아와서 연결되지 않는다면 진정한 취미가 될 수 없다. 그러므로 학생이 좋아하는 활동을 가정에서도 이어갈 수 있도록 도구(색종이나 그림 도구 등)가 준비되어서 시간이 날 때마다 학생이 즐길 수 있도록 해야 한다. 하지만 도구를 준비해도 집에 돌아와서 다시 하고 싶어 하지 않는다면 진정한 의미의 취미나 여가활동이 되기는 어렵다. 예를 들어 학원이나 방과 후 활동으로 피아노 연주를 배운 학생이 집에 돌아와 피아노를 거들떠보지도 않는다면 이것은 취미나 여가활동이 될 수 없듯이 말이다.

학생들의 여가활동은 학생의 성격이나 성향하고도 관련이 많다. 내성적이고 행동이 느린 학생들은 실내 활동을 선호하는 반면 외향적이고 활동성이 좋은 학생들은 실외 활동을 선호한다. 그러므로 여가활동에서도 이러한 학생의 성향을 반영하여 좋아할 만한 활동들을 찾아서 권유해보는 것이 좋다. 내성적인 학생들은 집에서 손으로 하는 활동(만들기, 그리기, 인형놀이, 레고놀이 등)을 좋아한다. 외향적인 학생들은 축구, 자전거 타기 등 운동장에서 뛰어노는 활동을 좋아한다. 물론 내성적인 성향의 학생이라고 해서 매일 실내 활동만 해서도 안 된다. 어느 정도 바깥놀이를 하는 경험도 필요하다. 외향적인 성향의 학생이라도 가정에서 차분하게 1시간 정도 무엇인가를 하는 경험도 도움이 된다. 본인이 좋아하는 활동이 분명하게 드러나게 되면 좀 더 재미있게 즐길 수 있도록 도움을 주는 것이 필요하다.

어떤 아버지는 아들이 자동차에 관심이 많다는 것을 알고, 자동차 관련 정보를 많이 찾아보게 도와주기도 하고, 모터쇼 전시장에 데리고 가기도 한다. 이렇게 꾸준히 흥미를 보여야 취미라고 할 수 있고, 이를 위해 많은 시간을 보내는 것을 여가활동이라고 한다. 그러므로 기본적으로 여가활동을 즐길 만한 충분한 시간과 배려가 필요하다. 또한 여가활동을 보내는 자녀에게 부모가 일일이 간섭한다면 그것은 자유 시간이 되지 않는다. 보통 여가를 즐기는 학생들의 모습을 보면 가정에서 뒹굴뒹굴하면서 무료하게 보내는 것처럼 보인다. 온종일 TV만 보거나, 컴퓨터 앞에 앉아 있거나 온통 방안을 어지럽히고 들어앉아서 무엇인가에 열중한다. 또한 바깥놀이를 즐기는 학생은 도무지 집에 들어올 줄을 모르거나 학원에 가는 시간도 까맣게 잊고 놀이에 열중한다. 그러므로 대개 여가활동에 열중인 모습들은 조급한 성향의 부모에게는 자녀가 나태하게 시간을 보내는 것처럼 보일 수 있다. 자녀가 즐기는 여가활동에 대하여 부모로서 무엇인가 개선해야 할 점이 있다면, 정식으로 자녀와 대화를 통해서 합의를 보는 것이 좋다. 시간을 정해서 논다든지, 프로그램을 정해서 TV 시청을 한다든지 하는 식으로 말이다. 만일 어떤 합의가 이루어진 상태이고, 불건전한 활동만 아니라면 나태해 보여도 자녀에게 자유 시간을 보장하기 바란다.

자녀의 여가활동을 만들기 위해서는 아이를 관찰해야 한다. 도무지 우리 아이가 좋아하는 것이 없어 보여도 꾸준히 관찰하다 보면 그것이 무엇인지 알 수 있다. 물론 그 활동이 부모가 원하는 것이 아닐 수 있는데, 부모가 원하는 것은 자녀의 여가활동이 될 수 없다는 점을 기억해야 한다. 만일 자녀가 늘 하던 활동만 몰입한다면 그 자체도 좋지만, 새로운 경험을 해보게 하는 건 어떨까? 집에서 책 읽기만 좋아하는 아이에게 태권도를 권유해보는 것처럼 말이다.

또한 부모도 여가활동을 하면 좋다. 부모가 하는 여가활동을 관찰하면서 학생 자신도 여가활동을 즐기는 방법을 익힐 수 있기 때문이다. 엄마는 늘 TV만 보면서 자녀에게 다른 여가활동을 권하는 것은 모순이다. 부모가 솔선수범해서 여가활동을 해보자.

여가활동은 대인관계와 공동체 생활이 부족한 현대인에게 필수적인 시간이다. 정서적으로 휴식이나 즐거움을 얻기도 하고 함께하는 사람들의 행동을 보고 사회성을 발달시킬 수도 있다. 또한 꾸준히 하면 직업과도 연관 지을 수 있다. 그러므로 우리 자녀에게 적극적으로 여가활동을 할 수 있도록 지도하고, 되도록 다양한 경험을 제공하여 스스로 자신이 좋아하는 것이 무엇인지를 선택할 수 있도록 기회를 주면 좋겠다.

자율 시간의 중요성

• • •

아이들이 집에 있는 시간이 길어질수록 자녀와 부모의 갈등이 심해지고, 자녀들이 빈둥거리는 모습이 꼴 보기 싫어진다. 학교나 학원에 있으면 아이가 무엇이라도 하고 있을 텐데, 집에 있으면 게임만 하거나 스마트폰만 들고 뒹굴뒹굴하니 걱정도 되지만, 솔직히 못마땅하기도 하다.

부모는 자녀에게 항상 유익한 것만 주고 싶다. 실제로 가정에서 매 순간 유익한 무엇인가를 제공할 수도 없고, 아이들도 그러고 싶지 않아 한다. 그래서 부모들은 차라리 아이들이 학교나 학원에 있을 때가 마음이 편하다고 한다. 눈에 보이지 않으니 유익한 일을 하고 있으려니 하고 믿게 되고, 내 눈앞에서 무기력하게 지내는 꼴을 보지 않아도 되니 살 것 같다고.

왜 그렇게 부모님들은 자녀들이 가정에서 뒹굴뒹굴하는 것이 싫을까? 부모의 불안 때문일 것이다. 자녀가 항상 좋은 것만 경험하고 항상 유익한 것을 배워야 한다고 생각하는 부모님들은 무기력하게 있거나 바람직하지 않은 행동을 하게 되면 어떻게 지도해야 하는지 알 수 없어서 부담스럽게 생각된다. 그래서 전문가인 교사나 학원 강사에게 가 있는 시간이 마음 편한 것이다.

하지만 자녀에게도 가정에서 보내는 자율 시간이 필요하다. 자신이 원하는 활동을 하면서 뒹굴뒹굴할 자유 말이다. 특히 주말에 학원에 가지 않는 시간과 단기 방학에는 모처럼 아이가 무엇을 하든 자유롭게 허용하는 것이 좋다. 물론 평일이나 여름과 겨울 방학에는 지나치게 허용적으로 일과를 보내게 되면 생활의 리듬이 깨지기 십상이므로 규칙적인 일과를 정해서 생활하는 편이 낫다. 하지만 주말이나 단기 방학에는 자기가 해야 할 일(지나치게 많지 않으면 좋다)을 마치고 나서는 누구의 간섭도 받지 않고 방바닥과 혼연일체가 되든, 스마트폰과 물아일체가 되든 그것은 아이의 마음이라고 생각한다. 아무리 부모라고 해도 자유 시간까지 간섭하는 것은 결코 좋은 교육 방법이 아니다.

자율 시간은 자신만의 시간이고 그 시간 동안 자신이 평소 하지 못하는 것을 하게 되므로 긴 안목에서 보면 재능계발의 시간이 될 수도 있고, 자신이 좋아하는 분야에 몰두하는 시간이 될 수 있어 깊이 있는 정보를 스스로 배울 수도 있다. 꼭 한 분야에 대한 탐색의 시간이 아니라 멍하게 보내는 시간도 혼자서 상상력을 발휘하고 있는 시간이다. 휴식은 누가 강요한 방식이 아니라 각자 자기만의 방식으로 쉬어야만 한다. 그래야 자기의 성향과 기질도 뚜렷해지고 자신이 존중받는다는 생각이 들어서 자아 성장에도 크게 도움이 된다.

평소 자율 시간을 인정받은 아이들은 대체로 부모와 관계가 좋고, 부모에 대한 신뢰감이 높은 편이다. 자신이 무엇을 하든 부모가 믿어준다는 생각을 하기 때문에 자기도 역시 부모의 말을 믿고 잘 따르게 된다.

하지만 자율 시간마저도 부모의 간섭이 심한 경우에는 부모-자녀 사이가 나빠진다. 즉 부모가 자기 자신을 믿지 못하고 사소한 것까지 간섭한다는 생각이 들어서 부모에 대한 원망과 불신이 생긴다. 그렇게 되면 아이는 부모의 간섭을 벗어나고 싶어서 부모가 아무리 옳은 말을 하여도 청개구리처럼 거꾸로 행동하게 돼, 거짓말과 핑계가 많은 아이로 성장하게 된다. 자녀가 청개구리처럼 행동하면 부모는 더욱 자녀를 믿지 못하게 되어 잔소리하게 되고 사사건건 개입하게 된다. 그래서는 자녀를 통제하기 어렵고, 자녀와 관계만 나빠진다.

회사에서도 사원들에게 일일이 간섭하는 것보다 자율성을 인정해줄 때 사원들이 더 자기 주도적으로 일하게 된다. 또한 창의적이고 참신한 성과가 만들어지기도 한다. 상사와 사원들 간의 관계 형성에도 좋다. 직장 상사는 사원들에게 큰 틀을 제시하고 세부적으로 고민해야 할 것은 부탁하는 방식으로 대화를 해야 한다. 자녀들도 마찬가지다. 지나치게 자율 시간을 주지 않고 통제하려고 든다면 부모의 말을 건성으로 듣고 부모의 눈을 피해서 오히려 더 나쁘게 행동할지도 모른다.

부디 자녀들에게 자율 시간을 자율 시간답게 보낼 수 있도록 허용하기 바란다. 자녀가 자신의 시간을 허비할 수 있는 자유를 주자. 그것이 무익한 시간이 아니라, 정말 자녀에게 필요하고 유익한 시간임을 믿자.

자율 시간 동안에는 자기가 하고 싶은 일을 하도록 해야 한다. 자율 시간을 무기력하게 보내고 있다고 해도 다 필요한 시간이다. 지친 심신을 회복하기 위한 시간이고, 평소에 못 했던 일을 하는 시간이다. 온전히 자신의 흥미와 필요에 따르는 시간이고 결국 자녀에게 유익한 결과를 이끌 수 있다. 그러나 평소에 자녀가 활기를 잃고 우울한 표정으로 지내는 시간이 많다면, 자율 시간을 간섭할 것이 아니라 조용한 시간을 내어 대화를 나누어보는 것이 좋다. 하지만 평소 활기 넘치는 아이라면 단연코 자율 시간을 간섭해서는 안 된다.

공부를 싫어하지 않게 만들어요

· · ·

오스트리아의 동물학자 로렌츠는 오리나 거위와 같은 조류들의 습성과 행동을 연구했다. 조류의 새끼들이 알에서 부화한 직후에 처음 목격한 대상(그것이 사람이라고 할지라도)을 어미로 인식하고 어미가 될 때까지 처음 목격한 대상(사람)의 뒤를 졸졸 쫓아다니는 행동을 한다는 것을 발견했고, 그러한 행동 습성을 "각인"이라고 명명하였다. 각인(imprinting)은 세상에 불완전한 존재로 생명체(새끼 오리 등)가 자신의 어미가 누구인지를 출생 직후 확고하게 인지하는 것을 말한다. 불완전한 생명체인 새끼 오리는 자신의 생명을 안전하게 유지하고, 어미가 되는 데 필요한 생존기술을 익히기 위해 어미의 뒤를 졸졸 따라다니는 행동을 하게 된다.

사람도 마찬가지로 불완전한 생명체로 태어나서 자신을 돌봐주고 가르쳐주며 안전하게 지켜줄 부모에게 절대적으로 의지하면서 성장한다. 그러므로 어린아이들은 부모의 행동을 일거수일투족 지켜보게 되며 좋은 행동이든 좋지 않은 행동이든 무의식적으로 모방하게 되는 것이다.

이 때문에 우리 부모들은 자녀에게 더 나은 행동을 보여주기 위해 노력해야 한다.

공부도 마찬가지다. 우리 자녀들의 경우에는 인지능력이 부족하니까 공부를 포기하고 다른 길을 찾아가야겠다고 생각할 수도 있지만, 내 경우에는 중학교까지는 어찌 되었든 열심히 가르치고 학습을 시켜서 스스로 인지적 성장을 할 수 있는 기회를 주어야 한다고 생각한다. 또한 공부하는 과정에서 학생들은 자신의 할 일을 찾아 책임을 다하게 되고 그 과정에서 성실하게 노력하고 도전하는 사람이 될 수 있다. 그다음 고등학교와 대학교에서 공부를 열심히 할 것인가 혹은 다른 길을 찾아갈 것인지 하는 것은 부모의 몫보다는 본인의 의지와 선택이 더 중요하다. 그래서 초등학교 때부터 중학교 시기까지 거의 10년 가까운 시간동안 자녀의 학습을 도와야 한다.

모두가 공부를 어렵고 하기 싫다고 여기는 것은 편견이다. 나는 학생에게 있어서 공부는 마땅히 해야 할 일이라고 생각한다. 따라서 공부를 싫어하지 않고 자신의 당연한 일로 받아들이도록 하기 위해서는 부모도 공부를 "당연히 해야 할 일"이라고 여겼으면 좋겠다. 학교에 다니는 학생이 수업 시간에 공부 말고 무엇을 할 수 있겠는가? 다른 선택의 여지가 있다면 학생들을 답답하게 교실에 앉혀놓지 말고 다른 유익한 무엇인가를 시켜주어야 한다. 하지만 그렇지 않다. 학생은 당연히 교실에 앉아서 교사의 수업을 들어야 하고 스스로 무엇인가 학습해야 한다. 그렇다면 공부는 선택의 문제가 아니고 당연히 해야 할 일이다. 학생에게 다른 대안을 제공하지 못하는 부모나 교사는 절대로 학생에게 공부가 선택이라고 말해서는 안 된다고 생각한다. 진정한 의미의 선택은 선택할 수 있는 여건에서 할 수 있는 말이다. 또한 학생에게 있어 교실에서 공부하고 친구들과 어울리는 일은 무엇보다 중요한 일이다. 그러므로 공부하고 친구들과 어울리는 상황을 싫어하지 않도록 우리(부모와 교사)가 도와주어야 한다.

어떤 나라에서는 학생들이 처음 공부를 접할 때 공부는 달콤한 것이라고 인식시키기 위해 첫 수업 시간에 달콤한 음식을 먹이는 것으로 시작한다고 한다. 공부는 당연히 해야 하고, 즐겁고 유익하다는 것을 아이들에게 인식시켜 주어야 한다. 그러기 위해서는 부모가 먼저 아이에게 공부를 어쩔 수 없이 시켜야 하는 것이라는 생각부터 버리기 바란다.

공부는 우리 아이를 더 똑똑하게 해주는 하나의 방법이며, 공부를 통해 무엇인가를 해낼 수 있는 성취감을 심어줄 수 있는 절호의 기회라고 생각하자. 공부를 싫어하고 부담스러워하면서 자녀를 지도한다면 부모의 표정에서, 자녀에게 건네는 말투에서 무의식중에 전달될 것이다. 그리고 자녀는 무의식중에 부모와 같은 생각을 하게 된다.

공부는 자녀의 삶을 바꾸는 데 매우 중요하다. 왜냐하면 자신이 스스로 노력하는 과정이며, 자신이 성장하고 있다는 것을 확인할 수 있고, 이전에 못 했던 것을 해냈을 때 무엇이든 잘할 수 있다는 자존감이 높아지기 때문이다. 공부는 우리 아이가 다른 사람들에게 무시당하지 않기 위해 어쩔 수 없이 시켜야만 하는 고된 노동이 아니다. 그저 즐겁고 당연한 일상생활의 일부일 뿐이다. 그러나 아이가 "공부를 즐겁고 당연한 일상적 일"로 받아들이도록 하는 과정은 부모의 노력과 시간이 필요하다.

- 유아기에는 "부모와 자녀가 책 읽기나 색종이 접기 등의 경험을 함께해야 한다."

- 초등학교 시기에는 "책상 앞에 앉아서 공부하는 것을 즐기는 부모의 모습을 보여주어야 한다."
- 중고등학교 시기에는 "공부하느라고 애쓰는 자녀의 마음을 격려"하고 부모도 '자격증 따기'와 같은 자신만의 목표를 정해서 도전하는 모습을 보여주어야 한다.

공부하는 습관이 몸에 배고 공부를 좋아하면서 자신에게 유익하다는 것을 완전히 알게 되기까지는 시간이 걸린다. 자녀가 어릴 때는 앉아 있는 것이 어려워 몸부림을 치거나 힘들어하는 행동을 하기도 한다. 하지만 부모도 같이 공부하면 다르다. 부모 자신도 자녀와 별개로 공부의 목표를 정하고 끊임없이 도전하는 모습을 보여주면서 자녀의 노력을 존중하고 격려한다면 틀림없이 우리 자녀는 공부를 좋아하게 될 것이다. 성적이 전부가 아니다. 공부를 좋아하는 마음이 더 중요하다. 공부를 잘하지 못해도 열심히 노력하는 모습을 인정 받는 학생들은 고등학생이 되면 학교 공부 외에 자신이 잘할 수 있는 분야를 스스로 찾고 싶어 한다. 그리고 부모와 함께 찾고 싶다고 먼저 말을 할 것이다.

학생들이 공부에 대한 스트레스를 겪는 것은 강요와 압박 때문이다. 강요하지 말고 함께 즐기는 것이 중요하다. 공부 내용에서 무엇을 풀 수 있고 무엇을 풀지 못하는가 하는 것은 중요하지 않다. 하나라도 새로운 것을 알게 해주는 것이 더 중요하다. 아이가 문제를 잘 풀건 잘 풀지 못하건 꾸준히 분량을 정해서 공부하도록 하자. 공부는 매일 실천해야 할 "당연한 일"이기 때문이다. 조금씩 밀리는 경우가 있다면 너무 스트레스를 받지 말고 학생 스스로 밀린 분량을 어떻게 할 것인지 정하라고 해보자. 공부는 억지로 하게 해서는 공부에 대한 회피감만 생기고 스스로 책임을 지는 것이 더없이 싫은 일이 될 수 있다.

공부하는 동안 학생에게 기분이 나빠질 정도로 무시하거나 감정이 상하는 말을 해서는 안 된다. 학생의 자긍심을 밟게 되는 것이다. 학생이 스스로 자긍심을 잃지 않도록 어른에게 대하듯 정중하게 부모의 의견을 말하기 바란다. 어느 정도 공부하겠다고 정해놓고 스스로 책임을 지지 못하더라도 그럴 만한 이유가 있다는 것을 이해해주어야 한다. 이전에 다 하지 못한 공부를 스스로 어떻게 조정할 것인지를 정하도록 하자.

가정학습을 위한 시간과 공간이 필요해요

경계선 지능 아동은 다른 또래에 비해 공부가 뒤처진다. 그래서 가정학습은 필수적인 과정이라고 생각된다. 머리도 안 되는 아이를 너무 힘들게 하는 것은 아닌지 안쓰럽게 생각될 수도 있지만, 매일 공부하는 습관은 바른 인성과 자립 생활에 도움이 되므로 꼭 성적이나 공부 때문이라고 생각하지 말고, 매일의 가정학습 시간을 갖도록 권한다.

"매일의 가정학습 시간"

매일의 가정학습은 부모가 정해진 시간에 아이가 공부할 수 있도록 "장소"를 제공하는 것이 필수이다. 정해진 시간과 공간은 아동의 습관 형성뿐 아니라 주의집중력을 높이는 데도 좋다. 당장 하고 싶은 욕구와 공부 사이에서 갈등을 겪지 않아도 된다. 정해진 시간과 정해진 공간에서의 가정학습은 꼭 필요한 지능발달의 요소이다.

저학년이라면 거실이나 식탁에서 공부하는 것이 좋다. 부모의 눈길이 닿는 곳에서 공부해야 집중이 안 되거나 학습 태도가 무너지는 상황에서 바로잡아줄 수 있기 때문이다. 그러나 집안 식구 중 누군가가 TV를 보거나 휴대폰 게임을 하고 있다면 아이의 공부습관은 유지되기 쉽지 않다. 또 공부 중에 다른 가족들이 말을 걸 수 있는 환경도 좋지 않다. 어머니가 바쁘게 식사 준비를 하거나 설거지를 하면서 아이의 공부를 봐주는 것도 산만하게 하는 요소이다. 아동이 공부하는 시간이 되면 가족 모두 비슷한 일을 찾아서 하면 좋다. 형제들도 각자의 방이나 거실에 모여 공부를 할 수 있고, 부모도 조용히 다른 일을 하면서 쉬거나 자녀의 공부를 돌봐줄 수도 있다.

만일 부모 중에서 한 사람이 아이의 공부를 봐주는 동안 다른 한 사람이 시끄럽게 대화를 하거나 게임, 텔레비전 시청을 하는 것도 산만하게 한다. 집안일을 돌보느라고 바쁘게 움직이는 것도 좋지 않다. 그렇다고 아이가 공부하는 동안 모두 숨죽이고 있으라는 이야기는 아니다. 가족 모두 각자 자기 할 일을 찾아서 하면 되는 것이다.

짧은 시간이라도 집중해서 몰입할 수 있는 공부 시간과 공간은 좋은 습관 형성에도 도움이 되고, 정서적으로도 좋은 가정환경이 될 수 있다. 일정한 시간이 되면 다른 가족들도 각자의 일이나 공부를 하는 등 자신의 시간을 가지는 것이 아이가 공부할 장소와 시간을 만드는 데 효과적이다. 공부하는 습관은 뇌가 예측을 잘하는 능력을 발달시키도록 도와준다.

휴대폰도 사용 규칙을 만들어야 한다. 가정에서 휴대폰을 사용하는 시간을 규칙으로 정하고, 규칙을 위반했을 때는 벌칙으로 며칠 동안 휴대폰 사용을 금지해 책임 있는 행동을 하도록 지도해야 한다. 보통 공부하는 동안에는 휴대폰을 무음으로 설정해놓고, 공부가 끝난 다음 사용하는 습관을 들여야 한다. 보통 오후 10시 이후에는 게임도 친구와 연락하는 것도 금지하는 것이 좋다. 꼭 필요한 일이 있다고 하더라도 가급적 11시 이전에 잠을 청하게 하자. 잘 때도 휴대폰을 부모님께 맡기고 잠자리에 들도록 하는 것이 좋다. 아무리 스스로 통제를 한다고 해도 무분별하게 연락을 하는 친구의 메시지를 보고는 무시하기 어렵기 때문이다. 아무리 공부하는 시간과 장소가 정해져도 텔레비전, 휴대폰, 친구의 연락 등 방해 자극이 주변에 있으면 공부환경은 결코 조성되기 어렵다.

"공부 시간은 저녁 식사 시간을 축으로 습관이 잡히도록 한다."

규칙적인 생활습관을 형성하는 것이 좋다. 일단 저녁 식사를 일정한 시간에 할 수 있도록 해야 한다. 매일매일 다른 시간에 밥을 먹는다면 피로감도 심해지고 공부하기 싫은 마음이 더 커질 수 있다. 우선은 저녁 식사 시간을 일정하게 유지하도록 노력해야 한다. 식사 후 1시간만 가정학습을 하기로 약속했다면 그 시간을 꼭 지켜야 한다. 정해진 시간에 해야 할 과제를 다 못 했다고 아이가 좋아하는 TV 프로그램을 못 보게 한다고 치자. 자녀는 학습에 대한 열의가 크게 떨어져서 더욱 공부를 멀리하게 될 것이다. 식사 후 1시간만 공부하기로 했다면 약속대로 끝마치면서 아이와 함께 못 한 공부에 대해 의논해야 한다. 언제 나머지를 보완할 것인지 의논하고 부모가 보기에 합리적인 방안인 경우 수용해주는 것이 좋다.

만일 아동이 학습에 대한 약속을 지키지 않았다면, 그날은 그냥 넘어가고 다음 날 조용한 시간에 단둘이 앉아서 부모님의 속상한 마음을 전달해도 된다. 그런데 저녁 식사를 영양가 있게 먹자면 식사 시간이 길어지기도 한다. 밥 먹는 시간이 긴 아이라면 공부하는 습관을 들이는 동안만큼은 일품식이나 먹기 쉽게 식단을 준비하여 식사를 너무 오랫동안 하지 않도록 지도하자. 간단하게 밥 먹기가 아쉽다면 주말이나 혹은 일주일에 몇 회 정도 다양한 식단으로 먹어도 좋다. 하지만 식사 시간을 축으로 공부 시간을 잡는 것이 필요하므로 되도록 이른 시간에 저녁 식사를 마치는 것이 좋다. 그래야 잠깐 공부하는 시간도 갖고 아이들도 휴식하거나 텔레비전을 보는 시간을 가질 수도 있다.

가정학습은 한 과목당 10분 정도가 적당하다. 과목당 30분 이상은 너무 길다. 아직 가정학습이 습관화되지 않은 아이에게는 하루에 한 과목당 10분씩 하여 총 세 과목을 30분간 공부하는 방법이 좋다.

느린 학습자는 보통 아이들보다 5배의 노력이 필요하다더니 하루 10분씩 공부가 과연 될지 질문할지도 모른다. 그러나 매일 5배의 노력을 하라는 것이 아니라 같은 내용을 배우더라도 5번 반복해야 한다는 것이다. 느린 학습자에게 공부 시간은 10분 정도씩 간단하게 할 수 있는 공부 내용으로 정해야 한다. 만일 5페이지의 내용을 예습해야 한다면 그림을 보면서 얘기해본다든지, 제목을 보면서 얘기한다든지 모르는 단어에 대해 질문을 해보면 된다. 문제집을 푼다고 해도 초등학생은 10~15분 정도로 공부하고 몇몇 문제만 간단하게 설명해도 된다. 만일 자녀가 고학년이거나 본인이 더 공부할 마음이 있다면 조금 시간을 늘려서 공부해도 좋다. 하지만 습관이 아직 들지 않은 아이라면 습관이 들 때까지는 짧은 시간으로 공부 시간을 정하자.

위축된 자녀를 보면 가슴이 무너진다.
태어날 때부터 위축된 아이가 있을까?
우리 아이들도 태어날 때는 씩씩한 아이였다.
다만 살면서 눈치 보고 위축된 아이로 자라났을 뿐이다.

우리 아이들이 원래 가지고 있던
씩씩함을 찾아주도록 해야 한다.

PART 5

훈육

:씩씩한 아이로 양육하는 기술

효과적인 의사소통의 기술

자녀들과의 의사소통은 언제나 중요하다. 의사소통은 부모나 자녀가 쌍방으로 주고받아야 한다. 우리는 평소 가정에서 일방적 강의나 훈계를 하기보다는 쌍방 간에 원활하게 의견을 주고받는 의사소통을 할 수 있도록 노력해야 한다. 하지만 생각보다 많은 가정의 부모와 자녀들이 충분한 의사소통을 하고 있지 않기 때문에 평소 자녀와 많이 대화하는 부모라도 자신의 의사소통 방법을 되돌아볼 필요가 있다.

- 혹시 부모가 답을 정해놓고 자녀가 따르기를 강요하는가?
- 자녀에게 질문해놓고 충분한 시간을 기다리지 못하고 답을 하도록 강요하는가?
- 웃는 얼굴로 자녀가 고개를 끄덕일 때까지 설득하는가?
- 너무 무겁고 진지한 얼굴로 자녀와 대화하는가?
- 자녀의 말을 듣고 속마음을 이해하려고 노력하는가?
- 자녀에 대한 선입견을 품고 대화를 시작하는가?
- 자녀가 건성건성 대답하거나 딴청을 피울 때 화가 치밀어 올라오는가?

만약 부모로서 자신에 대하여 충분히 경청과 공감을 하고 있지 못하다는 생각이 든다면 이제라도 좀 더 나은 대화를 하기 위해 노력할 필요가 있다. 자녀와 대화를 할 때 다음과 같은 내용을 주의하자.

- 쉬운 말로 풀어서 설명하기
- 길게 설교하지 않고 간단하게 끊어서 말하기
- 자녀가 고개를 끄덕였다고 모두 알아들은 것은 아니란 점을 알아채기
- 자녀가 부모의 기분을 이해하지 못하고 있음을 인식하기
- 자녀가 건성으로 듣고 있다고 생각하면 즉시 대화를 중단하기
- 자녀가 건성으로 대답하거나 딴청을 피우는 것은 반항하고 싶어서가 아니고
  집중 시간이 짧기 때문임을 이해하기
- 부모가 지나치게 화를 내면 자녀는 아무 생각이 안 날 수 있음을 깨닫기
- 우리 아이가 방금 들은 이야기를 돌아서면 잊을 수 있다는 사실을 알기

아이들과 대화하기 위해서는 같은 말을 수없이 반복해야 할지도 모른다. 하지만 그것이 당연하다고 생각하고 좋은 얼굴로 반복해서 설명해주었으면 좋겠다. 우리 아이들이 좀 더 의사소통을 잘하도록 하기 위해서는 수년에 걸쳐 부모가 노력해야 한다. 언변은 하면 할수록 늘고, 좋은 말버릇은 쉽게 모방하기 마련이다. 부모가 수고롭지만 아이들의 의사소통 능력을 끌어올리기 위해 애를 썼으면 좋겠다.

- 부모의 말하는 속도가 빠르지 않아야 한다.
- 부모가 먼저 말끝을 흐리지 않고 또박또박 대화하는 습관을 보여주어야 한다.
- 급하게 말하는 아이들에게 천천히 말해도 된다고 말해준다.

- 말을 하는 도중에 아이에게 새롭다고 느껴지는 낱말이 나오면 멈추고 낱말의 뜻을 쉽게 설명해주면 좋다.
- 새로 배운 낱말은 부모가 자주 사용하여 그 의미를 자연스럽게 익힐 수 있도록 한다.
- 평소 간단한 대화에 능숙하게 할 수 있도록 기회를 많이 만들어준다.
- '예'/'아니요'로 답할 수 있는 질문보다는 개방형 질문을 많이 한다. 개방형 질문은 생각하는 능력을 길러주고, 언어표현력 향상에 도움이 된다. 예를 들어 "친구와 재미있었어?"라는 질문보다는 "친구들과 무얼 하고 놀았어?"와 같은 질문이 좋다.
- 짧은 시간에 너무 많은 질문을 하기보다는 자녀의 답변에 연관된 질문을 하나씩 차례대로 해서 한 가지 주제를 유지하도록 하는 것이 좋다.
- 자녀가 다른 사람들과 어울려 대화하는 상황에서 우리 아이의 말이 맥락에 맞지 않고 상황에 적합한 대답을 하고 있지 않더라도 중간에 끊어서는 안 된다. 옆에서 눈치를 주거나 나서서 그렇게 말하는 것이 아니라고 무안을 주어서도 안 된다. 열심히 대화에 참여하는 모습을 그저 흐뭇하게 지켜보고 자녀가 요청할 때만 부모의 의견을 말해야 한다.
- 타인 앞에서 우리 아이의 말실수를 교정해서는 안 된다.
- 자녀가 정확하게 말하지 않은 것을 넘겨짚고 다 이해하고 알았다고 생각해서는 안 된다. 자녀의 의도와 부모의 해석은 다를 수 있다. 추측의 함정은 오해를 낳고 부모와 자녀 사이를 멀어지게 한다.
- 자녀의 모든 생각을 알려고 하지 말아야 한다. 자녀의 생각이 궁금하다면 며칠 동안 자녀의 말과 행동을 관찰하자.
- 부모의 목소리가 지나치게 크면 자녀의 목소리는 한없이 작아지고 하고 싶은 말도 못 하게 된다.

자녀와 좋은 관계를 만들어나가기 위한 방법으로 대화만 한 것이 없다. 자녀와 많은 대화를 하면 자녀의 사고력도 좋아질 뿐만 아니라 언어표현력이나 사회성도 좋아진다. 하지만 기본적으로 대화하는 능력이 부족한 우리 아이들은 부모와 대화하는 시간을 회피하고 주로 몸놀이를 하자고 하거나 행동으로 자기 생각을 표현하고 싶어 하는 경우가 많다. 하지만 밥을 먹을 때나, 잠자리에 드는 시간을 이용하여 재미있을 만한 주제를 찾아서 간단하게 대화를 해보는 건 어떨까? 노력을 반복하다 보면 밥 먹는 시간이나 잠자리에 드는 시간이 아니더라도 아이들은 자기 경험을 부모와 나누고 싶어 한다.

말을 잘하는 경계선 지능 학생들은 친구들과의 관계에서도 주눅이 들지 않고, 부당한 상황이 되어도 자기 입장을 잘 말할 수 있다. 이들도 처음부터 말을 잘했던 것은 아니고 몇 년에 걸쳐 누군가가 아이들의 말에 진심으로 재미있어하면서 경청해주고 아이가 흥미를 느낄 만한 주제를 누군가가 던져주어 이야기를 이어나갈 수 있도록 도와준 결과다.

효과적으로 의사소통을 못 하는 사람은 인지능력이 아무리 뛰어나도 적응하는 데 어려움을 겪는다. 자기 생각과 감정을 말로 표현하지 못하게 되면 수많은 오해를 받게 되어 자존감도 낮아지고 타인에 대한 부정적인 감정들도 가득하게 된다.

우리 아이가 하는 말이 앞뒤가 맞지 않더라도 가르치려고 하지 말고 웃는 얼굴로 아이가 이해 못 한 것을 질문하여 논리적으로 말할 수 있도록 기회를 주어야 한다. 말하기는 누가 면박을 주면 주눅만 들 뿐이지 절대로 향상될 수 없다. 말하기는 스스로 여러 말을 해보면서 느껴야 한다. 지적하지 말고 그저 기회를 많이 주었으면 좋겠다.

자꾸만 의지하려는 아이

• • •

"내 얼굴에 뭐 묻었니? 왜 자꾸 쳐다봐."

공부를 하면서 한 문제 풀고 교사나 부모의 얼굴을 쳐다보고, 다시 한 문제 풀고 쳐다보는 행동을 반복하는 아이가 있다. 아이들이 무엇인가를 수행하면서 자주 부모 얼굴을 쳐다보는 것을 '사회적 참조(social reference)'를 사용한다고 말한다. 아이들의 사회적 참조는 타인에게 무엇인가를 원하는 바가 있을 때 사용한다.

한국보육학회지(2015)에 실린 안지영 선생님의 보고에 따르면, 2세 정도의 아기들은 부모나 돌보는 사람으로부터 정서적인 안정감을 얻기 위하여 사회적 참조를 사용하였으며, 점차 그 행동이 확장되어 필요한 정보를 얻기 위하여 누군가를 쳐다보는 참조 행동을 나타낸다고 했다. 아이들은 자신이 하고 싶은 행동을 해도 되는지, 하지 말아야 하는지를 결정하기 위해 사회적 참조를 사용하며, 타인의 마음에 공감하기 위해서 사용되기도 하였다. 아이들의 사회적 참조 행동은 주로 자신과 친숙한 사람에게 사용한다고 보았다. 말로서 자신의 감정을 표현하기 어려운 상황이나 언어표현력이 부족한 아이들이 자신에게 의미 있는 사람을 쳐다보면서 선택적으로 사회적 참조 행동을 한다고 하였다.

우리는 기어 다니는 아기가 방바닥에 떨어진 음식을 주워 먹기 전에 부모의 얼굴을 돌아봤던 모습을 기억한다. 또 언성을 높이며 대화하는 부모의 얼굴을 유심히 바라봤던 아이의 모습을 기억한다. 엄마가 잠시 무표정하게 있으면 가까이 다가와 "표정이 왜 그래? 화났어?"라고 물었던 아이의 모습을 기억한다. 이렇게 부모의 눈치를 살피는 행동을 사회적 참조라고 한다. 의미 있는 타인인 부모로부터 무엇인가 알고 싶은 것이 있을 때 하는 행동이다. 보통은 아이가 혼날까 봐 눈치를 보는 행동을 하는 것이라고 오해를 한다. 아주 그런 경우가 없는 것은 아니다. 하지만 부모의 얼굴을 살피는 행동을 자주 한다는 것은 상황만으로는 정확한 정보를 알 수 없을 때 상대방의 얼굴을 살핌으로써 조심스러운 상황인지 긍정적인 상황인지를 알아내려는 것이다.

문제를 풀면서 교사나 부모의 얼굴을 자주 살피는 아이도 마찬가지다. 자신이 문제를 잘 풀었는지, 그렇지 않은지를 확인하기 위해 교사나 부모의 얼굴을 살핀다. 그런데 각 문제를 풀 때마다 자신이 체크한 답이 맞는지 확인받고 싶어 하는 아이가 있다. 이러한 아이들은 대체로 의존성이 높고 자기 확신이 낮다.

자기 확신이나 자신감이 낮고 자주 사회적 참조를 사용하는 아이들은 부모의 눈치를 자주 살피거나, 의지하고자 하는 행동이 많다. 또한 자기에게 닥친 문제 상황에서도 쉽게 당황하여 어찌할 바를 모른다. 스스로 문제를 해결해보려고도 생각하지 않고 부모나 교사에게 달려가서 이르는 행동을 하거나 화를 크게 내면서 그 자리에서 울거나 떼를 쓰는 (우기는) 행동을 하기도 한다. 그러나 부모나 교사도 한편으로는 아이가 스스로 무엇인가를 해내기를 기대하면서도 막연하게 '과연 우리 아이가 스스로 할 수 있을까? 못할 거야. 매일 스스로 해결하지 못하고 저렇게 울거나 도와달라고 하면 어떻게 하지?'라고 아이의 능력에 불안감을 가지고 있다.

부모의 불안감은 아이가 더욱 눈치를 보게 만든다. 불안감이 많은 부모는 대체로 일관성이 없는 경우가 많다. 어떤 날은 스스로 해보라고 격려하고 칭찬하다가도 다른 날은 그렇게 행동하면 안 된다고 다그치면서 부모가 개입해서 일일이 도와주기도 한다. 아이들 입장에서는 오늘은 칭찬을 받을지, 도움을 받을지에 대한 확신이 없어서 부모의 눈치를 살피게 되는 것이다. 그래서 일관성 없이 양육하는 부모의 자녀들에게서 의존성이 자주 발견된다.

자꾸만 의지하려는 아이들은 자라나면서 매사 누군가에게 도움을 청하는 것이 가장 좋은 행동이라고 여기게 된다. 특히 대인관계에서 벌어지는 난처한 상황이나, 나쁜 행동을 하는 누군가로부터 나를 지켜야 하는 상황, 당황스러운 돌발 상황들을 접했을 때 스스로 어떻게 할지를 생각하기보다는 무조건 누군가에게 도움을 받아야 한다고 생각하게 된다. 만일 주변에 도움을 받을 만한 사람이 없다고 생각하면 무기력해져서 쉽게 포기하는 행동을 하게 된다.

이런 행동을 하는 아이를 지도하는 가장 좋은 방법은 난처한 상황을 자주 만들어주는 것이다. 매일 학습 시 아이가 약간의 문제를 풀어가며 난처한 경험을 겪을 수 있도록 지도하자. 또한 교통카드를 잃어버린 상황, 배가 고픈데 돈이 없는 상황 등을 직접 해결해보도록 하는 것도 좋다. 의존성이 높은 아이는 난처한 상황을 자주 극복하면서 자신감이 생기고 누군가에게 의지하지 않아도 스스로 해결할 수 있음을 알게 된다.

아이가 떼를 써도 우선은 아이 스스로 해결해보도록 하는 것이 좋다.

아이들은 난처한 상황을 처음 접하게 되었을 때 부모나 교사에게 도움을 청한다. 처음에는 도와주어야 한다. 아이가 할 수 있는 일이 무엇인지 스스로 점검하게 하고, 어떻게 하면 해결할 수 있는지 말로써 도움을 준다. 그리고 잘 해내는지 지켜본다. 이때 부모가 안정감 있는 목소리로 지도하게 되면 다음번에 아이가 다시 의지할 확률이 낮아진다. 반대로 부모가 더 당황하는 모습을 보이면 아이는 불안한 마음이 자꾸만 커져서 자기 문제를 해결할 수 없다. 그렇게 되면 다음번에 아이가 다시 의지할 확률이 매우 높다. 부모는 되도록 아이를 믿고 편안하게 지도해야 한다.

누군가에게 의지하려는 행동은 좋거나 나쁜 행동이 아니라 누구나 가지고 있는 자연스러운 행동이다. 하지만 지나치게 의지하려는 행동, 남의 눈치를 많이 보는 행동을 하는 아이라면 스스로 자기 확신을 가질 수 있도록 기회를 주고 지켜봐 주는 것이 필요하다. 자기 확신은 다양한 경험에서 나온다. 스스로 여러 가지 상황을 접해본 아이들은 자기 확신이 강하고, 새로운 도전에 대한 호기심이 많다.

부모가 잘 짜놓은 프로그램들은 돌발 상황을 많이 제공하지 않는다. 오히려 짜이지 않은 일상의 경험들이 예측 불가능한 상황을 많이 접할 수 있게 해준다. 경계선 지능 아동들에게 짜인 프로그램을 찾아서 넣어주는 것도 좋지만, 아이 스스로 내 주변의 환경에서 마음껏 탐색하고 수많은 돌발 상황을 경험하도록 조금 풀어주는 것은 어떨까?

자꾸만 거짓말을 하는 아이

• • • •

먼저 성장기 아동이 거짓말을 자주 한다면 이는 유심히 살펴보아야 한다. 성장 과정에서 잠시 나타나고 없어지는 문제일 수도 있지만, 거짓말로 인해 또래나 어른과의 관계이든 어떤 문제가 빈번히 발생한다면 이것은 심각하게 문제이다. 거짓말을 하고 약속을 잘 지키지 않는 행동을 아이가 한다면 우리는 보통 어떻게 지도할까? 아이가 거짓말하고 있다는 것에 일단 화가 날 것이다. 특히 눈속임하려고 뻔한 거짓말을 한다면 더욱 기가 막힌다. 부모들은 자녀들에게 가장 많이 이런 말을 한다. "엄마 아빠가 제일 싫어하는 말이 거짓말하는 거야. 절대로 엄마 아빠에게 거짓말을 하면 안 된다."

경계선 지능을 가진 아이 중에서도 거짓말을 자주 하여 상담실에 내원하는 경우가 종종 있다. 이들은 사소한 거짓말을 잘한다. 한번은 경계선 지능 아동과 상담을 하는 중에 치료사가 새로 산 종이접기 책을 아동에게 보여주었다. 그랬더니 자기도 그 책이 집에 있다고 해서 별생각 없이 지나갔는데, 나중에 알아보니 그 책을 집에 가지고 있지 않았다.

또 친구들이 먹고 있는 과자를 보면서 전혀 먹어본 적이 없는데도 먹어 봤다고 말하기도 한다. 보통 이러한 거짓말은 남에게 해를 끼치는 거짓 말이 아니므로 가볍게 넘어간다. 하지만 초등학교 고학년이 되거나 중 고등학생이 되어서 하는 거짓말들은 종종 큰 문제가 된다. 한번은 한 여중생이 친구들 사이를 이간질하는 문제로 따돌림을 당해 상담을 받 으러 온 적이 있다. 경계선 지능이었던 이 여중생은 평소 거짓말을 밥 먹듯이 한 탓에 교회와 학교에서 이미 거짓말로 유명세를 치른 상태였 다. 결국 내원 당시에는 학급 전체에서 왕따가 된 상태였다. 이처럼 아 이들은 사소한 거짓말을 하여 부모를 당황하게 하고, 심할 때는 자신이 친구들로부터 배척을 당하는 상황에 이르기도 한다.

거짓말의 문제는 경계선 지능 아동들에게 한정된 문제가 아니다. 보 통 아이들에게 흔히 나타나는 성장 과정의 문제이다. 그러니까 거짓말 지도는 아이들을 키우거나 지도하는 분들이라면 대상 아동이 어떤 아 이이냐에 관계없이 겪는 문제이지, 꼭 경계선 지능 아동이 모두 그러한 것은 아니라는 점을 확인하고 싶다. 그런데도 굳이 이 책에서 거짓말 문제를 다루고자 함은 경계선 지능 자녀의 부모들이 종종 질문하셨기 때문이다. 거짓말은 보통 심리적인 문제와 연관된다. 보통 자기 보호를 위해 거짓말을 한다. 즉 다른 사람들에게 솔직하게 말하면 야단을 맞거 나 벌을 받는다고 생각해서 거짓말을 하는 것이다. 또 거짓말은 다른 사람들에게 인기를 얻거나 사랑을 받고 싶은 아이들에게서 자주 나타 난다. 관심을 받고 싶지만, 딱히 자랑거리도 없고 잘하는 것이 없을 때 거짓말을 해서라도 자신을 과시하고 싶어 한다. 이런 아이들은 금세 자 신의 거짓말이 탄로가 난다. 비난받을 것을 알면서도 그 욕망을 버리지 못한다. 즉석에서 바로 칭찬을 받고 싶은 아이들이 이러한 유형의 거짓말을 자주 한다.

아주 사소한 거짓말이라면 유아기에 흔히 나타난다. 쉽게 자신이 난처한 상황을 모면하기 위해 거짓말을 하게 되는 것이다. 이때 부모가 '거짓말이 나쁜 것'이라고 단호하게 가르치면 점차 성장하면서 눈에 띄는 거짓말은 하지 않게 된다. 물론 소소한 거짓말이야 상황에 따라 사용하기도 한다(남에게 큰 피해를 주지 않는 아주 소소한 정도). 그런 거짓말에 대해서는 그저 넘어가기로 하겠다. 그런데 유아기에 엄하게 훈육을 하였음에도 불구하고 거짓말의 정도가 심하고 자주 거짓말을 한다면 이는 걱정이 되는 행동이다.

거짓말을 자주 하는 아동 청소년이나 성인들은 정상적인 생활을 하기 어렵다. 거짓말을 하고 얻는 결과가 어찌 됐든 이들에게는 중요하지 않다. 당장 거짓말을 하고 싶은 마음이 강하기 때문이다. 일종의 충동성 같은 것이다. 식욕이나 수면욕처럼 거짓말을 하고 싶은 욕구가 가득하다. 이렇게 되면 일상생활은 거짓말투성이가 된다. 거짓말은 쉽게 드러나기 마련이라서 사람들은 거짓말을 자주 하는 사람을 불편하게 여기고 피하게 된다. 충동성이 높아서 자주 거짓말을 하는 아이라면 가까운 전문기관(병원이나 상담센터)을 반드시 방문하시기 바란다.

대개 거짓말하는 아이들은 어려서부터 자신의 마음을 솔직하게 표현해보지 못한 경우가 많다. 어른들은 아이가 무슨 생각을 하고 있는지보다는 어른들 생각이 우선이라고 생각한다. 설령 아이의 생각을 물어본다고 해도 결국 아이의 의견보다는 부모가 생각하는 대로 아이의 생활을 이끌어버리는 경우가 대부분이다.

부모는 아이가 어떤 생각을 하고 왜 그런 생각을 하는지 궁금해해야 한다. 부모는 아이가 하는 생각을 어리석게 여기지 말고 존중해야 한다.

부모가 아이를 위해 결정한 일이라도 아이가 원하지 않는다면 아이에게 충분히 설명하고 시간을 준 뒤 아이가 스스로 부모의 생각에 동의하도록 기다려야 한다. 또한 부모는 아이의 감정이 어떠한 상태인지 궁금해야 한다. 아이가 즐거운 마음이면 함께 즐거워하고 속상한 마음이라면 함께 속상해야 한다. 부모가 자녀의 마음을 진정으로 궁금해하고 관심을 둔다면 아이는 거짓말을 할 필요가 없다. 부모와 함께 생각과 마음을 나누는 것이 혼자 생각하고 느끼는 것보다 즐겁기 때문이다.

어떤 부모들은 자녀가 순하고 착하다고 생각해서 자녀를 무조건 믿는 경우도 있는데, 이는 무관심 또는 방임과 비슷하다. 정말 순하고 착한 아이라고 해도 부모가 관심을 두지 않는다면, 아이 입장에서는 평소 자기 마음을 솔직하게 털어놓을 곳이 없게 된다. 부모와 자녀가 서로 믿거니 하고 무관심한 생활을 지속하게 되면 자녀는 자기도 모르게 거짓말을 자주 하게 된다. 자신의 마음을 솔직하게 표현할 필요가 없기 때문이다. 그저 좋은 모습만 보이면 되니까 거짓말도 하고 변명도 하면서 자기 혼자만의 생각에 몰두하게 된다. 결국 거짓말을 자주 하는 아이들은 외롭다. 자신의 마음을 누구도 알아주는 사람이 없고, 자신이 무슨 생각을 하는지 누구도 관심이 없다는 것을 안다. 아이들은 누구와도 마음을 나누지 못하고, 다른 사람들이 자신을 비난할까 봐 거짓말을 하는 것이다.

또 다른 사람들에게 적극적으로 다가가서 관계를 맺을 때도 실제의 모습을 보여주면 실망하고 비난하리라 생각하고 없는 상황을 거짓으로 꾸며서 다른 사람에게 다가간다. 타인과의 교류가 적고 자기만의 상상 세계에 빠져 사는 아이들은 현실과 상상의 구분이 점차 어려워지고 자신이 생각하는 상상이 진실이라고 믿는 상황에까지 이를 수 있다. 결국 거짓말은 적응의 문제이다. 자기 삶에 잘 적응하지 못하는 아이들일수록 거짓말을 자주 하게 된다. 또 거짓말은 대인관계의 문제이다. 다른 사람들과 어울려서 사랑받고 인정받는 경험을 하지 못하는 외로운 사람들이 거짓말을 자주 한다.

거짓말을 자주 하는 아이가 있다면 이는 외롭고 적응이 어려운 아이라고 생각하는 것이 좋다. 외롭고 적응을 잘하지 못하는 아이에게는 관심과 사랑이 많이 필요하다. 아이가 부족하다고 자꾸 더 잘해야 한다고 닦달하고 야단을 친다면 아이는 있는 그대로의 모습으로 사랑받지 못하기 때문에 거짓말을 하게 된다. 아이가 하는 말과 행동을 의미 있게 생각하고 진지하게 대화해주는 누군가가 필요하다. 아이는 자기에게 생긴 여러 가지 즐거운 일과 속상한 일을 자랑하고 털어놓을 누군가가 필요하다. 아이가 하는 말들은 모두 의미가 있다. 하나하나 관심을 두고 들어야 한다. 물론 100% 경청하기는 어렵지만, 부모나 교사 중 누구든 아이의 말을 의미 있게 생각하고 존중하여 경청한다면 거짓말을 할 필요가 사라진다.

아이의 거짓말은 사람만이 고칠 수 있다. 아이를 외롭지 않게 해주고, 아이의 있는 그대로를 사랑해주고, 아이가 하는 모든 말에 귀 기울여주는 사람만이 고칠 수 있다. 아이가 거짓말을 자주 한다면 이는 아이가 적응하지 못하고 있음을 나타내는 신호이다. 적응의 문제는 며칠이나 몇 달 노력에서 금세 좋아지지는 않는다. 몇 년의 긴 기간을 두고 아이가 편안하게 적응하도록 도움을 주어야 한다. 아이가 빨리 적응하지 않는다고 조급해지면 아이는 또다시 거짓말을 하는 아이가 될 수도 있다.

왜곡된 힘 욕구

· · ·

경계선 지능 아동들과 생활해본 경험이 있는 분들은 하나같이 아이들이 순진하고 심성이 곱다고 말한다. 이들은 비록 현실에서 자발적으로 타인을 돕는 행동을 잘 해내지는 못하더라도, 타인을 돕는 것을 즐거워하고 누군가를 지켜주는 것을 매우 좋아하는 기질을 가지고 있다. 하지만 상담실에서 만난 경계선 지능 학생 중에는 담배를 피우고 학교에 지각을 일삼거나 학교에서 벌점을 주는데도 교복을 입고 학교에 가지 않는 행동을 자주 하는 경우도 있었다. 그 학생은 결국 학교폭력에 연루되어 강제전학을 당하는 상황에 이르렀다. 또 다른 학생은 약한 아이의 물건을 빼앗거나 훔쳐서 경찰서에 가게 되었고, 약한 친구만 골라서 괴롭히는 행동을 하다가 학교의 명령으로 상담실에 방문하게 된 학생도 있었다.

경계선 지능 아동들이 이렇게 좋지 않은 행동을 하게 되는 이유는 무엇일까? 이는 전적으로 부정적인 환경 요인 때문이다. 모든 아이들에게 적용되는 이야기일 수 있지만, 또래에 비해 착한 심성을 가진 아이들이 나쁜 행동을 하는 이유는 정서적으로 해를 끼치는 환경이 주변에 있었기 때문이다.

경계선 지능 아동들은 사회성과 집중력이 부족하여 일상생활에서 본의 아니게 상황에 맞지 않는 행동을 할 때가 있다. 이런 행동을 하게 되면 주변 사람들은 이를 이해하고 좋은 방향으로 지도하거나 도와주기보다는 비난을 하거나 야단을 치면서 아이들의 본심이 그게 아니었다는 것을 믿어주지 않는다. 경계선 지능 아동이 본심이 아니었는데도 주변에서는 본래 나쁜 의도를 가진 행동이라고 몰아붙이는 것이다. 이렇게 자신의 의도가 오해받고 부당한 평가를 받게 되면 경계선 지능 아동의 마음속에 부정적인 감정들이 자라나게 된다.

부당한 대우와 평가를 자주 받게 되면 어떻게 될까? 먼저 소외감과 우울감이 생겨난다. 정희정(2006) 박사는 6~7세경부터도 경계선 지능 아동들이 주변 사람들과 또래로부터 배척되거나 무시하는 반응을 경험하게 되며 결과적으로 또래 집단에서 잘 적응하지 못하게 된다고 하였다.

부당한 대우를 받은 아이들의 마음속에는 분노와 충동성이 자라난다. 경계선 지능 아동들은 초등학생이 된 이후 더 많은 영역에서 좌절을 경험하게 된다. 학업을 따라가지 못해 소외된다. 인정을 받고 싶은 마음이 강하지만 실제로 그럴 기회가 거의 없다 보니 속이 상한다. 그래서 겉으로 공격적인 행동으로 표출하기도 한다.

공격적으로 행동하고 화를 잘 내는 경계선 지능 아동들의 생각은 상당 부분 왜곡된 경우가 많다. 다른 사람들이 A라고 인식하는 것을 B라고 왜곡하여 생각한다. 왜곡(distortion)이라는 말은 있는 그대로 보지 않고 경험한 내용을 자기만의 방식으로 다르게 해석하거나 다른 사람들과 다르게 느끼고 경험하는 것을 말한다. 다른 사람들이 반가워서 쳐다보는 것을 내가 못생겼다고 생각하여 쳐다본다고 생각하거나, 그냥 스치듯이 보고 있는 것인데도, 자기를 비난하려고 쳐다본다는 오해 등이 그 예이다. 생각이 왜곡되면 정상적인 생활을 할 수가 없다. 다른 사람들이 좋은 감정으로 말을 걸어도 화를 내거나 눈길을 피하는 등의 부적절한 행동을 하게 되어 좋은 인간관계를 맺을 수 없기 때문이다.

많은 경계선 지능 아동들은 자신의 능력이나 노력을 주변으로부터 인정받고 싶어 한다. 현실치료의 주창자인 윌리엄 글래서는 인정받고 싶어 하는 욕구가 힘 욕구와 비슷하다고 설명한다. 글래서에 의하면 인간은 누구나 기본적인 삶을 유지하기 위한 생존의 욕구와 사랑(소속감), 힘(성취), 자유, 즐거움이라는 4가지 심리적 욕구를 가지고 있다고 한다. 그중 힘의 욕구는 다른 사람과 경쟁하고 싶고, 자신이 중요한 존재임을 인정받고 싶어 하는 마음이다. 보통 힘의 욕구와 성취 욕구는 서로 의미가 맞닿아 있다. 힘의 욕구가 강한 사람은 지도자가 되어 인정받고 싶어 하고, 다른 사람에게 지시하는 것을 좋아하는 경향이 있다.

이러한 욕구가 좌절되면 왜곡된 방식으로 자신의 능력을 인정받고 싶어 하기도 한다. 예를 들어 자신보다 약한 아이들을 괴롭히거나 학교 규칙을 지키지 않는다거나 부모의 말을 잘 듣지 않으려는 행동으로 자신의 능력을 과시하는 것이다. 본인이 능력 있는 사람이라서 주변 사람들이 본인에게 쩔쩔매는 것이라고 왜곡되게 인식한다. 왜곡된 심리는 건강하게 생활하는 데 크게 지장을 준다.

경계선 지능 아동들은 다른 어떤 기능보다도 타인을 돕고자 하는 기능이 뛰어나다. 도움을 요청하는 사람이라면 그 사람이 자신에게 해코지했더라도 도와주려고 할 것이다. 이렇듯이 심성이 곱고 착한 아이들이 화를 낸다면 그것은 자신의 의도를 알아주지 않는 주변에 대한 원망에서 비롯되었을 것이다.

경계선 지능 아동이 어떤 행동을 했다면 따뜻한 눈빛과 따뜻한 어조로 "왜 그런 행동을 한 거야?"라고 묻기 바란다. 경계선 지능 아동이 어떤 실수나 잘못을 했다면 우선 나쁜 의도가 아니었음을 상기해야 한다. 중요한 것은 이들이 잘못된 행동이지만 무엇인가를 시도했다는 것이다. 친구랑 재미있게 놀고 싶어서, 동생을 도와주고 싶어서, 숙제를 하고 싶은데 너무 많은 것처럼 느껴져서 말이다. 이들은 나쁜 결과를 예측하고 행동하지 않는다.

학교에서는 의도와 관계없이 한 아이의 잘못된 행동에 의해 다른 학생들도 영향을 받을 수 있으므로 규정에 맞게 벌점을 주거나 벌칙을 받도록 해야 한다. 그러한 경우에도 교사가 학생의 의도만큼은 이해했음을 충분히 알려주고, 그래도 자기 행동에 대한 책임을 지는 것이 공평하다는 것을 알려주고 벌칙을 주기 바란다.

경계선 지능 아동들은 소통능력이 매우 부족해서 자신의 의도를 충분하게 드러내지 못한다. 그러므로 교사나 부모의 소통능력이 매우 중요하다. 학생의 의도를 읽어내고 학생의 행동에 대한 올바른 가이드를 제공하고, 잘못한 행동에 대한 대가를 치러야 하는 과정을 부모와 교사가 학생에게 충분히 소통을 통해 전달해야 한다.

경계선 지능 아동이 잘못된 행동을 하는 것은 성장 과정에서 어떤 아이들이든 겪는 정상적인 과정의 하나일 수 있다. 그러나 잘못된 행동에 대하여 이해와 소통, 그리고 적절한 지도가 이루어지지 않고 지나간다면 올바른 행동이나 가치관이 만들어지지 않는다. 힘들겠지만 아이의 의도, 왜곡된 심리, 인정받고 싶은 욕구에 대한 부모의 지지와 노력이 절실하다.

언제쯤 우리 아이가 좋아질 수 있을까요?

. . .

몇 년을 열심히 자녀와 함께 달려오신 부모님들도 뒤에서 힘겹게 따라오는 자녀들을 돌아볼 때면 스스로 '내가 무엇을 하는 것일까? 내 욕심에 아이를 힘들게 하는 것은 아닐까?' 하는 회의감이 들고, 스스로 자괴감에 빠지기도 한다. 이럴 때는 스스로 동굴 속으로 파고 들어가서 한동안 (후회와 자괴감이 섞인 혼돈의) 땅굴을 파게 된다고 표현을 하신다. 그만큼 경계선 지능 자녀를 키우기가 쉽지 않다는 뜻이다. 그러다 보니 어떤 때는 아이의 마음을 알면서도 조급한 마음에 아이를 다그치고 조금 더 느긋하게 기다려줄 수 있는데도 서두르고 몰아치게 된다고 한다.

우리는 안다. 아이를 몰아치는 부모의 마음도, 아이를 위해 이리 뛰고 저리 뛰는 분주함과 노력도 모두 아이에 대한 부모로서의 당연한 마음이라는 것을. 하지만 무엇이든 지나치면 서로에게 독이 된다. 잘하려고 한 행동이 가족 간의 관계를 망치고, 자녀를 눈치 보게 하고, 노력하는 부모 마음에도 상처를 입힌다.

우리의 마음은 항상 일정하지 않은 날씨와 같다. 어떤 날은 뜨겁고, 어떤 날은 차갑다. 또한 일렁이는 파도와 같다. 어떤 날은 끓어오르고 어떤 날은 잔잔하다. 항상 똑같은 마음 상태로 살아갈 수는 없다. 하지만 너무 마음이 끓어올라 넘치게 되면 하지 않아도 될 실수를 하게 되고, 너무 잔잔하면 다른 사람들이 눈치를 보게 된다. 우리는 마음이 변화무쌍하고 늘 불안하게 일렁이는 것이 정상이라고 생각할 필요가 있다. 그때그때 부모로서 느끼는 자신의 감정을 인정하고 어떤 날은 좋은 부모로, 또 다른 날은 나쁜 부모로 변하는 것이 정상임을 받아들이면 좋겠다. 다만, 감정의 높이가 너무 높지 않아야 하고 너무 아래로 떨어지지 않아야 한다. 부모의 극단적인 감정은 자녀에게 해를 끼칠 수 있다. 너무 극단적으로 화가 나거나 우울하다면 일단 쉬는 시간을 갖고 나서 조금 수위가 조절되면 자녀와 대화를 하거나 지도를 하는 것이 낫다.

경계선 지능 자녀를 둔 부모들은 조금 더 조급한 경향이 있다. "느린 학습자"로 불리거나 항상 뒤처진 상태로 있는 자녀가 안타깝고, 부모와 아이가 함께 노력하는데도 다른 또래 아이들과 격차가 좁혀지지는 않는 것처럼 생각이 된다. 일정한 간격을 두고 검사를 해봐도 그 격차가 더욱 커지는 것만 같아서 다른 집 또래들을 바라보면서 우리 아이를 끊임없이 비교하게 된다.

"언제쯤이면 우리 아이가 다른 아이 수준이 될까요?"

경계선 지능으로 영원히 살아야 하는지, 아니면 어느 시점이 되면 경계선 지능 학생도 평범한 수준의 인지능력을 가지게 되는지에 대해 걱정하고 염려한다. 학습자들의 종착점은 어디일까? 각자 다를 것이다.

어떤 사람은 평생 학습을 하기도 하고, 어떤 사람은 성인이 되면 학습을 접는다. 성인이 되면 그간에 배운 것을 토대로 인생을 살아간다.

경계선 지능 아동들의 학습 종착점은 어디일까? 어느 시점이 되면 학습을 마쳐도 되는 것일까? 어떤 아이는 평생 학습을 할 것이고 또 어떤 아이는 성인이 되기 전에 학습을 끝마칠 것이다. 어찌 되었든 모두의 학습은 성인이 되면 끝나게 된다. 그리고 평생 학습을 할 것인지는 각자의 선택이다. 그렇다면 경계선 지능 아동은 언제쯤 다른 아이들과 동등한 수준이 될까? 아마도 성인이 되면 다른 성인들처럼 평범하게 될 것이다. 확실한가? 그렇다.

경계선 지능 아동들은 학교에 다니는 내내 뒤처질 것이다. 그러니 학교 다니는 동안에 아이의 수준을 평균으로 만들겠다는 생각은 버려야 한다. 우리의 목표 지점은 성인기다. 성인기(대학이나 직장생활)에 들어가서 자신의 삶을 잘 살아가는 것이 목표이지, 학교 다니는 동안에 공부를 잘하느냐가 목표가 아니라는 것이다. 학교 다닐 때 공부를 못해도 좋은 성인이 될 수 있다.

> "성인이 되어 독립적으로 살도록 도와주는 것이 목적지이다."

우리 아이들이 보통 수준이 되는 것은 성인이 되었을 때다. 물론 몸은 저절로 알아서 성장한다. 하지만 마음과 지혜는 그렇지 않다. 마음이 성숙해지기 위해서는 하나의 인격체로서 존중받으면서 부족한 생각을 더 키워나가야 한다. 지혜로워지기 위해서는 공부도 꾸준히 해야 하고, 다양한 경험을 쌓으면서 실질적인 문제해결 능력을 길러야 한다. 다른 아이들은 어른들이 약간의 도움을 주면, 그것을 쉽게 받아들였을 뿐이다. 경계선 지능 아동들은 어른들이 좀 더 많이 도움을 주어야 그만큼 받아들인다. 몇 번을 말해도 못 알아듣는다면 더 말해주고 격려해주어야 한다. 그래서 더 많은 힘이 드는 것이다.

왜 우리 아이는 그렇게 태어났을까? 더 어려운 상태로 태어난 아이들도 있다. 그 아이들은 부모가 아무리 노력해도 평범해질 수 없다. 우리는 더 많이 노력해서 평범한 아이들이 되도록 도울 수 있다. 이 얼마나 축복인가? 가능성이 있다는 것. 정말 가능성이 있느냐고 묻는 부모님들도 있다. 물론이다. 가능성이 있기 때문에 "경계선"이라고 부르는 것이다. 가능성이 없다면 "장애"라고 불렀을 것이다. 가능성을 믿고 우리가 할 수 있는 일이 있다는 것에 감사해야 한다. 다만 해야 하는 일과 가르쳐야 하는 것이 많아서 에너지가 더 많이 들 뿐이다. 멀리 내다보고 단기간에 성과를 내려는 마음, 중간에 내가 잘하고 있는지 확인하려고 애쓰지 마라. 그것이 오히려 아이를 더 힘들게 할 수 있다.

아이들은 부모를 믿고 열심히 노력한다. 가끔 혹은 자주 아이들이 노력하지 않으려고 해도 그것은 '아이'라서 그런 거다. 어른들도 가끔 쉬기도 하고 게으름도 피운다. 물론 어떤 어른은 쉼 없이 일하고 노력하기도 하지만 그런 분들은 꼭 한 번씩 병이 나지 않는가? 아이들이 게으름을 피운다고 화내지 마라. 엄마는 이렇게 노력하고 있고, 아빠는 이렇게 참고 있는데 아이는 속도 모르고 꾀를 부린다고 화를 내지 마라. 아이는 항상 노력하고 있는 거다. 게으름 피우는 아이가 못마땅하다면 그것은 아이 탓이 아니라, 부모 마음이 너무 조급하기 때문이다.

우리가 할 수 있는 것 이상으로 누군가가 압박을 가한다고 생각해보자. 그릇도 담을 수 있는 용량을 초과하면 넘치지 않는가? 아이의 그릇이 작다면 조금씩 나누어서 여러 번 담아주면 된다. 부모가 자기 용량을 넘어서는 압력을 가하면 아이들은 부모를 두려워하고 부모에게서 벗어나고 싶어 한다. 몰래 나쁜 짓을 하거나 부모에게 거짓말도 한다. 아이가 자꾸만 거짓말을 하고 변명을 한다면 그것은 우리가 아이에게 한꺼번에 너무 많은 요구를 해왔기 때문이다.

부모가 앞질러 달리면서 아이 손을 잡아끈다고 아이가 빨리 달릴 수 있는 것은 아니다. 오히려 넘어져서 속도만 늦출 뿐이다. 아이들에게 모든 것을 가르치려고 하지 말자. 꼭 필요한 것만 담아주고 작은 것들은 살면서 본인이 담도록 해야 한다. 꼭 필요한 것을 담아주지 않으면 바르고 행복하게 지낼 수 없다. 그것이 무엇인지를 고민해야 한다.

로버트 풀검의 『내가 정말 알아야 할 모든 것은 유치원에서 배웠다』에서 몇 가지 참고해보면 인생에서 꼭 필요한 건 이미 우리 아이들에게 가르쳤는지 모른다. 우리 부모와 자녀에게 필요한 것은 이미 배운 것들이 몸에 배도록 연습을 반복하는 일이다.

- 무엇이든지 나누어 가져라.
- 정정당당하게 행동하라.
- 남을 때리지 마라.
- 물건은 항상 제자리에 놓아라.
- 네가 어지럽힌 것은 네가 깨끗이 치워라.
- 남의 물건에 손대지 마라.
- 남의 마음을 상하게 했을 때는 미안하다고 말하라.
- 밥 먹기 전에 손을 씻어라.
- 화장실 물을 꼭 내려라.
- 몸에 좋은 음식을 먹어라.

- 균형 잡힌 생활을 해라.
- 공부도 하고, 생각도 하고, 매일매일 적당히 그림도 그리고,
  노래도 부르고, 춤도 추고, 놀기도 하고, 일도 하라.
- 매일 건강을 위해 충분히 자라.
- 밖에 나가서 차 조심하고 손을 꼭 잡고 의지하라.
- 호기심을 가지고 주변에 관심을 가져라.

하지만 평생토록 잘 지키며 생활하기 위해서는 왜 그렇게 살아야 하는지에 대한 대화와 노력이 요구된다. 조바심내며 다그치는 것은 도움이 되지 않는다.

아이의 감정을 억압하지 마세요

• • •

아이들은 정말 천사 같다. 특히 신나게 웃을 때는 더욱더 그렇다. 즐거워서 떼굴떼굴 구를 때는 정말 보는 사람도 신이 난다. 뭐가 저리도 좋은 건지 가끔 부러울 때도 있다. 하지만 아이가 징징거리면서 계속 보채거나, 남 보기 부끄러울 정도로 울어댈 때는 어떠한가? 처음에는 무슨 일이 있나 싶어서 달래보지만, 아이가 진정이 잘 안 되면 점점 화가 나고 결국 우는 아이에게 소리쳐서 울음을 그치게 한다. 그럴 때면 '내가 부모가 맞나, 우는 아이를 잘 달래주고 위로해주는 것이 부모 아닌가?' 하고 자괴감이 들기도 한다. 마찬가지로 신나서 웃을 때도 적당히 즐거워하면 좋을 텐데, 다른 사람들에게 피해를 주는 건 아닌지 걱정되고 불편하기도 하다. 그럴 때면 부모로서 아이의 행동에 대해 주변 눈치를 보는 것이 잘못된 행동은 아닌가 하는 생각이 들기도 한다.

특히 경계선 지능 자녀를 키우다 보면 아이의 즐거워하는 행동과 화를 내거나 속상해하는 행동에 대해 부모로서 어떻게 해주어야 할지 모를 때가 많다. 유아기에도 그런 마음이 들 때가 많지만 초등학교 때나 중고등학교 때도 아이가 즐거워하고 화내는 행동을 편안하게 바라보지 못할 때가 종종 있다.

〈 아이가 즐거워서 못 견딜 때 〉
'저 나이에 저 일이 그렇게 웃을 일인가?'
'적당히 좀 웃고 즐거워해야지. 저 행동은 오버하는 것 아닌가?'
'창피한 줄도 모르고 저 혼자만 신났지.'

〈 아이가 지나치게 화를 낼 때 〉
'제 동생보다 못한 행동을 하네. 저게 그렇게 화낼 일이야?'
'창피한 줄도 모르고 저렇게 소리 지르고 우네.'
'다른 사람들이 저렇게 떼쓰는 모습을 보면 어쩔 거야.'
'말을 해야 알지. 말로 못 하고 떼쓰기만 하면 되나?'

정서발달을 한다는 것은 나이를 먹어감에 따라 ① 다양한 감정 상태를 이해하게 된다는 것(감정의 분화), ② 감정을 잘 조절할 수 있게 된다는 것(감정의 조절), ③ 감정과 이성을 동시에 사용할 수 있게 된다는 것(느끼고 생각하고를 동시에) 등을 의미한다.

그러니까 어릴수록 감정 상태가 다양하지 않아서 좋은 것과 싫은 것의 극단적인 감정을 주로 사용한다. 좋으면 좋고, 싫으면 싫다. 또한 어릴수록 감정을 조절하기 어려워서 떼도 잘 쓰고 화도 잘 낸다. 나이가 들게 되면 자신의 감정을 잘 조절할 수 있게 되어 화를 내다가도 적당한 선에서 화를 누그러뜨릴 수 있다. 어른이 되어도 화를 못 참는 것은 어린아이 수준의 정서발달을 가졌다고 볼 수 있고, 화를 잘 내는 어른들은 성숙하다고 보기 어렵다. 성숙한 사람들은 자신의 감정을 잘 다스리기 때문이다.

경계선 지능 아동들의 정서발달은 또래보다 2살 정도 어린 것으로 이해된다. 따라서 항상 또래보다 미성숙한 정서표현을 하는 것이다. 경계선 지능 자녀를 둔 부모님들은 아이들의 미숙한 정서표현에 익숙해지는 편이 낫다. 감정표현은 어린아이와 같이 순수한 편이 더 행복할 수 있다. 다만 감정조절이 잘 이루어지지 않으면 자신도 괴롭고 주변 사람들도 힘들 수 있으니 감정조절에 관하여 관심 있게 생각하는 것이 어떨까 싶다.

자녀들이 떼쓰고 울고 화내는 행동을 하면 부모나 교사들은 당황하게 돼, '그만 그쳐라'라고 명령을 하게 된다. 우는 아이 입장이 되어보자. 울고 싶어서 울겠는가? 자기도 그치고 싶지만 서럽고, 속상하고, 화가 나는 마음이 사라지지 않으니 계속 우는 것이다.

어른들은 이러한 모습을 보고 어떻게 생각하는가? 아이가 정서가 불안해서 그렇다, 아이가 미숙해서 그렇다, 언어표현이 안 되어서 그렇다. 여러 가지로 아이의 입장에서 생각을 한다. 하지만 의외로 어른들 입장에서만 생각하는 경우도 많다. 부모의 말을 듣고 싶지 않아서, 공부하기 싫어서, 동생을 이기고 싶어서, 성격이 나빠서 등등. 어느 것이든 옳을 수도 그를 수도 있다. 중요한 건 보통 사람들은 울고 떼쓰는 행동이 나쁜 행동이고, 빨리 멈추는 게 좋다고 생각한다는 점이다.

어떻게 해야 아이가 울고 싶어 하는 마음이 달래지겠는가? 서러운 마음이 사라지게 하고 속상하고 화가 나는 마음이 사라지도록 하면 된다. 어떻게? 서러운 마음과 속상하고 화가 나는 마음은 아이의 마음속에 있다. 어떻게 하면 마음속에서 밖으로 빠져나올까? 간단하다. 아이의 마음 밖에서 그 마음을 읽어주면 저절로 밖으로 나오게 된다. 누가? 성숙(?)한 어른들이 아이의 마음을 읽어주면 마음속에서 마음의 밖으로 나올 수 있다.

하지만 아이의 마음을 자상하게 읽어주고 위로를 해주어도 쉽게 달래지지 않는 경우도 많다. 그것은 아이마다 개인차가 있기 때문이다. 감정표현과 감수성이 풍부한 아이들일수록 느끼는 감정이 또래보다 크다. 그러다 보면 마음속에 가지고 있는 감정이 다른 아이들보다 크게 자리 잡고 있어서 부모나 교사가 몇 번씩이나 감정을 읽어주어도 마음속의 감정이 사라지지 않을 수 있다. 이럴 때는 부모나 교사의 역할이 필요한 것이 아니라, 아이가 홀로 감정을 달래보는 시간이 필요하다. 조용한 공간에서 잠시 마음을 다스리도록 유도해보자. 이러한 과정에서는 부모의 조심스러운 태도가 중요하다. 말을 거칠게 하면서 "네 방에 들어가서 감정 추스르고 나와!"라고 명령을 하거나 억지로 아이 방으로 밀어 넣고 문을 닫아서는 안 된다.

자연스럽게 아이와 함께 아이의 방으로 이동하여 함께 대화를 나누어야 한다. 간단한 대화를 통해 아이를 진정시켜야 한다. 그래도 안 되면 잠시 아이를 홀로 두고 나오면서 "너한테 잠시 시간이 필요한 것 같다. 아빠가 먼저 나갈 테니 마음이 진정되면 너도 나와"라고 말해주고 나오자. 이때 방문을 닫아서는 안 된다. 아이가 방문을 스스로 닫는 경우는 괜찮지만, 부모가 방문을 닫고 나와 버리면 아이는 더욱 서운한 마음이 생길 수 있기 때문이다. 꼭 아이 방이 아니라 방의 한쪽에 의자를 놓고 앉아서 진정되면 부모 옆으로 와도 괜찮다고 해도 된다. 아이 스스로 감정 다스리기 연습을 하도록 기회를 주는 것이다.

만약 아이 스스로 감정조절을 해야 한다고 지나치게 스트레스를 받는다면 어떨까? "감정조절을 해야 해"라고 외치면서 우는 한 아이를 본 적이 있다. 감정을 잘 조절하는 것이 성숙한 모습이기는 하지만 그 이전에 우리가 생각해볼 문제가 있다. 속상하고 화가 나는 감정을 겉으로 드러내서는 안 되는 것일까? 화가 난 얼굴을 찌푸리고 다른 사람을 욕하는 것은 절대로 해서는 안 되는 일일까? 공부하다가 어려워서 화를 내는 일은 잘못된 것인가? 화내고 속상하고 짜증을 내고 미워하는 것은 모두 부정적인 감정이다. 기쁘고 행복하고 즐겁고 유쾌한 감정은 긍정의 감정이다. 우리는 긍정적인 감정을 환영하고 부정적인 감정을 되도록 멀리하려고 한다. 긍정적인 감정은 남에게 보여도 되고 부정적인 감정은 되도록 빨리 멈추는 것이 좋은가? 아니다.

좋은 감정이든 나쁜 감정이든 모두 자연스러운 것이고, 그것들이 마음속에서 자연스럽게 흘러야 한다. 그래야 정서가 안정되고 편안한 마음을 유지할 수 있다. 그런데 많은 사람들은 화를 내면 나쁜 아이라고 말하기도 한다. 그래서 아이들은 화를 내거나 울면서 자신의 감정에 충실하지 못하고 다른 사람들의 눈치를 보게 된다. 울면서 엄마 아빠의 얼굴을 살핀다. 자기감정을 편안하게 표현하는 아이들이 감정조절을 쉽게 잘한다. 어려서부터 아이가 울면 무슨 일인지 관심을 가지고 진심으로 공감을 잘해주는 부모의 자녀일수록 감정조절을 잘한다. 편안하게 울고 화를 내도록 하는 것이 필요하다. 어떻게? 부모가 같이 화내지 않아야 한다. 편안한 마음으로 아이의 우는 마음과 화내는 마음을 이해해주는 것이 필요하다.

무엇이든지 과유불급이다. 아이의 표정이 변하거나 밝지 않아도 잠시 모른 척 지켜보다가 필요하다고 생각될 때는 아이를 불러서 대화를 해야 한다. 아이가 스스로 감정을 진정시키는 연습을 해보기 위해서는 아이에게 혼자 있을 시간을 주어야 한다. 모든 순간에 부모가 함께하는 것은 바람직하지 않다.

울고 떼쓰기도 커가는 과정이다. 울지 않고 떼쓰지 않고 크는 아이가 있다면 그것은 부모가 아이의 속상한 순간을 포착하지 못했음을 의미한다. 울지 않고 떼쓰지 않는 아이들일지라도 부모가 아이의 표정과 행동을 살펴서 아이 마음을 읽어주어야 한다. 자신의 감정을 억누르고 살아가는 것이 자신감이 부족하도록 만든다. 표현력이 부족한 아이라면 부모가 먼저 자신들의 감정을 솔직하게 표현하는 모델이 되어서 어떻게 표현하는지를 알려주는 것이 필요하다. 부모가 감정표현이 서투르다면, 본인을 연극배우라고 생각하고 매일매일 감정표현 연습하기를 권하고 싶다. 꾸준히 노력한다면 조금씩 표현력이 좋아지는 변화를 느낄 수 있을 것이다.

스마트폰 중독

· · ·

"우리 아이가 스마트폰 중독이 아닐까요?"라고 묻는 부모님들이 많다. 스마트폰을 좋아하는 것과 스마트폰 중독은 다르다. 스마트폰으로 하는 무엇인가를 좋아하지만 자기 할 일을 하면서 스마트폰을 즐긴다면 그것은 좋아하는 것뿐 중독이 아니다. 하지만 오로지 스마트폰만 들여다보고 있다면 그것은 명백히 중독이다. 등교하기, 숙제하기, 친구들과 놀기 등을 하기는 하지만 부모가 야단을 쳐야만 하고 평소 성실하게 생활하지 않고 몰래몰래 딴짓한다면 그것은 스마트폰 중독이 아니라, "부모-자녀 소통의 부재" 상태이다. 보통 스마트폰 중독은 제일 먼저 스마트폰을 좋아하다가, 부모-자녀 소통의 부재 단계를 거쳐 스마트폰 중독의 단계에 도달하게 된다. 부모-자녀 소통의 문제가 스마트폰 중독이냐 아니냐를 가르는 중요한 지표이다.

부모-자녀 간의 소통이란? 그저 안부만 묻는 상태를 의미하지 않는다. 평소 각자가 생각하는 것, 느끼는 것, 행동하는 것에 대하여 상대방이 어떻게 받아들일지를 걱정하지 않고 편안하게 주고받는 상태를 의미한다. 자녀가 부모의 반응을 걱정하면서 자기 생각과 감정을 솔직하게 말하지 못하는 상황이라면 소통이 부재한 상태이다. 거꾸로 자녀의 눈치를 보느라고 부모의 생각, 감정 등을 자녀에게 말하지 못하는 상황도 소통의 부재이다. 보통은 부모가 무서워 자녀가 말을 잘하지 못하는 경우가 많지만, 최근에는 자녀가 자해나 폭력적인 행동을 할까 두려워 부모가 눈치를 보고 솔직한 생각과 마음을 자녀에게 전달하지 못하는 경우도 많다.

부모-자녀 간 소통의 부재는 단순히 대화가 부족하다는 것을 넘어서 서로가 마음과 마음을 나누는 따뜻한 관계가 되지 못한다는 것을 의미한다. 부모가 자녀의 눈치를 보면서 다 들어주고 있어도 소통이 어려우면 자녀는 외로움을 느끼고 부모를 원망하게 된다. 거꾸로 자녀가 부모의 눈치를 보는 상황이라고 해도 자녀의 마음에는 부모가 자신의 마음에 관심이 없어 보이므로 또한 외로움을 느끼게 된다.

외로움을 많이 느끼는 아이들은 스마트폰을 많이 한다. 현실적인 어려움, 정서적 외로움을 잊을 수 있도록 해주는 스마트폰은 친구이자 놀잇감이자, 세상에 대한 호기심과 도전 욕구를 채워주는 진정한 벗이자 또 다른 자아가 된다. 부모들은 스마트폰을 좋아하는 아이들이 온종일 스마트폰만 하고 있는 것처럼 보이면 중독이라고 생각하는데, 그렇지 않다. 스마트폰을 좋아하는 것과 부모와 자녀 간 소통이 부재한 상황이 만나서 스마트폰 중독이 되는 것이다.

스마트폰 사용에 대하여 부모님들이 자녀를 지도할 때 "넌, 너무 많이 해. 그러니 스마트폰 중독이다"라고 단정해서 말하면 안 된다. 부모는 자녀에게 스마트폰을 좋은 용도로 사용하면 쓸모가 많고, 자신의 할일을 성실하게 하고 나서 스마트폰을 사용하면 그다지 걱정하지 않는다고 말해주어야 한다. 또한 병원치료를 억지로 받게 하거나 상담을 받으라고 권해서도 안 된다. 스마트폰을 많이 사용하는 자녀가 걱정된다면 먼저 부모와 자녀의 관계를 점검하고 개선할 점이 없는지를 생각해야 한다.

부모는 우선 자녀와의 의사소통이 원만하도록 노력해야 한다. 부모와 자녀 간에 소통을 원만하게 하기 위해서는 사소한 대화를 자주 하는 것이 좋다. 드라마, 연예인, 친척 등 어떤 이야기든 부담 없이 나눌 수 있는 이야기를 자주 하여 대화의 물꼬를 터야 한다. 사소한 이야기를 많이 나누어 서로에 대한 관심이 깊어지면 그때는 진지한 이야기를 조금씩 나눌 수 있다.

그래도 우리 아이의 스마트폰 사용이 너무 걱정된다면, 가족회의를 열어서 다른 의견들과 함께 스마트폰 사용 규칙을 정하는 것이 좋다. 자녀들 입장에서는 스마트폰을 어떻게 사용하라고 명령을 받는 것보다 스스로 의논해서 결정한 것에 대한 책임감을 더 크게 느낄 수 있기 때문이다.

자녀가 나이가 어리다면 반드시 스마트폰에 대한 규칙을 정하도록 권하고 싶다. 사용 시간대, 사용하는 시간의 양, 사용 주기, 숙제가 있을 때의 규칙 등은 나이가 어릴수록 반드시 정해져야 하는 부분이고, 자녀가 고등학생 이상의 나이라면 스스로 통제하도록 지도하자.

사실 스마트폰으로 인해 무기력해지고, 친구관계도 소원해지고 심지어 데이트도 안 하는 청년들이 증가한다는 의견들까지 나오는 바람에 세계 각국의 부모들이 보통 걱정이 아닌 상황이다. 하지만 스마트폰의 경쟁자가 부모와의 대화 시간이라는 것을 기억하면 좋겠다. 스마트폰을 붙들고 있는 시간도 즐겁지만, 부모와 대화하는 시간도 즐겁다면 우리는 큰 걱정은 안 해도 된다. 부모와의 대화가 곧 다른 사람들과의 소통능력을 향상시키는 중요한 기회이기 때문이다. 따라서 부모들은 자녀들의 스마트폰 사용을 줄이기 위한 전략을 연구하기 전에 말투를 개선하여 어떻게 자녀와 소통을 잘할 것인가에 대한 연구를 더 많이 하기 바란다.

스마트폰 사용과 관련된 걱정은 우리 아이가 경계선 지능이라서 더 크게 다가오는 것은 아닐 것이다. 다만 스마트폰에 지나치게 의존하게 되는 이유가 함께 놀 친구가 없고, 공부에 대한 흥미가 적으며, 외롭기 때문이라면 우리는 스마트폰 사용에 대한 지도와 아이의 어려움을 함께 해소하기 위해 애써야 할 것이다.

사춘기

중학생이 되면 경계선 지능 아동들도 사춘기를 겪는다. 이성에 대한 호기심도 생기고, 남학생의 경우에는 자신의 힘을 과시하려는 욕구도 생긴다. 그래서 자신보다 약한 아이를 무시하는 태도도 나타난다. 거꾸로 힘이 약한 아이들은 자신보다 힘이 센 또래를 과장되리만큼 두려워하거나 경계하기도 한다. 그뿐만 아니라 이성에 대한 관심이 생기면서 자신도 이성 친구를 사귀고 싶어 한다.

이러한 특징들이 나타나는 시기는 개인차가 매우 크다. 어떤 친구들은 또래들과 비슷한 시기에 나타나기도 하고, 또 어떤 경계선 지능 학생은 고등학생이 되어서야 사춘기가 시작되기도 한다. 이는 신체의 성숙 속도와도 관련되는 것 같지만, 한편으로는 심리적 성숙의 속도와도 관련 있다. 신체적으로 성숙하더라도 심리적으로 덜 성숙한 아이들은 늦게 사춘기가 시작되기도 하고, 신체적으로 왜소하고 어린아이 같은데도 심리적으로 조숙한 아이들도 있다. 신체적 성숙의 속도뿐만 아니라 심리적 성숙의 속도가 각각의 아동이 사춘기에 들어가는 시기를 앞당기기도 하고 늦추기도 한다. 우리 아이가 사춘기인지 아닌지를 가늠해보고 싶을 때는 신체적 성숙도 살펴보아야 하지만 우리 아이가 심리적으로 조숙한 편인지도 살펴보는 것이 중요하다.

우리 아이들이 사춘기가 시작되면 그전에 나타나지 않았던 행동들을 하기 시작한다. 그 첫 번째 현상이 남학생들의 힘겨루기다. 힘겨루기는 주로 남학생들 사이에서 많이 나타난다. 꼭 경계선 지능이 아니더라도 초등학교 고학년이 되면서부터 힘을 과시하거나 힘으로 서열을 정하거나 힘센 아이가 힘이 약한 아이를 괴롭히는 행동을 하면서 힘겨루기를 나타낸다. 자신이 힘이 세다는 자각을 하게 되면서 다른 사람들을 힘으로 통제할 수 있다고 생각하게 되는 시기가 사춘기다. 이 시기에는 힘이 센 아이의 생각이 중요하게 작용한다. 힘센 사람이 힘이 약한 아이를 도와주어야 한다고 생각하거나, 힘으로 다른 사람들을 괴롭히는 것이 좋은 행동이 아니라는 사실을 모르는 아이들이라면 계속해서 친구들을 힘으로 통제하려고 할 것이다.

이전부터 다른 아이들의 놀림을 지속해서 당해왔거나 가정에서 제대로 된 사랑을 받지 못한 아이들은 자신이 힘이 세다는 사실을 자각하면 다른 사람들을 괴롭히거나 공격하면서 자신의 존재감을 확인하려고 한다. 문제는 제대로 된 사랑과 돌봄을 받지 못해왔던 아이들은 약한 아이들을 괴롭히면서도 죄책감이나 미안한 감정을 갖지 못한다는 것이다. 그래서 괴롭힘의 정도가 심하다. 타인에게 자신의 감정을 이해받고 공감받지 못한 경험이 잘못된 행동을 하게 만드는 원인이 된다. 그러므로 인지능력과 상관없이 사춘기에 도달하기 전에 충분한 사랑과 돌봄을 받아야 사춘기가 되어서 학생 스스로 자신의 힘이 또래보다 세다는 사실을 자각하더라도 올바르게 행동할 수 있다.

만일 돌봄과 사랑이 부족한 상태로 힘이 센 아이가 된다면 지도를 하는 사람(교사와 부모 등)이 아이의 마음과 행동을 분리해서 지도해야 한다. 학생의 속마음을 잘 이해해주고 충분하게 공감해주어야 한다. 하지만 잘못된 행동에 대하여는 책임을 져야 한다는 사실을 깨우쳐주고 합당한 벌칙을 받도록 해야 한다. 벌칙을 받기 이전에 학생과 충분하게 대화를 하여 학생의 마음을 충분하게 이해해주는 것이 필요하다. 대화는 간단하게 하고 벌칙을 바로 받도록 한다면 억울한 마음이 커져서 나쁜 행동이 고쳐지지 않는다. 사춘기의 힘겨루기 행동은 어른들이 신경쓰고 살펴보면 쉽게 관찰할 수 있다. 아이들의 말에 "힘", "서열", "귀족", "평민", "계급", "약한 아이", "센 아이"와 같은 힘의 우열과 관련된 단어가 자주 포함된다면 이 학생 주변에서는 힘겨루기가 진행되고 있는 것이다. 이때 누가 힘을 행사하고, 누가 힘으로 괴롭힘을 당하는지를 파악하여 학급 전체에 대한 지도를 몇 회에 걸쳐 진행하는 것이 좋다. 교사가 이를 발견하면 좋겠지만, 만일 그렇지 못하다면 부모들이 교사와 협력하여 해결책을 모색해보는 것이 좋겠다. 하지만 미리 힘겨루기와 관련된 교육적 지도가 선행되어 불미스러운 일이 발생하지 않도록 예방하는 것이 더 좋다.

사춘기에 나타나는 두 번째 현상은 "이성"에 대한 관심이다. 경계선 지능 학생들도 사춘기가 되면 남학생은 여학생을 사귀고 싶어 하고, 여학생들은 남학생을 동경한다. 같은 반 친구들끼리 이성 친구를 사귀기도 하고 친구 소개로 이성 교제를 하기도 한다. 최근에는 스마트폰 앱을 통한 교제도 활발하다. 나아가 실제 오프라인 만남을 하기도 한다. 그래서 얼마든지 이성 친구를 사귈 수 있다. 어떤 부모들은 이성 교제를 아예 차단하거나 자녀가 이성에 관심을 가질까 봐 처음부터 경계를 심하게 한다. 하지만 이성에 대한 관심은 매우 자연스러운 일이다. 또한 억지로 이성에 대한 관심을 끊으려고 한다고 해서 자녀들의 생각과 관심을 없앨 수도 없는 노릇이다. 아예 이성 교제에 대한 생각을 해보지도 못하도록 차단하는 것도 좋은 지도가 아니다. 아이들의 성장과정을 자연스럽게 받아들이는 자세가 필요하다.

평소에 이성 교제에 대하여 허심탄회하게 부모의 생각을 자녀와 교환하는 것이 좋다. 자녀는 이성 교제를 어떻게 생각하는지, 부모는 어떤 생각을 하는지 대화를 나누어야 한다. 그 속에서 자신을 지키는 행동과 상대방을 존중하는 행동이 무엇인지를 깨닫도록 하자. 또한 이성 교제를 할 때 책임감 있게 행동해야 하는 이유를 설명해주고 어떤 행동이 책임감 있는 행동인지도 자세하게 이야기 나누는 것이 필요하다. 이러한 대화들은 이성 교제에 대한 가치관을 형성하도록 돕는다. 그 과정에서 이성 교제에 대한 생각이 확립되고, 학생들의 현재 관심도 파악할 수 있다.

사춘기가 되어 나타나는 세 번째 현상은 부모의 말에 반문하는 것이다. 자신이 얼마나 피곤하고, 괴로운지를 과장되게 표현한다. 어른들이 보기에 그 정도는 아닌데, 너무 힘들다고 말하고 죽고 싶다고 말하고, 정말 피곤하다고 말하는 현상이 나타난다. 하지만 과장되게 보인다고 그것을 못 들은 척하거나 또 자녀들 말대로만 해서도 안 된다. 자녀의 어려움을 공감해주고, 경청해주지만, 자녀의 요구를 바로 들어주기보다는 합리적인 판단을 하기 위해 시간을 가져보자고 한다. 재차 자녀가 자신의 어려움을 호소하면서 그동안 해왔던 것들을 하지 않겠다고 하거나 무기력하게 늘어진다면, 잠시 쉴 틈을 주자. 이때 부모는 학생의 선택을 존중하고 최대한 이를 돕겠다고 말해주어야 한다. 만일 그러한 과정이 어렵다면 학생과 대화할 수 있는 누군가(상담사, 친척 형, 교사 등)와 상의하여 학생의 변화된 상태를 점검하는 것이 좋다.

사춘기가 되면 자녀를 키우는 것이 이전처럼 쉽지 않다. 자녀와 대화를 나누기도 어렵고, 학교생활을 도와주기도 쉽지 않다. 또한 난데없이 이성에 대한 관심을 보이는 것도 낯설고 어떻게 도와주어야 좋을지 알 수 없다. 부모 역할을 하기가 정말 쉽지 않다는 생각이 들 것이다. 이 과정 동안에 부모가 관심과 경청의 끈을 놓지 않고 견딘다면 자녀는 곧 차분하고 성숙한 모습으로 성장할 것이다. 경계선 지능 학생이라고 무시하거나 어떤 것은 생략하지 말고, 또래들이 하는 것은 다 하고 지나가는 것이 좋다. 그래야 우리가 생각하는 성숙한 성인으로 자라날 수 있다.

낯설어진 자녀에게 당황하지 말고, 원래 착했던 모습이 변했다고 생각하지 말아야 한다. 착하게만 행동하는 아이는 융통성도 없고 성숙한 사고를 하기도 어렵다. 이전과 달라진 모습과 아이의 관심사, 그전에 안 하던 나쁜 행동들도 교육을 위해 필요한 일이라고 생각하자. 우리 할 일은 놀라지 말고 나쁜 행동들을 가르치는 것이다. 아이가 변하고, 부모는 가르치고, 서로 사랑하면 우리 아이는 느려도 꼬박꼬박 성장한다.

형제에 대한 배려가 필요하다

· · ·

　자녀가 여럿이다 보면 걱정이 덜 되는 아이가 있고, 걱정이 많이 되는 아이들이 있기 마련이다. 스스로 제 앞가림을 잘하는 자녀이든 조금 보살핌을 더 많이 필요로 하는 자녀이든 똑같은 관심과 보살핌이 필요하다. 우리가 그 아이들 모두에게 공동의 부모이지 부족한 아이의 부모만은 아니기 때문이다. 또한 더 앞가림을 잘하는 자녀들이 부모의 마음을 잘 헤아려서 어쩔 수 없이 보살핌이 많이 필요한 자녀에게 부모가 관심을 더 많이 보이는 것을 이해해야 한다는 생각은 부모의 생각이다. 자녀 입장에서는 "편애"일 뿐이다. 머리로 부모 마음을 이해한다고 해도 마음으로 서운해서 조금씩 상처가 쌓이면 앞가림을 잘할 것처럼 보이는 자녀에게도 부정적인 영향을 미칠 수 있다.

　보살핌이 많이 필요한 자녀가 어떻게든 적응을 잘하도록 학교와 전문치료기관에 관심을 두느라 몸과 마음이 지친 부모 입장에서 이렇듯 "과중한 부담"을 앞가림 잘하는 자녀가 나누어주었으면 하는 마음이 생긴다. 그러나 절대로 자녀에게 부모의 짐을 나누려고 하지 말아야 한다. 혹시 자녀가 부모의 마음을 헤아려서 부모에게 도움이 될 만한 행동을 더 많이 하려고 애쓰더라도 그럴수록 그 아이 마음조차 잘 헤아리고 알아주어야 하는 것이 부모가 해야 할 일이다.

사례로서 2명의 형제를 키우는 부모님이 계셨는데, 아버지는 직장 일로 바빠서 육아에 도움을 거의 주지 못하고, 어머니가 두 아이를 키우는 과정에서 큰아이가 경계선 지능이라는 것을 알게 되었다. 다행히 어려서는 큰아이가 작은아이와 잘 놀아주는 것 같아서 걱정하지 않았는데, 초등학교 시기부터 작은아이가 보기에 큰아이가 하는 말과 행동이 나이에 맞지 않게 어리숙하다고 느꼈는지 형을 무시하는 것처럼 보였다. 또한 학교에서는 또래들의 놀림을 자주 받는 형을 보면서 함께 괴롭히는 아이들과 맞서 싸워주기도 하였다. 하지만 부모도 모르는 사이에 동생은 형을 창피하다고 느껴 집에서 형을 구박하고 학교에서도 모른 척하는 행동을 하게 되었다.

가정에서 사사건건 못마땅해서 동생이 형을 무시하자, 어머니는 동생보고 참으라고 야단을 자주 쳤다. 또한 어머니가 형에게 관심을 두느라 동생이 집에 돌아와도 어머니와 형이 없고 혼자서 밥을 챙겨 먹거나 숙제도 혼자 해야 하는 상황이 자주 발생했다. 그렇게 몇 년을 보냈다. 형은 다행히도 어머니의 노력에 힘입어 대학을 진학하고 회사생활도 하게 되었다. 그런데 동생은 고등학교에 들어서면서 어긋난 행동을 자주 보이고 또래들과 크게 싸워서 수술비를 물어주어야 하는 상황에 이르게 되었고, 결국 대학 진학도, 사회활동도 거의 하지 못했다.

자녀들은 아무리 순하고 유능하게 태어나도 부모의 보살핌과 관심, 격려와 지지를 받고 성장해야 한다. 아직 어린 나이부터 누군가를 위해 희생하거나 부모의 관심을 나누는 것이 상처가 되고 위축된 마음을 갖도록 만든다. 서로 발달 속도가 다른 자녀 여럿을 키울 때는 부모의 마음가짐도 달라야 한다.

기본예절 습관을 가르쳐서 학교에 보내야 해요

· · ·

곧 초등학교에 입학하는 자녀를 둔 부모님들께 늘 하는 이야기가 있다. 기본예절 습관을 가르쳐서 학교에 보내라고 말이다. 기본예절 습관은 무엇일까? 예절이란 일상생활에서 여러 사람이 함께 더불어 즐겁고 편하기 위해서 서로 지켜야 할 행동의 기준이 되는 마음가짐과 바른 몸가짐을 의미한다. 예절의 근본은 다른 사람을 존중하고 스스로 행동을 삼가는 것이다. 예절을 잘 지키게 되면 다른 사람들이 쉽게 보지 못하고, 이 사람에 대하여 조심스러운 마음가짐을 갖게 된다. 그래서 초등학교 입학하기 전부터 초등학교 저학년 동안은 기본예절 습관을 반드시 가르쳐야 한다. 이는 사회생활의 기본이며 다른 사람들로부터 존중을 받는 가장 중요한 방법이기 때문이다. 옛말에 '세 살 버릇 여든까지 간다'라는 말이 있듯이 기본예절 습관은 대개 의사소통이 가능한 연령부터 시작된다. 예의는 부모가 먼저 몸으로 실천하는 과정에서 습득되므로 부모가 먼저 말과 행동을 예의 있게 하려고 노력해야 한다.

첫 번째, 자기 일은 스스로 하도록 해야 한다.

비록 어릴지라도 평상시부터 자기 일은 스스로 하도록 지도해야 한다. 아이들은 만 2살 무렵이 되면 무엇이든지 스스로 해보려는 의지가 싹틀 때다. 바지나 겉옷 등을 스스로 입어보려고 하지만 아직 방법을 제대로 습득하지 못해 바르게 입지 못하고 정교하지 못한 손놀림으로 인해 시간이 오래 지체되곤 한다. 흔히 젊은 부모들은 아이가 입고 벗는 데 시간이 오래 걸리고 서툴다고 해서 '빨리빨리'라고 재촉하거나 급한 마음에 대신해주는 경우를 자주 본다. 그러면 그 순간 아이들은 혼자 해보려던 의욕이 사그라들어, 나중에는 전적으로 엄마에게만 의존하려고 드는 아이로 자라게 된다. 따라서 생활 속에서 아이 혼자 해보도록 하는 기회를 주는 것이 중요하다.

두 번째, 잠자리 예절에 관한 습관을 들이는 것이 중요하다.

바쁜 아침 시간에 허둥대지 않고 맑은 정신으로 하루를 여유 있게 시작하는 것이 좋다. 하지만 엄마 아빠의 귀가 시간이 늦어지면 이 또한 쉽지 않다. 따라서 가정 형편과 여건에 맞게 지도해야 한다. 하지만 늦게 잠이 들었더라도 아침 시간을 여유 있게 시작하기 위한 노력을 할 필요가 있다. 여유 있는 아침 시간은 학생의 정서적 안정에도 좋고 등교를 위한 여러 가지 준비물을 챙기기 위해서도 필수적이다. 초등학교에 입학하면서부터는 20~30분 정도 잘 준비를 규칙적으로 하는 것이 좋다. 잠자기 전에 다음과 같은 할 일들을 규칙적으로 체크하자.

- 잠옷 갈아입기　　　　　- 이 닦기와 얼굴 등 씻기
- 다음 날 등교 준비하기　　- 어른께 인사하기 등

잠옷을 갈아입은 뒤에는 반드시 벗은 옷을 스스로 정돈하도록 지도한다. 바지를 개는 방법과 윗옷을 접는 방법을 지도하여 아동이 잘 정돈하였을 때 칭찬을 해준다. 등교 준비는 잠자기 전 스스로 하도록 하고 빠뜨린 것은 없는지 부모가 반드시 확인해야 한다. 하지만 우리 아이가 학교 준비물을 잘 챙기지 못한다고 생각되면, 같은 반 아이의 부모와 긴밀하게 연락하거나 담임교사와의 SNS 연락망을 통해 준비물을 잘 챙겨갈 수 있도록 부모가 신경 써야 한다. 또한 잠을 자기 전과 아침에 일어났을 때 반드시 가족끼리 "안녕히 주무세요", "안녕히 주무셨어요", "잘 자거라", "잘 잤니" 등의 인사말을 서로 주고받는 것이 좋다.

세 번째, 식사예절을 가르쳐야 한다.

요즘 부모들은 균형 잡힌 식사를 자녀에게 제공하는 것을 매우 중요하게 생각한다. 이에 못지않게 중요한 것이 올바른 식사습관과 식탁 예절 지도이다. 밥을 먹기 전에 "잘 먹겠습니다"라고 인사하기, 제자리에 앉아서 밥을 적절한 속도로 먹기, 자신이 먹은 그릇을 치우기 등은 다른 사람에 대한 배려심과 자기를 잘 조절하는 능력을 기르는 매우 중요한 과정이다. 입이 짧아서 잘 먹지 않는 아이들이라면 평소 잘 먹는 음식을 중심으로 편식하지 않을 방법(요리 방법, 음식의 색깔과 향 등을 고려해서)을 찾는 것이 좋다. 어른 중심의 식탁을 마련했을 때 다행히 자녀가 잘 먹어준다면 좋겠지만 그렇지 않다면 부모가 다양한 요리 방법을 고민하는 것이 현명하다. 제자리에 앉아서 먹도록 하는 것은 만 2세가 넘으면 본격적으로 시작해야 하는 것이 적절한데, 밥 먹으면서 이리저리 돌아다니거나 장난을 쳐서 옆 사람에게 불편을 주지 않는 식사 예절을 이때부터 지도해나가야 한다.

네 번째, 바른 전화 예절을 가르친다.

최근 들어 매우 어린 나이부터 스마트폰을 사용하여 스마트폰이 장난감이나 게임기처럼 인식되곤 하지만, 전화할 때만큼은 기본예절을 갖추어 대화하는 것이 중요하다. 카카오톡과 같은 메신저를 사용할 때도 예의가 있음을 알려주어야 하고, 친구에게 장난을 치거나 지나친 욕설을 하는 경우에는 부모가 직접 나서서 지도하는 것이 필요하다. 물론 자녀가 자신들의 메신저 내용을 공개하기 원치 않을 수 있다. 그럴 때는 메신저를 부모가 자녀의 허락 없이 엿보지 말고 부모가 걱정하는 부분에 대하여 정확하게 알려주어서 필요한 경우에 부모에게 보여주어야 한다고 이해시켜야 한다.

다섯 번째, 우리 집에 누군가 방문했을 때와 우리가 다른 사람 집에 방문했을 때의 예절을 알려주어야 한다.

손님이 우리 집에 오시기 전에 자녀와 미리 손님맞이 준비를 해보면 좋다. 손님의 방문 목적을 아이에게 알리고, 아이가 손님을 맞을 수 있도록 지도해보자. "초인종이 울리면 어떻게 하지?", "들어오시면 어떻게 하지?", "데리고 온 아기한테는 어떻게 해야 하지?"라는 식으로 구체적으로 미리 대화해보는 것이 좋다. 손님이 우리 집에 방문했을 때는 부모가 먼저 아이 보는 앞에서 손님에게 정중하게 인사를 하고 모방하도록 한다. "우리 규원이도 인사 참 잘해요" 하면서 부모가 먼저 인사 잘하는 아이라고 소개하면 더 잘 인사를 하게 된다. "왜 인사 안 하니" 하고 지적하면 쑥스러워서 인사를 잘하지 못한다. 우리 아이가 우리 집에 방문한 손님의 자녀와 싸울 때도 지도가 필요하다. '손님이니까…', '주인이니까…'라는 기준은 아이들에게 설득력이 없다. 누가 더 잘못했는지를 따지는 것은 분위기가 서먹해지게 만들기 때문에 일단 아이들의 관심을 다른 쪽으로 돌리는 것이 더 현명하다. "얘들아, 과자 먹어라", "얘들아, 레고 해볼래?"라고 주의를 환기하자.

우리가 친구의 집에 방문할 때도 지도가 필요하다. 초등학교 시기에는 남의 집에 가서 자주 말썽을 피울 수 있다. 따라서 외출 전에 자녀에게 방문 목적과 가서 해서는 안 될 것, 될 것, 들어가서 놀 수 있는 곳과 그렇지 않은 곳을 미리 알려준다. 또 조용히 해야 한다는 사실을 다짐하는 일도 중요하며 이는 단호하게 가르쳐야 한다. 막상 그 집에 갔을 때 아이가 냉장고 문을 열고 물건을 뒤지거나, 침대 위에서 뛰는 등 무례한 행동을 하는 아이 앞에서 엄마가 주인에게 먼저 정중하게 사과하는 모습을 보여야 한다. 그래서 아이가 스스로 미안함을 느끼고 반성하게 해야 한다.

여섯 번째, 학교나 도서관 같은 공공장소에서 해야 하는 행동을 알려주는 것도 중요하다.

매일 만나는 사람에게는 반갑게 인사하기, 친구가 물건을 나누어주면 고맙다고 말하기, 자신이 실수한 일에 대하여 미안하다고 사과하기 등의 중요한 언어예절을 알려주어야 한다. 다 같이 사용하는 물건은 사용하고 나서 제자리에 놓아두어야 하며, 다른 사람들이 놀랄 정도로 고함을 치거나 소리 지르면서 노는 것은 할 수 없다는 것 등을 지도해야 한다.

자녀에게 기본 생활습관을 지도하는 것은 자칫 잔소리를 해야 하는 과정처럼 느껴지기도 하고, 아이의 행동 하나하나를 지적하고 평가하는 것처럼 느껴져서 부모로서 지도하기 쉽지 않다고 말씀하시는 부모님들이 많다. 한꺼번에 가르치려고 하지 말고, 2~3가지씩 나누어서 가르친다고 생각하면 좋겠다. 그래야 자녀들도 잘 기억할 수 있다. 또한 자녀는 부모의 행동을 보고 배우므로 부모가 먼저 솔선수범을 하려고 애써야 한다.

자녀가 부모의 말과 행동을 잘 따르도록 하려면 아이에게 평소 다정한 말을 자주 건네자. 일방적인 부탁이나 의견을 물어보는 방식의 대화법을 사용하는 것이 좋다. 모든 자녀들은 친절한 부모에게 인정받고 싶어 한다. 거꾸로 화를 내고 야단만 치는 부모, 잔소리만 하는 부모에게는 청개구리처럼 엇나가게 행동하고 싶어 한다. 그러므로 내 자녀를 따뜻하게 지도하는 방법이 무엇인지 연구하고 노력하는 과정이 부모에게 절실히 필요하다.

기본예절 습관은 모든 자녀들에게 꼭 필요한 지도내용이다. 하지만 경계선 지능 아동에게는 더욱 강조하여 지도하는 것이 좋다. 경계선 지능 학생들은 초등학교에 들어가면서부터 사회성 발달과 관련된 걱정을 많이 하게 되는데, 기본예절이 습관화된 아이라면 크게 걱정할 필요가 없다.

경계선 지능 아동에게 적합한 사회성 지도가 특별히 정해져 있다고 생각하지 말고 초등학교 입학 전부터 부모가 신경 써서 기본예절 습관을 지도하게 된다면 성인이 되어 "기능하는(보통 정상적으로 생활하는 것이라고 말해지는) 생활인"이 될 수 있다고 확신한다.

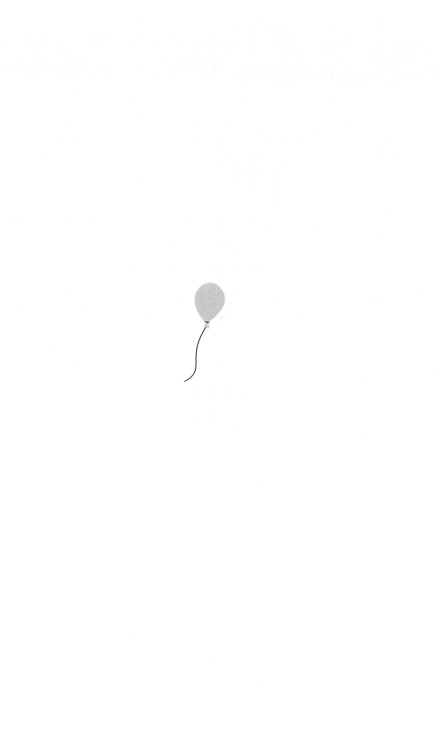

경계선 지능 아이에게
학교생활은 큰 인생의 관문이다.
반드시 지나가야 할 관문이지만
학습도, 친구들도, 때론 교사들도 호락호락하지 않다.

우리 아이들에게 필요한 것은
어떤 난관도 헤쳐나갈 수 있는
'당당함'이다.

PART 6

학교생활

: 당당한 아이가 되어 생활하도록 지도하는 법

학교 가기 싫어하는 데는 이유가 있다

· · ·

"무슨 일이든지 아이의 말에 귀 기울여라."

아이가 무엇을 거부하거나 싫어한다면 반드시 그 이유를 물어보아야 한다. 반대로 무엇을 좋아할 때도 그 이유를 물어보면 더 좋다. 경계선 지능 아동들도 무엇인가를 좋아하거나 싫어할 때 나름대로 타당한 이유를 가지고 있다. 아이와 '어떤 이유'를 사이에 두고 이야기를 자주 나누다 보면 아이와 대화하는 시간이 길어지고 아이도 부모에 대한 믿음을 갖게 된다. 서로 쌓아뒀던 속상한 마음도 풀 수 있어서 부모와 자녀 사이가 돈독해진다.

따돌림

대부분의 경계선 지능 아동들은 '따돌림'을 당하는 대상에 늘 노출돼 있다. 따돌림을 당하는 아이는 학교에 가기 싫어한다. 사실 따돌림을 방지하기 위해 미리 친구들과 잘 지내는 방법을 자녀와 이야기하는 것도 좋지만, 이미 자녀가 따돌림을 당한다면 그 원인을 함께 찾아봐야 한다. 평소 아이 말에 귀 기울이는 연습이 잘 되어 있다면 부모와 자녀가 머리를 맞대고 충분히 그 이유와 대처 방법을 찾을 수 있다. 하지만 부모-자녀 간의 대화를 이어가기 어려운 경우, 자녀가 말을 잘하지 못하는 경우, 부모 자신도 어떻게 해야 할지 모르는 경우에는 전문가를 찾아가서 그 방법을 모색해보자. 하지만 아무리 전문가라고 할지라도 우리 아이에게 가장 적합한 방법을 매번 제안할 수는 없으므로, 우선 부부간에 충분한 대화를 나누고, 학교 담임교사와 상담을 하고, 비슷한 또래의 자녀를 키우는 지인들과도 해결방안을 찾아보는 것이 좋겠다.

공부가 어려워서

경계선 지능 아동들에게 학교란 정말 재미없는 곳이다. 수업 내용을 잘 이해하지 못하는 아이는 공부가 재미없다고 생각한다. 아이 입장에서 오전 시간은 정말 지옥 같고, 언제 학교가 끝나나 하고 생각하면 정말 한숨만 나온다. 하지만 오후 시간은 조금 낫다. 한두 시간만 더 하면 집에 갈 수 있기 때문이다.

공부 때문에 학교에 가기 싫은 아이를 위한 처방전은 공부를 재미있게 할 수 있도록 돕는 것이다. 공부가 싫으니 다른 재미있는 것을 찾아보라고 말할 수도 있지만, 학교에 가서 5~6시간씩 수업을 듣고 있어야 한다는 점을 생각해보면 공부를 피할 것이 아니라 재미있게 할 수 있도록 도와주는 것이 더 낫다. 공부가 재미있어지려면 수업 시간에 교사의 말을 잘 이해할 수 있어야 한다. 보통 학생들은 완전히 처음 듣는 내용보다는 어느 정도 아는 내용에 집중을 더 잘한다고 한다. 그러니 수업에 집중하려면 예습이 가장 좋은 방법이다. 그날 공부할 내용을 예습한

뒤 학교에 가면 교사의 이야기가 더 잘 이해되고 수업 시간도 즐거워진 다. 물론 예습이나 선행학습을 시켜도 아이가 학교를 싫어한다면 대안 학교를 찾아서 의논해보는 것도 방법이다. 아이에게 맞는 교육환경을 찾아주는 것도 일방적으로 학교에 가라고 하는 것보다 나은 선택이 될 수 있기 때문이다.

선생님이 무서워서

학교 선생님이 무서워서 학교에 가기 싫어하는 아이들도 많다. 초등 학교 저학년 아이들은 다정하고 수용적인 가정에서 자라다가 다소 엄 격한 교실 환경을 접하게 되면 선생님이 무서워서 학교에 가지 않겠다 고 하는 경우가 많다. 이럴 때는 자녀에게 학교 선생님이 어떤 분인지, 어떻게 행동을 하면 칭찬을 받을 수 있는지 알려주면 좋다. 선생님에 대한 좋은 인상을 심어주고 긍정적인 이야기를 해도 아이가 계속 학교 에 가기를 거부한다면 그 이유를 찾아내기 위해 아이의 학교생활에 대 하여 더 알아보는 것이 필요하다. 간혹 교사가 아무 생각 없이 한 말에 대하여 아이가 오해하고 무서워할 수도 있기 때문에 아이의 눈높이에 서 오해를 풀어주는 것이 가장 바람직하다.

고학년이나 청소년기인 경우에는 교사와의 갈등을 해결하기가 쉽지 않을 수 있다. 어느 정도 자란 학생들은 자존심이 생기고, 교사도 학생 들의 행동에 상처를 받을 때가 많아서 교사와 자녀 사이에서 부모가 어 떻게 해야 좋을지 모르는 경우가 많다. 우선 자녀와 대화를 통해 방법 을 강구하는 것이 우선이겠지만, 뾰족한 방법이 없을 때는 교사와 만나 서 자녀 문제를 의논하자. 이때도 교사의 어려움을 공감하고 교사에게 감사한 마음으로 상담을 주고받는 것이 좋다. 모든 교사는 학생들을 학교에서 잘 가르치고 싶어 하며 이를 위해 노력하고, 비록 학생과의 사이에 오해가 있더라도 교사 역시 상처를 받기 때문이다. 교사의 어려움을 이해하지 못한 채, 자녀의 편에서만 대화를 나누게 되면 자녀 문제를 해결하기가 더욱 어려워진다.

학교에서 엉뚱하고 이상한 행동을 해요

간혹 학교에서 엉뚱한 행동이나 이상한 행동을 해서 주변을 놀라게 하는 경계선 지능 학생들이 있다. 친구들 앞에서 난데없이 춤을 추거나 다른 사람들은 웃지 않는데 혼자 신이 나서 웃기도 한다. 상황과 나이에 맞지 않는 이 같은 행동들은 주변 사람들을 놀라게 하거나 불쾌하게 한다. 부모들은 아이가 왜 그런가 하여 상담실로 달려오게 만든다.

전혀 예상하기 어려운 행동들은 아이들에게 심각한 정신적 문제가 있어서 그런 것 같다는 오해를 불러일으키기도 한다. 아주 오래전에 만났던 한 유아는 돌봐주시는 할머니의 얼굴에 침을 뱉기도 하고 욕도 거침없이 하여 주변을 놀라게 했다. 하지만 대개 이 친구들의 행동은 단지 재미있어서 그렇게 행동하는 것이다. 인지능력이 다소 낮은 아이들은 타인의 마음을 깊이 이해하는 데 어려움을 느낀다. 그래서 어느 날 문득 장난스럽게 했던 자신의 행동에 대하여 주변 사람들이 놀라고 당황하게 만든다는 것을 경험한 후 심심하거나 주변 사람들의 관심을 끌고 싶을 때 엉뚱하게 행동하는 것이다.

안타깝게도 인지능력이 다소 낮은 경우에는 자신의 마음을 스스로 인식하기도 어렵고, 타인의 속마음을 이해하기가 어려울 수 있다. 다른 사람들이 겉으로 웃거나 재미있어하면 속으로도 즐거워한다고 생각하여 계속 같은 행동을 하려는 마음이 생긴다. 다른 사람들이 속으로는 싫은 마음을 가지고 있어도 겉으로 웃거나 즐거워하는 것처럼 보일 수 있다는 것을 잘 알지 못하는 경우가 종종 있다. 하지만 나는 아이들의 엉뚱한 행동에 대하여 인지능력의 문제라고만 생각하지 말고, "타인과 관계를 맺고 싶구나" 혹은 "친구들과 놀고 싶구나"로 이해해야 한다고 생각한다. 더불어 친구들과 재밌게 놀고 싶지만, 그 마음을 전달하는 방법과 친구들과 제대로 사귀는 방법을 잘 모를 뿐이라고 이해했으면 좋겠다.

오랫동안 친구들을 사귀지 못한 아이들은 혼자 놀기에 익숙하다. 주로 혼자 놀기라는 것은 일종의 상상과 같다. 혼자 놀기를 오랫동안 지속해온 아이들은 상상하는 시간이 그만큼 길었기 때문에 다른 사람과 있을 때도 상상과 현실을 연결 지어 행동한다. 즉 자기 혼자서 생각한 것을 다른 사람들도 똑같이 생각하고 있다고 오해한다. 그래서 머릿속에 만화 주인공 짱구의 행동이 떠올랐을 때 다른 사람들도 자신과 같은 생각을 하고 있으며, 자신이 그 행동을 흉내 내면 즐거워할 것이라고 오해한다. 또한 혼자 놀기를 오래 해온 친구들은 가끔 자신이 관찰한 친구들의 재미난 행동이나 말(보통 욕설 같은 것)을 모방하여 혼자 있을 때 반복해보기도 하고, 주변에서 놀라는 반응을 보고 뿌듯한 마음을 느낀다. 그래서 친구나 교사들이 저지해도 웃긴 행동이나 욕설을 반복하는 것이다.

그렇게 눈에 띄게 한 엉뚱한 행동이 원인이 돼 학급에서 예민한 친구들이나 거친 성격의 동급생들과 갈등이 발생하기도 한다. 한번은 간단한 유행어가 재미있다고 생각한 한 아이가 다른 동급생과 눈만 마주쳐도 그 유행어를 반복해서 외쳤던 사례가 있었다. 같은 반 친구들은 그 아이에게 유행어를 부르지 말라고 소리 질렀고, 급기야 그 아이는 힘이 센 친구들에게 화장실로 불려가 집단 구타를 당했다. 당시 그 일이 커져서 학교폭력위원회가 열렸다. 이렇게 아이의 장난스러운 행동이 예민한 사춘기 또래들을 자극할 수 있다는 점을 기억할 필요가 있다.

또한 우리 아이들의 장난스러운 행동을 큰 문제로 여겨 오해하시는 학급 선생님들도 계신다는 것을 알아야 한다. 간혹 부모님들은 선생님이 전적으로 우리 아이를 이해하고 맞춤형으로 훈육해야 한다는 의견을 가지고 계신 분들도 있는 것 같다. 하지만 일방적으로 선생님의 책임으로만 미루려고 한다면 아이의 행동을 좋은 방향으로 이끌 수 없다.

상담실에서 만났던 사례에 해당하는 학생들의 부모 또한 자녀를 통제하지 못하고 끌려다니는 경우가 많았다. 즉 교사가 통제하기 어려운 학생은 부모도 통제하기 어렵다는 말이다. 이는 부모가 자녀를 적절한 수준으로 지도하기가 어려웠음을 뜻한다. 이럴 경우 부모는 선생님의 고충을 이해하고 함께 협력하려는 겸손한 마음을 가질 필요가 있다. 선생님과 부모가 함께 고민하고 노력해야 한다. 무엇보다 부모가 훈육 방법과 의사소통하는 방법을 바꾸어서 자녀와 좋은 관계를 맺고, 자녀에게 행동의 변화에 대한 필요성을 잘 전달할 수 있어야 한다.

아이들이 교실에서 엉뚱하게 행동할 때, 우리는 당황하고 놀라서 아이에게 "왜 그렇게 행동을 했니? 도대체 왜 그런 거야?"라고 다그치면 아이들은 스스로 왜 그렇게 행동했는지 기억도 나지 않고 그 이유를 찾지 못한다. 하지만 그 이유가 복잡하지 않고 단순히 "재미있어서"인 경우도 많다.

이때 어른들이나 또래들은 대수롭지 않게 넘어가지 말고 솔직하게 말을 해주어야 한다.

"네가 한 행동을 보고 도대체 왜 그렇게 행동한 건지 모르겠더라. 혹시 재미있어서 그렇게 행동한 거라면, 다음에는 그런 행동을 하지 않았으면 좋겠어. 다른 사람들은 조금 싫은 마음이 들 것 같아. 대신 재미있게 무엇을 같이 하자고 말하면 어떻겠니?"

엉뚱한 행동을 자주 하고 혼자 즐거워하는 학생들은 친구들과 어울리는 경험이 시급하다. 또래들과 어울리는 실제적인 방법을 연습시킬 필요가 있다. 사회성 향상 프로그램을 구성하여 참여하도록 하는 것도 좋고, 그것이 어렵다면 엉뚱한 행동을 하는 순간마다 대화를 통해 다른 방법을 알려줄 필요가 있다.

또 한 가지 기억할 것은 엉뚱한 행동을 자주 하는 학생들은 스스로 자신이 어리다고 생각한다는 점이다. 그래서 책임감 있는 행동을 해야 한다는 것을 스스로 깨닫지 못한다. 이럴 때 "좀 더 형님처럼 행동해보면 어떨까?"라고 의젓하게 행동할 것을 제안해보자. 사람들은 스스로 자신을 책임 있는 사람(예컨대, 형님, 선배, 선생님, 스승)이라고 인식할 때 한 번 더 생각하고 더 나은 행동을 하려는 경향이 있다. 우리 아이들도 마찬가지이다. 스스로 누군가에게 모범이 되는 선배나 형님이라고 자각하게 하여 더욱 책임감 있게 행동하도록 지도하자.

수업 시간에 멍하게 있어요

· · ·

많은 교사들이 경계선 지능 학생들을 보면서 안타까워하는 부분이 있다. 학생들이 수업 내용을 잘 이해하지 못해서 멍하게 있을 때가 많다는 것이다. 사실 수업 시간 중에 멍하게 있는 모습이야 경계선 지능 학생들뿐 아니라 대부분의 학생들이 그런 경우가 많으니 특별하다고 말할 수는 없다. 학생들이 수업하는 동안 지루해하고 이해하지 못하는 것은 반드시 학생의 탓은 아니고 수업을 재미있게 준비해야 하는 교사의 연구 부족에도 이유가 있을 터. 이렇게 이야기하는 것은 학생들이 수업 중 집중하지 못하는 탓이 전적으로 교사에게 있다고 책임을 전가하려는 것은 아니다. 나 자신도 대학이나 여러 전문가들을 대상으로 하는 강의에서 수업 준비가 부족한 경우에 강의를 듣는 이들이 지루해하는 모습을 자주 목격했다. 반대로 수업 준비를 열심히 한 경우에는 수업을 듣는 사람들이 덜 지루해 보였다. 그래서 교사들은 학생들이 무의미하게 수업 시간에 앉아 있기보다는 특수학급이나 보충수업을 해주는 선생님과 시간을 보냈으면 하고 바라기도 한다. 맞는 말이다.

그러나 현실적으로 개별지도를 해줄 수 있는 선생님이 별도로 계신 학교는 그리 많지 않다. 교사들은 어쩔 수 없이 수업 시간에 멍하니 앉아 있는 학생들의 모습을 지켜볼 수밖에 없다. 그래서 몇 가지 방법을 생각해보았다. 경계선 지능 학생들의 수업 집중을 높이는 방법에 대해 교사든 부모든 깊이 생각해볼 필요가 있다.

첫 번째 방법은 예습을 하는 것이다. 보통의 경우라면 예습보다는 복습이 더 중요할 수도 있다. 수업 중에 이해하지 못한 부분을 수업이 끝난 후 되짚어보면서 복습하게 되면 수업 시간에 알지 못했던 내용을 뒤늦게 이해할 수 있기 때문이다. 하지만 경계선 지능 학생들에게는 복습보다는 예습이 중요하다. 만약 부모님이 여력이 된다면 자녀들과 함께 내일 배울 내용에 관해 미리 이야기를 나누는 것이 도움이 된다.

수년 전에 알았던 한 학생의 아버지는 아이가 학교 수업 시간에 단 몇 가지라도 알아듣도록 전날 밤에 교과서를 함께 훑어보면서 내일 배울 내용에 관해 얘기를 나눴다고 하셨다. 그랬더니 그 학생이 전날 아버지와 나눈 이야기가 수업 시간에 다시 나오므로 선생님의 질문에 손을 들고 답할 수 있었다. 우리는 조금이라도 알고 있는 무엇인가에 대해 전혀 알고 있지 못한 것보다 더 많은 흥미를 느낀다. 조금 알고 있는 사실을 누군가가 말을 하면 자신도 참여하고 싶은 마음이 들고 그래서 손을 저절로 들고 자기가 알고 있는 것을 말하게 된다. 이것이 예습의 힘이다. 사실 모든 과목을 예습하기란 어렵다. 하지만 몇 과목이라도 예습하는 과정에서 학생의 수업에 대한 흥미와 자신감이 높아지는 것은 사실이다. 그러므로 수업에 더 집중할 수 있도록 하기 위해 부모와 교사는 예습을 효과적으로 할 수 있는 방법에 대하여 연구하고 협조하면 좋을 것 같다.

두 번째 방법으로는 수업 중에 교사가 하는 말을 일부라도 공책에 적어보거나 책에 적어오도록 하는 것이다. 수업이 끝나기 전에 검사를 받고 하교하도록 하면 좋다. 이것은 경계선 지능 학생뿐만 아니라 다른 학급의 학생들도 함께하도록 하여 수업 중 집중을 높일 수 있다. 만일 문장으로 적는 것이 어렵다면 간단하게 몇 개의 단어를 적어보게 하자. 중요한 단어들을 천천히 불러주고 내용을 적어보도록 하면 수업에 대한 이해가 더 높아질 수 있다. 학생이 이해를 잘하고 있는지는 사실 받아 적는 것으로는 부족하다. 그러므로 방과 후 개별지도 교사와 함께 적어놓은 내용을 쉽게 이해하여 오도록 권하거나 부모님과 함께 무엇을 배웠는지 말로 설명해보도록 하는 것도 도움이 된다.

세 번째 방법으로는 수업 내용을 설명하기 전에 "소리 내어 읽기"를 실시하는 것이다. 요즘의 수업 시간에는 소리 내어 책을 읽는 활동이 많지 않은 것 같으나, 예전의 수업 시간에는 소리 내어 교과서를 읽는 경우가 많았다. 소리 내어 읽는 과정은 집중을 잘하지 못하는 학생들도 참여할 수 있는 활동이다. 소리 내어 읽기를 한 후에 내용을 설명하는 것이 더 쉽게 이해될 수도 있기 때문이다. 만일 학교 수업 시간에 "소리 내어 읽기"를 하는 것이 어렵다면 전날 밤에 예습할 때 부모님 귀에 잘 들리도록 학생이 2~3번 정도 소리 내어 읽도록 과제를 내보자. 소리 내어 읽는 동안 한 번 정도는 녹음하여 들어보는 것도 좋다. 자신의 목소리를 듣는 과정에서 잘못된 읽기 습관을 교정하고, 흥미를 느낄 수도 있기 때문이다.

수업 시간에 집중을 잘하지 못하거나 내용을 잘 따라가지 못하는 몇몇 학생들을 위해 교사는 수업 중 과제의 난이도를 낮춰서 학생들에게 개별적으로 알맞은 자료를 제공하는 것도 필요하다. 이때 과제를 수준별로 제시하였을 때 친구들이 놀리거나 스스로 위축되는 경우가 생길 수 있으니, 사전에 교사가 "친구에 대한 예절과 배려"에 대한 교육을 강조함으로써 부적절한 행동을 하는 학생이 없도록 애써야 한다. 물론 학생들이 저마다 느끼는 감정이나 생각을 통제하기는 쉬운 일이 아니다. 그러나 교사가 바른 행동과 바르지 않은 행동을 반복해서 지도하고 학생들을 존중하는 모습을 보인다면 친구를 무시하거나 그로 인해 위축되는 학생들이 줄어들 것이 분명하다.

아침에 등교하여 점심 먹고 오후까지 계속되는 긴 수업 시간에 경계선 지능 학생들이 계속 집중을 잘하기란 어려운 일이다. 다른 학생들도 마찬가지다. 학생들의 집중력을 높이기 위해서는 쉬는 시간에 바깥놀이를 하도록 권장하는 것이 좋다. 화장실만 다녀오고 앉아서 가만히 책만 읽게 해서는 집중력이 좋아지기 어렵다. 활동적인 수업 시간이 중간중간 있어야 정적인 수업 시간에 집중을 잘 할 수 있다. 오전이든 오후든 시간을 정해서 바깥놀이를 할 수 있는 시간을 자주 만들면 좋다. 활발한 신체 활동 후에 피곤해서 졸음이 쏟아질 수는 있지만 적절한 수준의 바깥놀이 활동은 교실에서의 집중력을 높이는 데 도움이 된다. 마찬가지로 하교 후에도 우리 아이들이 동적으로 활동할 수 있도록 계획을 잡아야 한다. 뇌 활동이 활성화되는 데 동적인 활동이 꼭 필요하기 때문이다. 매일 바깥활동을 하는 경우에 수업에 대한 집중을 높일 수 있다.

간혹 밖에서 너무 신나게 놀고 집에 돌아와 숙제를 잘 하지 않으려는 아이들이 있다. 이럴 땐 조금 엄한 분위기를 조성하거나, 아예 바깥놀이 활동을 하기에 앞서 숙제를 하도록 조정하는 것이 좋다. 아이와 적절한 타협을 통해 숙제도 하고 놀이를 할 수 있는 방법을 생각해보아야 한다. 부모님이 생각하기 어렵다면 학생 당사자에게 방법을 물어보자. 훨씬 더 주체적으로 좋은 방법을 제안할 수 있을 것이다.

나쁜 친구들과 어울려요

• • •

경계선 지능 아동들을 상담하면서 가장 안타까운 경우는 나쁜 길로 빠지는 것이다. 오래전에 상담했던 한 경계선 지능 중학생은 보호 관찰 중이었는데, 학교에서 나쁜 친구들과 어울리고, 학교에 자주 결석하는 일탈 행위를 자주 일삼았다. 어느 날 동네 마트에서 물건을 훔친 현행범으로 붙잡혔다. 평소 학교에서도 친구들의 돈을 자주 빼앗아서 징계를 받았기 때문에 구제하기 어려운 상황이었고, 결국 그 학생은 소년원에 가게 되었다.

경계선 지능 아동 중에서 학교 적응을 잘 못 하는 또 다른 유형은 나쁜 친구들과 사귀어 또래들을 괴롭히고 욕을 하거나 주먹을 휘두르는 경우다. 또한 이들은 물건을 훔치기도 하고 여자 아이들에게 성적 농담을 하는 등 주변 사람들로부터 회피하게 만드는 행동을 골라서 한다. 이렇게 품행에 문제를 보이는 경우에는 소년원 등의 법적 제재를 받기 때문에 이들이 앞으로 성인이 되어서도 더 나은 삶을 살 수 있을지 진심으로 걱정된다. 소년원에 다녀온 경계선 지능 청소년들은 스스로 더 나은 삶을 계획하고 더 나은 행동을 해야 할 이유를 잘 모른다. 그래서 청소년들은 반성하고 새롭게 잘 살겠다고 마음먹기보다는 복수심에 더 나쁜 행동을 하기도 한다.

나쁜 친구들과 사귀는 문제는 반드시 경계선 지능 아동이기 때문은 아니다. 무엇이 잘못된 행동인지 잘 모르는 것은 지능이 낮아서가 아니라 가정에서의 돌봄과 지도, 학교에서의 관심과 지도가 적절하지 않아서다. 따라서 주변의 어른들과 사회가 이 아이들을 돌보지 않은 것에 대한 반성이 필요하다.

경계선 지능 아동들은 다른 사람들을 돕고, 누군가에게 도움을 주는 사람이 되고자 하는 심성을 타고났다. 하지만 경계선 지능을 가진 아동 중에는 할 줄 아는 것이 없다고 비난받고 느리다고 재촉만 당하는 경험을 많이 겪었다. 부모들은 어떤 노력과 성취를 통해 자녀들을 인정하고자 하는 마음을 가진 경우가 많다. 공부를 잘해서 주변의 칭찬을 받는 것을 가장 중요하게 여긴다. 하지만 경계선 지능 아동들은 누군가에게 도움을 주고 돌봐주면서 감사의 인사를 받았을 때 인정을 받은 기분을 느낀다. 더 잘하고자 하는 마음이 생겨난다. 능력은 다소 부족할지라도 성품이나 사회적 감수성은 절대 부족하지 않다.

경계선 지능 아동들의 성품이나 감수성은 어른들의 잣대로 평가되고 사회적 문제가 있다고 외면받는다. 예를 들어 길을 가는데 어떤 할아버지가 무거운 짐을 들고 간다고 치자. 경계선 지능 아동들은 할아버지를 도와주고 싶어 한다. 하지만 부모들은 그 마음을 외면하면서 오지랖을 떨지 말라고 할지도 모른다. 제아무리 성품이 따뜻하고 사회적 감수성이 좋은 경계선 지능 아동이라고 할지라도 자신이 느낀 감정을 스스로 인정하지 못하고 위축된 채 자기 생각이 잘못된 것은 아닌지 의심하면서 부모의 눈치를 보게 된다. 이러한 상황에서 나쁜 행동을 일삼는 아이들이 손을 뻗는다면 어떨까?

대개의 경계선 지능 아동의 품행 문제는 이들의 심성을 나쁘게 이용하고자 손길을 뻗는 나쁜 친구와 어울리면서 시작되는 경우가 많다. 일전에 상담을 요청하였던 한 그룹홈 선생님의 사례에도 이러한 과정에 잘 드러난다.

경기도에 있는 한 여자 청소년 그룹홈이었다. 그 그룹홈에는 가정에서 돌봄이 어려워 분리가 되어 거주하는 여자 중학생들과 초등학생들이 살았다. 이들은 원가족이 대부분이 있어서 시간이 되면 원가족으로 돌아갔다가 다시 귀가했다. 그중 경계선 지능을 가진 이 여학생도 주말에는 가정에 돌아가 어머니, 새아버지와 지내다가 일요일 저녁 귀가를 했다. 그런데 이 여학생이 그룹홈에 들어가면 그다음 주에는 그룹홈 전체 아동들이 단체로 며칠씩 학교에 무단결석을 했다. 그 이유는 경계선 지능 아동은 어머니께 제법 용돈을 받는데, 그룹홈에 있던 품행이 불량한 다른 여학생이 이를 알고 그 용돈으로 노래방에 가자고 하고 평소 필요한 화장품이나 비싼 옷을 사달라고 하면서 끌고 다녔다는 것이다. 이때 다른 그룹홈 여학생들까지 함께 돌아다니며 경계선 지능 아동의 용돈을 탕진했고, 돈이 떨어져서야 그룹홈으로 돌아왔다. 그룹홈 생활복지사와 학교 담임교사가 경계선 지능 아동을 상담했다. 하지만 경계선 지능 아동은 자신이 원해서 친구들에게 필요한 것을 사주고 놀러 다닌 것이므로 친구들을 탓하지 말라고 도리어 화를 냈다.

그룹홈의 경계선 지능 여학생은 왜 그런 반응을 했을까? 평소 어른들은 경계선 지능 여학생을 볼 때마다 주의를 주고 잔소리를 했을 것이다. 정작 당사자인 여학생은 자신은 늘 교사나 어른들에게 야단맞는다고 생각을 하게 된다. 하지만 자신을 필요로 하는 나쁜 친구들은 늘 경계선 지능 아동에게 다정하다. 비싼 물건을 사주면 고맙다고 말하고, 그 친구 대신 힘든 일을 해주면 정말 큰 도움이 되었다고 말해준다. 친구가 자신을 이용할 목적으로 도움을 청했는지, 아닌지는 알 수가 없다. 심성이 착한 아이들은 다른 사람을 잘 의심하지 않는다. 도와달라고 해서 도와준 것이고, 고맙다고 해서 기쁠 뿐이다. 친밀한 감정을 느껴 친구가 되었고 자신을 인정하는 사람을 도와준 것이다. 나쁜 행동을 하는 아이 중에는 웃는 얼굴로 서로 친구가 되었다고 말해주고, 물건을 훔치거나 힘든 심부름을 해주면 고맙겠다고 말한다. 순진한 아이들은 금세 꼬임에 넘어간다.

경계선 지능 아동이 나쁜 길로 빠지는 것은 인지능력이 낮아서가 아니다. 사랑과 관심, 품어주는 누군가가 없기 때문이다. 자신의 사소한 행동에 대하여 고맙다고 말해주는 부모가 없었기 때문이다. 또한 동생을 도와주려다가 실수로 레고 블록을 망가뜨렸지만, 처음에 가졌던 도와주려는 마음을 이해해주는 부모나 형제가 없었다. 아이가 할 수 있는 일을 도와주겠다고 나서면 "그런 것에 신경 쓰지 말고 공부나 해!"라고 핀잔을 주는 부모가 있을 뿐, 아이가 스스로 해보겠다고 나서는 일에 "바쁘니까 나중에 해!"라고 기회를 주지 않았던 부모가 있을 뿐이었다. 학교에서도 친구들을 재미있게 해주려는 행동이 이상하다고 핀잔이나 받고, 친구들을 따라서 욕을 하는 행동을 보고 아이가 나쁜 심성을 가진 것 같다고 부정적인 평가를 받았다.

경계선 지능 아동들의 가장 좋은 장점은 심성이 곱다는 것이다. 다른 사람들을 의심하지 않는다. 지금처럼 험한 세상에서 이러한 심성이 장점이 아니라고 걱정하시는 부모나 선생님들도 계실 것이다. 하지만 고운 심성은 일부러 만들어서 가질 수 없는 소중한 천성이다. 곱고 소중한 천성으로 살아가기 어렵다면 하나하나 다정하게 일러주면 된다. 아이들의 고운 심성을 다치게 하는 것은 아이들을 답답하다고 다그치는 어른들이다.

나쁜 아이들을 사귀고 나쁜 행동을 하게 되는 것은 나쁜 아이들이 다정하게 꼬이기 때문이다. 우리 아이들을 지키고 올바르게 키우기 위해서는 우리가 더 다정해져야 한다. 더 인정할 부분을 찾아서 칭찬해야 한다. 잘하지 못한다고 비난하고 잔소리하는 것은 우리에게서 멀어지게 할 뿐이다. 혹시 화를 내더라도 미안하다고 사과하고 어른들의 의도가 무엇이었는지 친절히 설명해주어야 한다. 아이들이 가끔 오지랖을 떨고 흥분하여 실수할지라도 지치지 않고 노력할 것이다.

친구와의 갈등, 문제해결력을 가르치는 좋은 기회입니다

· · ·

경계선 지능 아동들은 친구관계를 몹시 어려워한다. 유치원에 다닐 때부터 고등학교를 졸업하는 순간까지 부모가 마음을 놓을 수 있는 순간의 거의 없다고 해도 과언이 아니다. 친구관계에 문제가 발생 시 아이들은 스스로 문제해결을 하지 못하고 교사나 부모에게 도움을 요청한다. 이래서는 친구들 사이에 끼기 어렵다. 다른 문제는 몰라도 친구관계는 부모나 교사가 개입하면 문제가 더 복잡해지기만 할 뿐 해결되지 않는 경우가 많기 때문이다. 부모나 교사들은 문제를 중심으로 생각하려는 경향이 있다. 문제 중심이 아니고 아동 중심으로 생각을 바꿔야 한다. 현재 발생한 문제가 무엇인지는 중요하지 않다. 중요한 것은 앞으로 똑같은 문제가 발생했을 때를 대비하는 것이다.

"앞으로 동일한 상황이 발생한다면?"

경계선 지능을 가진 아동들은 대체로 친구 간의 갈등을 반복해서 경험하는 특성이 있다. 그때마다 어른들이 나서서 도와줄 수는 없다. 처음에는 미흡하더라도 스스로 해결해보는 경험을 하는 것이 필요하다. 그렇다고 "너 혼자 해결해봐"라고 그저 던져두기만 해서는 안 된다. 처음에는 아이와 함께 고민하면서 스스로 해결하는 힘을 길러주는 것이 필요하다.

"교사나 부모들의 실수"

대부분의 부모나 교사들은 아이들의 문제해결 능력을 길러주기 위해 시시비비를 가리는 방법을 사용한다. 물론 공정하게 문제를 해결하는 것이 중요하기는 하다. 하지만 문제해결에서 공정함이란 상당히 발전된 단계에서 가능한 것이다. 처음부터 공정하기를 강조해서는 경계선 지능 아동들이 자신의 문제를 주도적으로 해결해나가기 어렵다. 공정한 판결을 강조하다 보면 자연스레 각자의 잘못과 실수를 중심으로 이야기하기 마련이다. 결국 듣는 경계선 지능 아동은 자신의 잘못과 실수를 지적받은 꼴이 된다.

"갈등 해결의 첫 단계는 시시비비가 아니다."

시시비비를 가리는 과정에서 아이들은 객관적으로 문제를 바라보기보다는 변명하고 잘못을 인정하지 않으면서 다른 사람을 탓하는 모습을 보이기 쉽다. 부모나 교사 입장에서는 아이가 거짓말을 하거나 자기 변명만을 하는 것처럼 생각되어 더 혼내게 되고 아이에 대한 실망감으로 더 큰 오해와 편견을 가지게 된다. 아이가 거짓말을 한다고 말이다.

갈등상황은 아이들뿐 아니라 어른들에게도 감정적으로 행동하게 만든다. 억울해서 화를 내거나 상대방의 마음을 이해하더라도 나 자신이 속상하거나 수치스럽다. 상대방이 옳은 이야기를 해도 나 자신이 짜증이 나거나 울고 싶을 때도 많다. 누군가에게 자신의 속상함을 먼저 하소연해야 마음에서 속상함이 빠져나가고 그때서야 비로소 상황이 객관적으로 보인다. 경계선 지능 아동들도 마찬가지다. 친구와 갈등을 겪고 나면 상황이 어떻든지 간에 화가 나거나 속상함이 앞선다. 누군가에게 자신의 마음을 말하고 싶지만 언어표현력이 부족하니 잘 설명하기도 어렵다.

"감정을 읽어주기만 해도 말문이 열린다."

부모가 집요하게 상황을 파악하려 들면 아이는 혼난 기분이 든다. 아이의 마음을 이해하고 감정을 읽어주어야 한다. 이때 부모는 자상한 표정으로 아이의 감정을 읽어주자. 왜 이 상황에서 굳이 부모의 표정을 말하느냐면, 경계선 지능 아동 이야기만 나오면 굳은 얼굴이 돼버리는 부모님들의 표정이 생각나서다. 심각한 표정으로 아이를 바라보면 아이들은 자기도 모르게 말문이 닫힌다. 아이들이 얼마나 부모의 표정을 보고 무서워하는지 부모들은 잘 모른다. 그렇다면 갈등상황에서 어떻게 문제해결력을 가르칠 수 있는가?

"다음에도 같은 상황이 된다면 어떻게 하고 싶은가?"

문제해결 능력은 대부분 경험 속에서 배운다. 다른 사람들이 자신과 같은 상황에서 어떻게 하는지를 배우거나 자꾸 실수해서 불편한 상황이 반복되면 다시 그 상황을 만들지 않을 방법을 스스로 생각하게 된다. 처음과 다른 방법을 사용해보면서 문제해결 능력이 길러진다. 그렇기 때문에 친구들과 갈등을 겪는다고 자꾸만 친구들을 선별해서 놀라고 가르쳐서는 안 된다. 어떤 친구든지 아이 스스로 선택할 일이다. 그런데 경계선 지능 아동들은 문제해결을 위한 생각을 혼자만의 힘으로 하기 어렵다. 문제해결을 가르치는 첫 단계에서는 아이의 생각하는 과정을 도와주어야 한다.

"생각하는 것을 도와준다."

아이 대신 정답을 말해주거나 오답을 말했다고 바로 피드백을 줘서는 안 된다. 부모나 교사가 원하는 답이 있다고 해도, 우선은 아이에게 대안 방안을 생각해보도록 하는 것이 좋다. 잘 모르겠다고 답하는 아이에게는 스스로 문제해결을 하지 않게 되면 친구들과 잘 놀 수도 없거나 계속 놀림을 당하거나 괴롭힘을 당할 수도 있는데 괜찮겠냐고 물어본다. 부모나 교사가 도와주면 된다고 아이가 답하면, 영원히 어른들이 도와줄 수도 없고, 그럴 경우 친구들에게 더 놀림을 받는다고 결과를 미리 말해주어도 좋다. 아이가 생각을 즉각 말하지 못하면 몇 시간후에 조용하게 다시 말해보자고 약속을 해본다. 만일 아이가 답을 하지 못한다면 몇 가지 선택사항을 제시하고 골라보게 해도 좋다. 예를 들어 ① 친구에게 문자 메시지로 마음을 전하기, ② 친구에게 직접 물어보기, ③ 그냥 모른 척하고 지내기 등 대안 방안을 직접 고르게 하는 것이다.

경계선 지능 아동 스스로 선택을 했다는 점에서 자기 주도적인 문제 해결력을 기르는 첫 단계에 들어간 셈이다. 아이의 선택지를 실제로 친구에게 적용해보았을 때 생기는 결과에 대하여 예측해보도록 하고, 그 상황에서 우리가 대비할 것이 무엇인지 말해보아도 좋다. 아니면 아이가 직접 경험하고 이야기를 해도 좋다.

이때 부모나 교사는 경계선 지능 아동이 자신이 고른 선택지(대처 행동)를 실제로 해보았는지 확인하는 후속 시간을 마련해야 한다. 아이를 다그치거나 그럴 줄 알았다는 식으로 반응을 보이지 말고, 애썼다고 칭찬하고 격려해주어야 한다. 그리고 상황을 봐서 다시 해결책을 생각해보는 시간을 갖자.

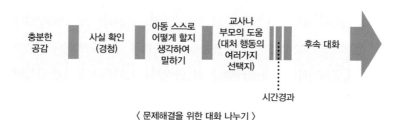

〈 문제해결을 위한 대화 나누기 〉

우리 아이는 일름보예요

• • •

경계선 지능 아동들은 대체로 의존성이 강하다. 모든 경계선 지능 아동들이 독립심이 부족한 것은 아니지만, 스스로 어떻게 말해야 할지, 다른 사람들이 나를 어떻게 생각할지에 대한 확신이나 자기 생각이 부족하다 보니 스스로 약하다고 생각한다.

스스로 자신의 힘이 약하고 다른 사람들보다 잘하는 것이 별로 없다고 생각하는 사람들은 어떻게 행동을 할까? 매사 자신에게 잘해주는 누군가에게 의지하고 싶은 마음이 크다. 아빠에게 의지하고 엄마와 함께하고 싶어 하며, 교사에게 일러서 다른 친구들을 혼내주고 싶은 마음이 강하다. 자신은 반드시 도움을 받아야 하는 존재라고 인식하기 때문이다.

특히 학교에서 교사들이 난처해하는 것 중의 하나는 경계선 지능 아동이 자신의 편에 서서 친구를 혼내주기를 바라는 경우가 많다는 점이다. 매사 아이들이 괴롭힌다고 교사에게 조르르 와서 이르는 '일름보'는 친구들 사이에서 따돌림을 당하기 일쑤이므로, 경계선 지능 아동이 스스로 자신의 문제를 해결해보도록 지도하고 싶다. 자칫 방심하다 보면 아이들 사이의 일이 커져 학교폭력, 징계위원회 등 일이 복잡해지므로 마음 놓고 일하기 어렵다. 경계선 지능 아동의 이르는 행동은 부모로부터 비롯된 경우가 많다. 아이 스스로 문제를 해결하기 어려우니 선생님이나 다른 누군가에게 도움을 받으라고 부모로부터 지도를 받기 때문에 융통성이 부족한 아이들은 매사 스스로 해결해보려는 노력보다는 도움을 받으려는 태도를 먼저 취하기 마련이다.

경계선 지능 아동의 이르는 행동을 고치기 위해서는 한동안 아이가 요청하는 장소까지 교사가 즉시 동행하거나 부모가 즉시 동행하는 적극성이 필요하다. 말로 설명하거나 타일러서 경계선 지능 아동이 문제해결력이 길러지기 어려우므로 교사나 부모는 상황이 허락하는 한 즉시 동행하여 경계선 지능 아동의 문제를 함께 지도해야 한다. 대개 또래들 간의 문제나 형제간의 다툼에서 이르는 행동이 나타나므로, 교사나 부모는 당사자들을 모두 모이도록 해야 한다.

가정에서 형제간의 다툼은 공정성보다는 억울함을 풀어주는 방식이 좋다. 모이는 장소도 식탁이나 차분하게 둘러앉을 수 있는 곳이 낫다. 서로 돌아가면서 억울한 심정을 말하다 보면 형제간의 갈등은 쉽게 풀어지므로 귀 기울여 들어주려는 부모의 적극적인 태도가 필요하다.

학교에서는 또래들 간의 다툼이나 강한 아이와 약한 아이 사이의 압력행사 등이 포함될 수 있으므로 형제간의 갈등과는 다르다. 그러므로 교사는 교무실로 학생들을 불러서 이야기를 듣기보다는 상황이 발생한 현장에 즉시 가서 관련 학생들을 모두 불러 상황을 파악하려는 적극성이 필요하다. 현장에서 들어보는 이야기는 학생 각자의 입장에서 이야기하더라도 교사가 객관적으로 판단할 수 있는 현장자료들이 있으므로 보다 공정할 수 있다. 교사의 중재는 다른 무엇보다도 공정함이 필요하며 어떤 한 아이에 대한 공감보다는 누구 하나 억울하지 않게 사실을 파악하는 것이 중요하다.

그 과정에서 교사는 학생 한 사람 한 사람의 행동 특징과 미흡한 사회적 기술을 파악할 수 있으며, 이를 토대로 한 학생마다 어떻게 지도하면 좋을지를 판단해야 한다. 공정성과 사실의 파악, 학생 저마다의 특성을 이해하는 것이 필요하다.

경계선 지능 아동에 대한 지도는 특별한 배려를 기반으로 해서는 안 된다. 장애 아동이 아니므로 개입과 도움을 제공하기보다는 더욱 세심하고 주의 깊은 설명과 지도가 필요하다. 개입이나 도움은 스스로 해낼 수 없을 때 필요하고, 설명과 지도는 스스로 해낼 수 있으나 방법을 모를 때 필요하다. 따라서 아이를 위한다고 부모가 교사에게 특별한 배려를 강요하거나 부탁하는 건 아이들에게 도움이 되지 않는다.

경계선 지능 아동들도 저마다 각기 다른 성격과 행동 특성이 있다. 학교의 교사들이 우리 아이의 장단점을 파악하여 지도할 수 있도록 기다려주자. 행여 우리 아이에 대하여 부정적인 시각을 가지고 있는 것처럼 보여서 서운한 경우가 있더라도 교사와의 상담 시간에 조심스럽게 부모 입장에서 아이의 좋은 점을 칭찬해주는 것도 좋다.

교사 입장에서는 힘이 많이 드는 아이다. 힘이 많이 들고 적게 들고의 차이는 교사와 아이가 이해하는 방식이 서로 다르기 때문이다. 교사는 말로 설명하는 스타일이라면 어떤 경계선 지능 학생은 행동으로 배워야 하는 아이일 수 있는 것이다.

노련한 교사는 각기 다른 아이의 특성에 맞춰 교사의 지도 방식을 바꾸는 사람이다. 유연성과 다양한 지도 방법을 가지고 있기 때문이다. 하지만 노련한 교사여도 아이에게 더 많이 설명해야 하고, 더 세심하게 배려해야 한다면 힘이 더 드는 것은 사실이다.

경계선 지능 학생들은 대개 일름보이다. 스스로 문제해결력을 배우는 데 더디기 때문에 힘센 누군가의 도움을 바란다. 자신을 약한 사람이라고 규정하고 강한 사람에게 의지하려는 무의식적인 행동이다. 경계선 지능 학생이 스스로 능력이 있는 강한 사람임을 깨닫도록 평소 격려와 지지를 아끼지 말아야 한다. 아이의 이르는 행동이 사라지는 데는 다소 시간이 걸린다. 서서히 사라질 수 있도록 기다려주면 좋겠다.

특수학급

경계선 지능 학생을 특수학급에 보내야 할까? 특수학급이 있는 학교에서는 이 학생들이 수업 진도를 따르기 어려우면 특수교사에게 보내서 도움을 받으라고 하고 싶다. 하지만 특수학급에 보내는 것이 경계선 지능 학생들에게 큰 도움이 되지 않는다.

첫째, 특수학급은 장애를 가진 학생들을 위한 학급이다.

장애를 가진 학생들이 먼저 배려를 받을 수밖에 없다. 특수학급에는 특수교사가 거의 눈을 떼지 못하고 지도해야 하는 학생들이 다수 있고, 학년별로 학급을 나누지 않아서 여러 학년의 장애 학생들이 포함되어 있다. 그래서 상대적으로 큰 어려움이 없어 보이는 경계선 지능 학생들에 대한 배려는 거의 없다고 봐야 한다.

둘째, 특수학급에서 정체성의 혼란을 겪는다.

경계선 지능을 가진 학생들이나 경한 정도의 장애를 가진 학생들은 스스로 장애인으로 분류되는 것에 대하여 억울해하거나 속상한 마음을 가지게 된다. 특히 경계선 지능 학생들은 장애를 가진 학생들과 함께 있는 것에 대해 부당하다고 생각한다. 어떤 친구들은 도움반 밖으로 나올 때 원반의 친구가 복도에 있는지 없는지를 살펴보고 아무도 없을 때 복도에 나온다고 한다. 그러니 경계선 지능을 가진 학생들도 왠지 무시당하는 느낌이 들도록 만든다면 특수학급에 입급하는 것이 불편하고 적절하지 않을 수 있다.

셋째, 특수학급에 경계선 지능 학생들의 성장을 적절히 이끌어줄 만한 커리큘럼이 제대로 마련되어 있지 않다.

학생들은 어느 정도 자신의 수준보다 높은 수준의 목표를 설정하고 그것을 배워나가기 위해 노력하는 과정에서 성장한다. 특수학급의 교육목표는 경계선 지능 학생들 입장에서 볼 때 자신의 능력을 발전시킬 만큼 약간 높은 교육목표가 아니고, 자신의 수준보다 낮은 수준의 교육적 목표가 될 수 있다. 그러므로 학생 스스로 배우는 것에 대하여 도전하여 성장하기 어렵다.

이처럼 특수학급에 경계선 지능 학생을 배치하는 것이 학생에게 도움이 안 된다면 어떻게 도움을 주는 것이 좋을까?

교실 내 보조 교사(협력 교사) 혹은 두 명의 담임교사 제도

우선 교실에 보조 교사를 두는 것이 좋다. 최근 들어 초등학교를 중심으로 교실에 주 담임교사 외에 보조 교사를 배치하여 주 담임교사의 수업 진행을 돕는 방식을 도입하고 있다. 경계선 지능 학생들이 있는 교실에서는 보조 교사가 수업 태도가 좋지 않은 학생들을 도와주면 좋을 것 같다. 물론 이러한 두 명의 교사가 있는 교실환경이 낯설고 불편할 수 있지만, 학생들 입장에서는 이러한 교실 환경에서 교육적 배려를 받는 것이 필요하다. 이때 보조 교사의 역할로서 몇몇 특별한 지도가 필요한 학생들의 세부 지도안을 구성해보는 것도 좋다. 주 담임교사가 전체 학생들을 지도하는 주된 역할을 한다면 보조 교사는 특별한 수업 지도가 필요하거나 수업 태도가 좋지 않은 학생들을 위한 세부 지도안을 구안 및 시행하여 개별 학생의 성장을 이끌 수 있도록 하는 것이다.

방과 후 학습 교실이나 학습 도움반

만일 보조 교사를 교실에 두는 것이 어렵다면, 방과 후 학습 교실을 운영하거나 경계선 지능 학생 혹은 학습 부진 학생들을 지도하는 학습 도움반을 운영하는 것이다. 이러한 시도는 수십 년 전부터 실시하려고 노력해왔으나, 한시적으로 운영됨으로써 학생들이 학교를 졸업할 때까지 체계적인 도움을 받지 못했다. 즉, 학습 부진을 가진 학생에 대한 지도가 제대로 이루어지기 어려웠다. 나는 이러한 시스템이 체계적이고 안정적으로 운영되어야 한다고 생각한다. 그때그때 예산 배정에 따라 생겨났다가 없어지는 방식으로는 도저히 학생들에게 도움을 줄 수 없다. 학습지도 보충학급의 안정적 운영이야말로 근본적으로 학교에서 학습 부진 학생들이 줄어들도록 하는 방법이며, 경계선 지능 학생들의 교육의 사각지대를 보완할 방법이다.

경계선 지능 학생들만을 위한 시스템을 학교에서 운영한다는 것은 사실상 불가능하다. 다양한 유형의 학생들이 있기에 이들만을 위한 시스템을 운영한다는 것은 또 다른 형태의 교육 불평등이나 비교육적 낙인감을 만들어낼 수 있기 때문이다. 그러나 학습 부진은 경계선 지능 학생들뿐 아니라 또래의 어느 학생들도 겪을 수 있는 상황이며, 학교에서 이를 보완하기 위한 노력을 하는 것이 바람직하다는 생각이다. 보충학습 교실의 운영은 초등학교에서 중학교까지는 기본적으로 운영되어야 한다. 고등학생이 되면 자신의 진로를 찾는 것이 학습 성과보다 중요하다. 고등학교 시기에는 경계선 지능 학생뿐만 아니라 학습에 흥미가 적은 학생들은 위해 진로 프로그램을 다양하게 운영하는 것이 낫다.

또한 성적이 낮은 학생들에게는 일찌감치 다른 길을 찾아주는 것이 낫다는 생각을 버렸으면 한다. 성적이 20점, 40점을 받는 학생들도 중학교까지는 열심히 학업을 따라가는 것이 좋다. 내가 알고 있는 한 학생은 학교 성적이 20~30점 정도이지만 집에서 수학 과외를 받는다. 과외를 받아도 성적이 잘 나오지 않으니 주변 사람들은 돈만 낭비하고 있다고 생각한다. 하지만 학생 스스로 문제를 푸는 과정에서 수학에 대한 재미와 흥미를 높이고 있다. 수학 공부의 목적은 논리적 사고과정을 배우는 것이다. 그러므로 이 학생은 논리적 사고를 하는 과정을 배우며, 그 과정에서 자신도 이해할 수 있다는 자신감을 키워나간다. 힘들어도 자신이 성장하고 있음을 느낀다면 그것만으로도 목적을 이룬 셈이다.

우리가 평소 생각한 편견을 버릴 필요가 있다. 공부를 못하면 다른 길을 찾아야 한다고 말이다. 물론 공부에 흥미가 없고 다른 길을 찾고 싶다면 그리하는 것이 맞다. 하지만 스스로 잘하는 것을 일찍 발견하여 노력하는 것이 그 사람의 성공에 도움이 된다는 생각도 편견이다. 자신이 잘할 수 있는 것을 10대에 찾는 사람들보다 30대·40대에 비로소 찾는 사람들이 더 많다. 자신이 무엇을 잘하는지를 알아내는 것은 그리

쉬운 일이 아니다. 그렇기에 자신이 잘하는 소질을 일찍 발견하는 사람도 있고, 나이가 많이 들어서 발견하는 사람도 있다. 먼저 발견하든 늦게 발견하든 문제 될 건 없다. 하지만 대한민국 국민으로서 정해진 의무교육 기간만큼은 학습에 소홀함이 없어야 한다.

경계선 지능 학생들은 특별한 학생도 아니고 장애가 있는 학생들도 아니다. 하지만 학습의 속도가 느린 것은 사실이므로 이들을 위한 시스템을 마련하여 교육적 불평등을 해소해야 한다. 또래 학생과 장애 학생에게 있는 교육적 기회가 경계선 지능 학생들에게는 없기 때문이다. 이 학생들에게도 교육 성장을 위한 시스템을 마련하여 자신의 잠재력을 키우고 사회의 중요한 인재가 될 수 있도록 정교한 교육적 노력을 제공해야 한다.

학교폭력

. . .

최근 초등학교에 입학하는 아들을 둔 부모님의 걱정을 들었다. 왠지 아들의 학습이 더디다는 생각에 종합심리검사를 받았는데 지능지수가 73으로, 경계선 지적 기능 수준이라는 사실을 알게 되었기 때문이다. 이렇게 인지능력이 떨어지다니 하는 놀라움과 함께 지적장애도 아닌지라 특수학교도 보낼 수 없는 아들의 상태가 답답하다고 하셨다. 그중에서도 가장 답답한 것은 아들이 학교에 들어가서 다른 아이들에게 따돌림을 당하고, 심하면 폭력의 피해자가 되지는 않을까 하는 생각에 어떻게 지도해야 하고, 누구의 도움을 받아야 하냐는 것이었다.

실제로 경계선 지능 학생들은 초등학교 저학년부터 담임교사의 이해를 받지 못해서 학교생활이 어렵고, 친구들이 놀리는 상황이 자주 발생한다. 또한 고학년이 되면 나쁜 인성을 가진 친구들에 의해 괴롭힘을 당하거나 돈을 빼앗기고, 심하면 폭행을 반복적으로 당하기도 한다. 모든 경계선 지능 학생들이 그런 상황에 놓이는 건 아니지만, 학교폭력의 피해자가 될 가능성이 매우 높은 것은 사실이다. 그렇기에 초등학교 입학을 앞둔 부모님들의 걱정이 괜한 기우가 아니다.

대개 초등학교 때부터 학교폭력의 징후가 나타난다. 계속 놀리거나 툭툭 건드리는 행동을 하는 친구가 있을 때라든지, 교실에서 유난히 덩치가 좋고 힘이 센 거친 아이가 있다든지 하면 경계선 지능 학생들이 학교폭력을 당할 가능성은 커진다.

학교폭력이라는 것이 일방적으로 강한 학생이 약한 학생을 괴롭히는 경우도 있지만, 비슷한 체격의 아이들도 서로 욕을 하거나 상대방의 부모를 욕하는 경우가 발생하면 서로 다투게 되어 폭력으로 번지는 경우가 많다. 남학생들은 서로 욕을 하거나, 혹은 친구들과 어울리고 싶은 마음에 상황에 적절하지 않은 행동을 하는 경계선 지능 학생에 의해 발생하기도 한다. 그래서 학교폭력이 발생하면 일방적으로 우리 아이만 피해자라거나 상대방 아이만 가해자라고 말하기 어렵다. 하지만 부모 입장에서는 인지능력이 떨어지는 경계선 지능 학생이 당연히 배려를 받아야 한다고 생각해서 교사를 비롯해 가해 학생과 그 부모에 대한 원망이 크다.

교사 입장에서는 겉으로 봐서 크게 눈에 띄지 않는 경계선 지능 학생들을 배려하라고 같은 반 친구들에게 부탁하기도 어렵다고 말한다. 경계선 지능 학생이라는 사실을 아이들에게 말하지 않고 다른 반 아이들에게 특정 학생을 배려하라고 말하기에는 다른 아이들이 "왜 저 학생만 배려해야 해요"라고 말하기 때문에 불공정하고, 경계선 지능으로 인지력이 낮다고 다른 친구들에게 알리면 당사자인 경계선 지능 학생이 상처를 받기 때문에 지도하기가 난처하다는 것이다.

그러므로 부모든 교사든 경계선 지능 학생을 약자라고 정해놓고 학교폭력을 지도하는 것은 적당하지 않다고 생각한다. 우리 아이가 약자라서 배려를 받아야 한다는 것도 일방적인 부모의 욕심이고, 다른 아이들과 공평하게 지도해야 한다는 교사의 생각도 지나치게 완고하다고 본다. 학교폭력 지도는 폭력을 두 가지로 지도의 방향을 잡아야 한다. 첫째, 학교폭력이 발생하기 전에 하는 교육, 둘째, 학교폭력이 발생한 후에 하는 교육이다. 그중에서도 학교폭력이 발생하기 전에 하는 교육이 더 중요하므로 부모와 교사는 자녀와 학생들에게 적절한 교육을 해야 한다.

먼저 부모는 평소 '욕설'에 관해 자녀와 충분한 대화를 나누는 것이 좋다. 욕설은 누구나 기분이 나쁘면 쉽게 할 수 있는 행동이다. 특히 자존감이 낮은 학생들은 욕설을 상대방에게 내뱉음으로써 자신이 강하다는 것을 보여주려고 한다.

- 사람들이 왜 욕을 하는지 그 이유에 관해 이야기를 나누자.
- 욕을 하면 나쁜 행동이라고 도덕적으로 지도하지 말고, 욕을 할 수 있지만 하지 않는 사람이 더 훌륭하다고 지도하자.
- 상대방 때문이 아니라, 욕하는 행동은 당사자가 선택하는 것임을 깨닫게 하자.
- 욕을 하는 친구들을 피하고 못 들은 척하는 것이 본인이 약해서가 아니란 점을 알게 해주자.

욕을 하는 상대방에 맞서지 않는 것이 내가 약한 존재가 아니라는 것을 알게 해 주자.

부모들은 자녀가 주어진 상황에 적절치 못한 행동을 할 때도 지도해야 한다. 특히 경계선 지능 학생들은 좋고 싫음에 따라서 아기와 같이 행동하는 경향이 있다. 기분이 좋으면 너무 흥분하여 들뜨고, 기분이 나쁘면 쉽게 화를 낸다. 이러한 행동이 가정에서는 허용될 수 있지만 공공장소에서는 허용되지 않는다는 것을 알아야 한다.

- 우리 아이가 들뜬 행동을 하거나 화가 났을 때의 행동을 파악한다.
- 가정과 공공장소에서 다른 사람들이 기대하는 행동이 다르다는 것을 꾸준히 이야기한다.
- 외출할 때, 학교에 갈 때 적절한 행동이 무엇인지에 대하여 학생 스스로 말해보게 한다(잔소리하듯이 다그치기보다는 가볍게 확인하는 정도).
- 아이의 행동이 개선되지 않는다면 벌칙을 정해서 고쳐나가도록 한다.
- 상황에 적절한 행동을 할 때마다 칭찬해줘야 한다.

사실 학교폭력 문제는 교사의 도움이 절실하다. 교사는 경계선 지능 학생을 특별한 배려가 필요한 학생이라고 생각하지 말고 여러 학생 중의 하나라고 생각할 필요가 있다.

특히 학교폭력이 발생하지 않게 하려면 교사가 힘이 세고 거친 행동을 하는 학생을 더 신경 써야 한다. 거친 행동을 하는 학생이 등교하면 자상하고 따뜻한 말을 건네도록 해야 한다. 그래야 약한 학생들을 덜 괴롭히게 된다. 모든 교실에는 힘이 센 아이, 힘이 약한 아이, 거친 아이, 순한 아이가 공존한다. 그러므로 다양성이 존재하는 상황에서 균형을 잡고 학생들이 폭력을 일삼지 않도록 하기 위해서는 교사에게 사랑의 행동과 규칙을 준수하려는 행동이 동시에 있어야 한다. 욕을 하거나 친구를 괴롭히는 행동에 대하여는 규칙대로 공평하게 벌칙을 받는 것이 필요하다. 이때 교사는 벌칙을 받는 학생과 단둘이서 대화를 통해 학생의 속마음을 이해하려고 노력해야 한다.

학교에서는 누구든지 도움이 필요하다면 도움을 받아야 하며, 누구든지 도움이 필요한 사람을 도울 수 있는 분위기를 만들어야 한다. 도움을 받는 사람과 도움을 주는 사람이 정해져 있다면 왠지 억울하고, 마음이 위축될 수 있다.

학교폭력이 생기기 전에 가장 중요한 것은 "예방하는 분위기"이다. 학교폭력의 예방은 동영상 강좌나 전문가의 강의로 이루어지는 것이 아니라, 누구나 도움을 주고받을 수 있는 교실 분위기, 학생 서로가 장단점을 이해하고 인정하는 분위기를 만들어가는 것이 필요하다. 솔직하고 편안한 분위기의 학급에서는 학교폭력이 발생하지 않는다. 그런 분위기가 되기 위해서는 교사만 노력해서는 안 된다. 학부모들도 교사를 믿고 신뢰할 수 있어야 한다.

최근 학교에서는 학교폭력을 심각하게 인식하고 교육부에서 제공하는 매뉴얼대로 진행하는 분위기다. 그래서 학교폭력이 발생하면 어떻게 대처하라는 이야기를 하고 싶지는 않다. 오히려 학교폭력 사안을 처리하는 과정이나 절차에 대한 이야기보다는 모든 행정절차가 끝난 이후의 이야기를 하고 싶다.

〈 학교폭력 사안이 발생한 후에 필요한 학교의 노력 〉
- 쉬는 시간에 교사가 자주 교실 들여다보기
- 교사가 가해 학생에게 관심을 기울이고 따뜻하게 대하기
- 피해 학생 주변을 눈여겨보기
- 피해 학생의 감정 헤아리기
- 학교 내 사각지대 순찰하기

학교폭력이 발생하고 나서는 학급 구성원들이 자연스럽게 섞여서 지낼 수 있도록 집단활동을 해야 한다. 특히 실외 체육활동을 하면서 학생들 간의 상호작용을 잘 관찰하는 것이 좋다. 체육활동을 하다 보면 자연스럽게 감정표현도 하고 친구들과 신체 접촉을 하므로 소외되었던 감정도 줄어든다. 특히 싫어하는 친구관계나 친한 친구관계를 교사가 발견하기 쉽다.

부모 입장에서는 학교폭력이 발생한 후에 가장 든든한 울타리라는 인식을 자녀가 할 수 있도록 자녀와 좋은 관계를 유지해야 한다. 자녀는 언제나 부모의 도움을 받을 수 있음을 인식하는 것이 가장 중요하다. 그러기 위해서는 서로 정서적 교감이 이루어져야 한다. 정서가 단단한 가정의 자녀들은 어떤 좋지 않은 상황이 되더라도 이겨낼 수 있기 때문이다.

수학여행

수학여행은 많은 학생들이 기다리는 프로그램이다. 가정을 떠나서 친구들과 즐겁게 지내는 소중한 기회다. 그러나 경계선 지능 자녀를 둔 부모들의 마음은 조금 무겁다. 마음 같아서는 아이와 함께 즐겁게 수학여행에 대한 이야기를 나누고 싶지만, 현실은 걱정 반, 두려움 반이다.

실제로 어떤 부모님은 아이를 수학여행을 보내지 않겠다고 결심한다거나, 거꾸로 담임교사가 가정으로 연락하여 아이를 수학여행에 보내지 않았으면 한다고 권유하기도 한다. 어떤 아이에게든 수학여행은 정말 고대하던 시간이다. 그런데 부모와 교사가 아이에게 함께 갈 수 없다고 한다면 아이 마음은 어떨까? 자신이 친구들과 여행을 못 할 만큼 문제가 있는 아이인가 하고 좌절할 것이고, 부모를 원망하고, 자신을 데려가지 않은 교사를 미워할 것이다. 속상한 마음을 넘어서 낙담과 원망, 좌절감과 죄책감 등 부정적인 감정을 크게 느낄지도 모른다. 설령 부모가 설득하여 학생이 동의했다고 해도 그러한 감정을 느끼는 것은 막을 수 없다.

거꾸로 학생 스스로 부모가 없는 상황을 도저히 견디기 힘들어서 수학여행을 가지 않겠다고 하는 경우도 있다. 친구들과 담임교사가 무서워서 그곳을 가느니 집에서 혼자 편안히 놀겠다고 말하기도 한다.

이럴 때는 어떻게 하는 것이 좋을까? 학생이 지나치게 두려워하는 상황이 아니라면 수학여행을 보내는 것이 좋겠다. 수학여행은 친구들과 어울려 프로그램도 참여하고 학급에 대한 소속감을 느끼며, 친구들의 호감도 얻을 수 있는 좋은 기회이다. 그러므로 학생이 수학여행에 참여하여 친구들과 어울릴 수 있도록 지원해보자. 막연하게 걱정만 하지 말고, 구체적으로 무엇이 걱정되는지 미리 생각해보면 좋다.

- 버스에서 혼자 앉아서 가면 어떡할까?
- 방을 배정받을 때 우리 아이를 싫어하는 아이들과 한 방이 되면 어떡할까?
- 선생님의 눈을 피해 우리 아이가 괴롭힘을 당하면 어떡할까?
- 우리 아이가 잘못된 행동을 하여 친구들이 이상하게 생각하면 어떡할까?

더욱 구체적으로 걱정거리를 적어보자. 그리고 선생님께 요청할 사항과 아이에게 당부할 사항을 각각 정리해보자.

〈 선생님께 요청할 것 〉

1. 버스에 앉는 자리를 좋아하는 아이들끼리 앉지 않도록 요청한다. 이러한 상황은 자연스레 외톨이를 만들게 되므로 비교육적이다. 아이들이 좋아하는 아이들과 앉고 싶다고 해도 외톨이가 생기는 상황에 대하여 교사와 학생들이 다 같이 즐겁게 다녀올 수 있도록 의논해달라고 요청하자.

2. 반 배정 시 외톨이가 되거나 힘센 아이와 약한 아이가 한 방에 있게 되는 상황에 대하여 미리 배려해달라고 요청한다. 보통 괴롭힘을 당하는 아이들을 교사가 데리고 자기도 하지만 친구들과 안전하게 잠을 잘 수 있는 방법에 대하여 미리 생각해보는 것이 좋다.
3. 평소 학생들 사이에서 따돌림을 주도하는 아이가 있다면 각별히 신경 써서 지도해달라고 요청한다. 실제로 교사 앞에서는 교우관계가 좋은 척하면서 뒤에서 친구들 간의 따돌림을 주도하는 아이들이 간혹 있다. 이런 경우 교사는 상황을 잘 알지 못하는 경우도 많으니, 조심스럽게 수학여행을 하는 동안 각별히 신경 써달라고 요청을 해놓는 편이 낫다.

교사에게 이런저런 요청을 해야 하는 부모의 입장도 매우 불편하다. 교사가 어떻게 받아들일지도 걱정이 되고, 부모의 오지랖 덕분에 교사와 우리 아이 사이가 소원해지면 어쩌나 하는 생각도 든다. 하지만 이런 상황에서는 용기가 필요하다. 또한 최대한의 예의와 존중의 태도가 필요하다. 부모로서 당연히 할 수 있는 권한이므로 예의를 갖추어 부탁을 드려보는 것이 나중에 수학여행에서 불미스러운 일을 겪는 것보다 낫다.

수학여행을 가면 우리 아이도 들떠서 생각 없이 행동하는 경우가 생긴다. 부모가 예상하지 못한 행동을 할 수도 있다. 그래서 부모는 예의에 어긋나게 행동하지 않도록 지도하고 부당하게 대하는 아이들에 대한 대처 방법에 대하여도 미리 이야기해놓는 것이 필요하다.

〈 우리 아이에게 당부할 것 〉
1. 친구들의 허락 없이 친구의 간식을 먹어서는 안 된다. 먹어도 되는지 꼭 물어보고 먹도록 한다.

2. 친구들의 가방이나 물건을 함부로 만져서는 안 된다. 아무런 의도가 없어도 오해할 수 있는 행동이다. 별것 아닌 상황을 꼬투리 삼아서 괴롭힘을 당할 수도 있기 때문이다. 실제로 열려 있는 친구의 가방에서 과자를 꺼내 먹었다가 도둑으로 몰려서 집단 폭력을 당했던 사례가 자주 있었다.

3. 평소 친구들에게 욕을 하거나 힘이 센 아이가 누구인지 부모에게 미리 말하도록 하고, 그 아이와 같은 방에서 자야 한다면 담임교사에게 찾아가서 부탁을 드리라고 당부한다.

4. 친구들이 담임교사 몰래 같이 자는 방에서 쫓아내는 상황이 발생할 수 있는데, 그때는 부모에게 바로 전화를 하거나 교사에게 도움을 청하라고 당부한다.

5. 수학여행에서 질서를 잘 지키고 열심히 참여하는 것이 매우 중요한 일임을 당부한다. 혼자서 딴생각을 하거나 자리를 이탈하는 것은 적절한 행동이 아님을 이해시킨다.

이러한 걱정은 자녀가 중학생이 될 때까지 이어질 것이다. 오히려 교우관계가 복잡해지는 시기라서 더 신경 써야 할지도 모른다. 그러나 교과 선생님이 다른 중학교 시기는 담임교사가 반 아이들 한 명 한 명을 다 파악하기가 어려울 수 있다. 힘들더라도 부모의 걱정을 교사와 함께 상의하고 도움을 요청하는 것이 좋다.

교우관계에서의 어려움은 고등학생이 되면 다소 누그러지는 편이다. 고등학교 때가 되면 중학교 때보다는 교우관계에 어려움을 호소하는 경우가 줄어든다. 본인이 지나치게 눈살 찌푸리는 행동을 하여 친구들의 원성을 사는 것이 아닌 이상 중학교 때보다는 큰 갈등 없이 지나가게 된다. 그래서 수학여행지에서 벌어진 크고 작은 사건·사고에 대하여 크게 걱정해야 하는 시기는 초등 고학년에서 중학교 3학년 때까지인 것 같다.

민감하고 어려운 일이니 아예 수학여행을 안 보내면 편할지도 모른다. 하지만 우리 아이도 다른 아이들이 하는 경험을 모두 다 해보아야 성장하는 데 도움이 된다. 신경이 쓰이더라도 수학여행을 보내고, 그 시간에 무엇을 어떻게 해야 하는지를 가르치고 당부하도록 해보자. 생각보다 하룻밤 자고 오는 이 행사가 부모 마음을 크게 졸이게 만들기도 하고, 아이들 마음을 크게 성장시키는 기회가 되기도 한다.

돈을 빼앗기는 아이

. . .

한 어머니가 다음과 같은 질문을 하셨다.

"저희 아이는 초등학교 5학년 남학생입니다. 평소에 사회성도 부족하고 인지능력도 부족한 터라, 주변으로부터 도움을 종종 받았어요. 주변 사람들이 '장애가 있으니 도와주자'라는 말을 하기는 하지만 그렇다고 아주 떨어지는 장애 아동은 아니고, 경계선 지능 정도 가지고 있다고 할까. 아무튼 우리 아이가 5일간의 영어 캠프를 다녀온 후 친구에게 1만 원을 빼앗긴(?) 사건이 있었어요. 친구들이 복도에서 자신을 빙 둘러싸고 이런저런 이야기를 나누는 동안 방 안에서 어떤 일이 벌어졌는지는 모르겠으나, 친구들과 헤어져 방으로 돌아와 우리 아이가 가방을 열어보니 1만 원이 없어졌다는 거예요. 주변 아이들 말로는 한 아이가 가방을 뒤졌다고 했어요. 그런데 그 아이는 그런 적이 없다고 하네요. 어떻게 해야 할지 모르겠어요."

경계선 지능 아이가 돈을 빼앗긴 상황이다. 더욱이 심증은 있되 물증이 없다. 경계선 지능 아이들에게 이런 상황은 흔하다. 교묘한 방법으로 물건을 빼앗기거나 괴롭힘을 당한다. 이럴 땐 어떻게 지도해야 할까?

돈을 빼앗긴 지금의 상황보다는 앞으로가 중요하다.

보통은 부모가 교사를 만나서 이런 일이 일어났다는 것을 교사가 아는지, 어떻게 지도했는지, 앞으로 어떻게 지도할 것인지에 관심을 쏟는다. 돈을 빼앗긴 아이보다는 어른들의 보살핌이 부족해서라고 생각해서다. 특히 부모는 교사에게 직접 당부하고 확인을 하고 싶은 마음이 크다. 하지만 교사가 아무리 신경을 쏟다고 해도 이러한 일들은 교사가 없는 순간마다 발생한다. 마치 '소 잃고 외양간 고치는 식'으로밖에는 수습되지 않는다.

아이 스스로 상황에 대한 대처능력을 기를 수 있도록 하는 것이 교사를 만나는 것보다 중요하다. 물론 교사가 전체 상황을 인지하고 학생마다 지도할 수 있어야 한다. 하지만 교사가 할 일과 학생 자신이 할 일은 분명 다르고 각각 자신의 역할을 잘 해내는 것이 중요하다. 경계선 지능 학생도 자신을 지키기 위한 방법을 배워야 한다. 어떻게 지도하면 좋을까? 초점은 잃어버린 1만 원을 찾는 데 두기보다는 앞으로 그런 일을 당하지 않도록 스스로 조심해야 한다. 경계선 지능 학생과의 대화를 통해 문제해결력을 기를 수 있도록 하면 좋다.

먼저 대화의 목적을 쉽게 말해준다.

"지금 엄마와 ○○이가 대화를 하는 것은 혼내려고 하는 것이 아니라, 다음번에 돈을 잃어버리지 않도록 하기 위해서야."

대화의 목적을 분명하게 말해주지 않으면 경계선 지능 아동은 자신이 돈을 잃어버려서 엄마가 화가 많이 났다고 생각하게 된다. 그러면 지레 겁을 먹고 혼나지 않으려고 뻔한 거짓말을 하거나 변명을 하게 된다. 그러면 대화를 하려던 원래의 취지는 잊고 경계선 지능 아이의 현재 말과 행동에 당황한 어머니가 아이의 태도에 대해 화를 내게 되어 적절한 지도가 이루어지지 않을 수 있다. 따라서 다정한 어조로 아이를 달래고, 아이의 마음을 읽을 수 있어야 한다.

"○○가 오해했나 보다. 엄마가 혼낸다고 생각한 거니? 아니야. 너는 잘못이 없어. 하지만 다음번에 또 네가 돈을 잃어버린다면 조심하지 못한 너의 책임도 있어. 오늘은 혼내려는 것이 아니고 돈을 잘 간수하는 방법에 대해 말해보자는 거야. 돈을 잃어버리고 엄마에게 미안한 마음이 큰가 보네."

잃어버린 돈을 어떻게 하고 싶은지에 대해 분명하게 정리한다.
"잃어버린 1만 원을 어떻게 하지?"
"의심이 가는 친구에게 화를 내면 돌려줄까?"
"잃어버린 돈으로 무엇을 하려고 했지?"
"맛있는 간식을 사 먹으려고 했나? PC방에 가려고 했나?"
"잃어버린 돈을 대신해서 엄마가 다시 돈을 줄 수는 없어. 대신 간식을 일주일간 사 먹지 못하거나 집에 있는 간식을 먹어야 해. PC방도 갈 수 없어. PC방에 가려면 몇 가지 심부름을 해서 용돈을 벌어야 할 것 같아. 어때 해볼래?"

잃어버린 돈은 중요하지 않다고 말한다면 그것은 자녀에게 돈의 소중함을 알게 하지 못하므로 경제 관념이 생겨나지 않을 수 있다. 잃어버린 돈에 대하여도 소중함을 깨달을 수 있도록 대화를 나누자. 다만 지나치면 죄책감과 변명이 생겨날 수 있음을 알아야 한다.

비슷한 상황이 발생하면 어떻게 대처할 것인지 생각해보게 한다.
"가장 좋은 것은 자기 돈을 잘 간수하는 일이야. 어떻게 하면 좋을까?"
"힘센 친구가 돈을 빌려달라고 하고 돌려주지 않는다면 어떻게 해야 할까? 힘센 친구는 나에 대해 어떻게 생각하고 있을까?"
"돈을 자주 빼앗기면 나는 어떻게 해야 할까?"

부득이하게 교사나 부모의 도움을 받아야 하는 경우도 있고, 싸움이나 더 큰 괴롭힘을 피하게 위해 돈을 빼앗기는 경우도 있다. TV 드라마나 영화를 보면서 이야기를 나누거나 학생의 경험을 가지고 다양한 상황에서 대처하는 방법에 대하여 기회가 될 때 이야기를 나누면 좋겠다. 이때 중요한 것은 아이의 생각이나 행동을 부정적으로 말해서는 안 된다.

"그게 아니라, 이렇게 해야지"(X)
"그래그래, 잘할 수 있어. 해보다가 어려우면 도움을 청하면 되지 뭐. 하지만 스스로 이겨내는 것이 더 좋은 거야. 알았지? 파이팅!"(O)

괴롭힘을 당하는 우리 아이도 잘 이겨낼 수 있다.
우리 아이가 좋은 대처능력을 갖추려면 몇 가지 선행조건이 필요하다.

첫째, 부모와 사이가 좋아야 한다. 부모와 관계가 좋은 아이들은 자존감이 높고 용기가 많다. 아이에게 아무리 어려운 일이 닥쳐도 부모의 사랑은 경계선 지능 아이에게 아주 큰 힘을 불어넣어 준다.

둘째, 부모와 항상 대화를 해야 한다. 부모와 즐거운 대화를 많이 나누는 아이들은 부모에게 자신의 상황을 숨기지 않는다. 부모가 상황을 늘 알고 있어야 자녀에게 도움이 필요할 때 나설 수 있다. 자녀와의 대화가 어렵다고 느끼는 부모들은 스몰토크(웃기는 이야기, 시시한 이야기 등)를 먼저 해보도록 노력하자.

셋째, 좋은 행동과 나쁜 행동에 대한 기준이 있어야 한다. 그렇지 않으면 친구들이 나에게 하는 행동이 좋은 행동인지 나쁜 행동인지를 구분하지 못할 수도 있다. 나쁜 행동은 훔치는 행동, 물건을 빼앗는 행동, 욕하는 행동, 때리는 행동, 다른 사람의 고통을 보고 즐기는 행동이다. 고지식한 아동들은 융통성 없이 모든 것을 좋은 행동과 나쁜 행동으로 구분하려고 하는데, 그것도 어느 정도 지나면 유연하게 생각할 수 있게 된다.

무엇이든 지나치면 화가 되는 법. 대화의 수위를 조절하는 능력도 필요하다. "엄마 말 명심해야 해. 그렇지 않으면 또 친구들이 네 돈을 빼앗아갈 거야"라는 말을 들은 경계선 지능 아동의 마음속에는 불안감과 피해의식만 자라난다.

최근에는 자녀들의 학교생활에 대하여 궁금한 몇몇 부모님들이 교사나 친구들의 대화를 녹취해오도록 소형녹음기를 자녀의 겉옷 주머니에

넣어서 몇 시간씩 학교생활을 녹음해서 듣기도 한다. 너무 지나치다. 자녀를 걱정하는 마음은 알겠지만, 자녀의 불안감은 더욱 커진다. 불안감이 많은 아이들치고 학교생활에 잘 적응하는 아이들은 없다. 아이들이 힘든 일을 겪고도 부모에게 이야기하지 않을까 봐 걱정하는 마음을 잘 알겠지만, 이런 방법은 자녀의 심리적 성장과 사회적 문제해결력을 해치는 아주 안 좋은 방법이다. 절대로 그런 행동을 해서는 안 된다. 특히 초등학교 저학년 부모님들은 아이를 관찰하고 대화하면서 아이 마음을 읽어보려고 노력해야지, 사실 그 자체를 확인하기 위해 노력하는 것은 무의미하다.

아이의 건강한 사회성을 키우는 방법

• • •

미국의 교육자 에다 르샨의 책 『아이가 나를 미치게 할 때』를 읽고 우리 아이들의 사회성 발달을 위해 꼭 알아야 할 지침을 몇 가지 적어 보았다. 르샨은 6가지의 덕목을 염두에 두고 아이들을 지도해야 한다고 말한다.

1. 고자질이 반드시 나쁜 것만은 아니다.

학교에서나 가정에서나 끊임없이 고자질하는 아이들이 있다. 아이들이 고자질하러 오면 부모나 교사들이 처음에는 "그래, 고맙다"라고 대답을 하고 웃으면서 아이를 되돌려 보내지만, 내용과 관계없이 자꾸 되풀이되는 행동에 짜증이 나서 "그래, 알았으니, 이제 오지 마"라고 말하게 된다. 왜 아이가 고자질하러 오는 것인지 그저 답답하기만 하다.

고자질을 하러 오는 아이들은 진짜 하고 싶은 말이 따로 있다. 관심을 받고 싶어서일 수도 있고, 친구들이나 형제들을 공경에 빠뜨리고 싶은 마음이 들어서일 수도 있다. 또는 자신감이 부족하여 부모나 교사가 친구들이나 형제들을 대신 혼내주었으면 하는 마음일 수 있다. 아이들이 자꾸만 고자질한다면 아이가 왜 그렇게 행동하는지를 잘 살펴본 다음, 옳고 그름을 분명하게 하고 싶은 거라면 당연하게 들어주고, 친구들이나 동생들을 공격하고 싶은 마음이라면 즉시 행동을 취하기보다는 고자질하는 아이의 정서를 보살펴줄 수 있는 방법을 찾는 것이 좋겠다.

2. 아이의 소유권을 먼저 인정해줄 때 배려 있는 아이가 된다.

사회성이 좋은 아이들은 자기 욕심만 차리지 않고 좋은 것을 다른 사람들과 나누어서 사용하거나 즐길 줄을 안다. 적절하게 나누는 행동을 할 줄 알면 친구들이 친근감을 느끼고 다가오기 쉽다. 물론 너무 과하면 우리 아이를 얕보고 이용하려는 아이들도 생긴다. 적절하게 나눌 줄 알고 얕보고 이용하려는 아이의 행동을 거절할 줄 알게 키우는 것이 사회성 발달에서는 매우 중요하다. 그러려면 우리 아이의 소유권을 인정해줄 필요가 있다. 예를 들어 동생의 몫으로 사준 장난감을 형이 가지고 놀기 전에는 반드시 동생에게 "내가 좀 가지고 놀아도 돼?" 하고 물어본다거나, 허락 없이 동생의 물건을 가지고 간 형이 먼저 사과하도록 하는 것은 당연한 지도 방법이다. 부모 역시 아이에게 사준 물건이 필요할 때 정중하게 물어보고 사용해야 한다. 부모가 사주었다고 해서 부모가 마음대로 사용해서는 안 된다. 소유권을 인정받은 사람들이 다른 사람들과 나눌 줄 알게 된다. 그리고 부모라고 할지라도 자녀가 자신의 물건을 사용하게 해주면 반드시 "고맙다"라고 대답해야 한다. 고맙다는 말을 들은 아이들은 자존감이 높아지고 너그러운 마음이 생긴다.

3. 행복하게 자란 아이는 나쁜 행동에 쉽게 물들지 않는다.

우리 아이가 좋지 않은 행동을 하는 친구들을 사귄다면 부모는 어떻게 말해야 할까? 아이가 행복하게 자라고 있다고 믿는다면 걱정할 필요가 없다. 가정에서 많이 웃고 서로 사랑하고 아끼는 행동을 많이 한다면 우리 아이는 분명히 행복할 것이다. 우리 아이가 행복하게 자라고 있다면 나쁜 아이들의 말보다는 부모의 말을 더 잘 듣게 된다. 그러니 좋지 않은 행동을 하는 아이와 어울릴 때 화를 내면서 갈라놓기보다는 솔직하게 부모의 마음을 전달하면 좋다. "엄마는 그 친구와 네가 노는 것이 조금 걱정스러워. 엄마가 보기에 그 친구는 좋지 않은 행동도 자주 하는 것 같은데, 너에게 안 좋은 영향을 끼칠까 봐 그게 걱정이야"라고 말했을 때, "걱정하지 마세요. 제가 알아서 할게요. 저도 좋은 행동과 나쁜 행동이 뭔지 알아요"라고 아이가 대답한다면 크게 걱정하지 말고 지켜보면 된다.

4. 친구가 없을 때는 부모의 격려와 관심이 필요하다.

친구가 없는 아이들은 집에 돌아와서 "왜 친구들이 안 놀아주지?"라고 속상해하거나, 특별히 친구들과 어울리지 못하는 것에 대하여 아쉬워하지 않고 혼자 놀기에 몰두한다. 이럴 때 아이를 걱정하며 불안해하는 부모의 행동 때문에 아이들이 더 많이 위축되고 자신이 무엇인가 큰 잘못을 한 것 아닌가 하고 눈치를 보게 된다. 이럴 땐 의연한 태도로 격려해주면서 "너를 좋아해주는 친구가 반드시 있을 거야"라고 말해주는 것이 좋다. 그리고 아이들과 자주 어울릴 수 있도록 기회를 만들어주면 된다.

5. 집안일은 사랑하는 가족의 일이기에 함께 해야 한다.

집안일을 돕게 하는 것은 부모에게도 도움이 되지만 아이의 독립성 발달에도 좋다. 아이가 집안일을 돕게 하려면 아이가 하고 싶은 일을 선택하도록 하는 것이 좋다. 예를 들어 설거지, 방 청소, 쓰레기 버리기, 빨래 정리 등에서 자신이 도와주고 싶은 것이 무엇인지를 선택하여 돕는다면 기꺼이 자신이 도왔다는 마음에 자율성이 생긴다. 중요한 것은 하기 싫은 일이라도 가족이라면 서로 사랑하기 때문에 돕는 것이 당연하다는 인식을 가질 수 있도록 지도해야 한다.

6. 성에 대한 솔직한 대화가 건전한 성 의식을 만든다.

아이들이 커나가면 당연하게 성에 대한 관심을 두게 된다. 평소에 성과 관련된 여러 주제에 대하여 자연스럽게 대화하면서 올바른 성 의식을 갖도록 지도하는 것이 좋다. 야동 시청이나 이성 교제에 대하여 지나치게 불편하게 생각하기보다는 다른 사람들을 배려하고 자신을 안전하게 지키는 행동이 무엇인지를 깨닫게 하는 것이 좋다. 완전히 무지한 상태에서는 성에 대한 지식과 대처법을 가르쳐주자. 성적 호기심이 생기는 게 당연하듯, 나의 성은 물론 타인의 성도 당연히 존중받아야 한다는 생각을 가질 수 있도록 지도해야 한다.

아이들의 사회성은 인성에서 발전하기 마련이다. 평소에 사랑을 많이 받은 사람은 너그럽고, 행복한 하루하루를 보내는 아이들은 다른 사람들에게 연연해하지 않는다. 내가 존중받는 경험을 하는 사람들은 다른 사람들을 존중하는 것이 당연하다고 생각하고 어떤 행동이 존중하는 것인지 안다.

아이의 사회적 기술을 가르치는 것이 기본적인 행복, 사랑, 소유, 존중의 경험보다 우선할 수 없다. 행복과 사랑, 소유와 존중을 경험하는 아이들은 사회적 기술이 부족할 수 있지만, 다른 사람들이 그것을 알려주고 지도할 때 기꺼이 받아들일 수 있다. 사회적 기술을 가르치기에 앞서 우리 아이의 정서적 경험을 살펴서 채워주려고 노력한다면 덤으로 부모의 마음에도 행복한 감정이 찾아들 것이다.

남이 한 번 하면 나는 백 번 한다(人一能之己百之 - 인일능지기백지).
남이 열 번 하면 나는 천 번 한다(人十能之己千之 - 인십능지기천지).

- 공자 -

중국의 춘추전국시대 현자인 공자도 역시
도전과 노력의 중요성에 대해 말했다.

"다른 사람보다 늦더라도 포기하지 말고 더 많이 노력하라."

공자가 그 뜻을 알았다는 것은
자신도 결코 빠른 아이가 아니라
노력하는 아이였기 때문은 아닐까?

PART 7

미래와 진로

: 도전하는 우리 아이들

정보를 알아보는 것은 어른의 몫

"집에만 있으면 안 돼. 사회에 나가 사람들도 만나고 일도 하는 것이
필요해. 네가 무엇을 하고 싶은지 또는 할 수 있는 일에 무엇이 있는지
알아보렴."

성인기에 들어선 경계선 지능 자녀의 부모들이 자주 하는 말이다.
'일본에는 사회 적응을 못하여 집안에만 틀어박혀 있는 은둔형 외톨이
들이 있다는데, 우리 아이가 그렇게 되는 것은 아닌가? 어떻게 해야 사
회에 나아갈 수 있을까?' 자녀가 성인기에 들어서고 이러한 생각을 한
다면 이미 늦다. 성인기의 경계선 지능 자녀의 사회생활에 대하여는 자
녀가 중학교에 들어갈 때부터 차근차근 준비해야 한다.

성인기 경계선 지능 자녀의 사회 적응은 자녀의 몫이 아니라, 부모의
몫이 더 많다. 성인이 된 자녀가 사회에서 잘 적응하기 위해서는 어느
정도 의사소통 능력도 갖추어야 하고, 사회성도 있어야 한다. 또한 자신
이 할 만한 분야를 잘 찾아야 한다. 느리게 배우는 아이들인 만큼 성인

기의 준비도 오래 걸린다. 따라서 중학교 시기부터 아이의 흥미를 파악하고 고등학교 시기에는 아이의 흥미와 관련된 기본 소양을 갖추는 것이 좋다.

예를 들어 케이크나 쿠키 만들기를 좋아하는 자녀들이 있거나 자동차를 좋아하거나 컴퓨터 조립을 좋아하는 자녀를 두었다면 이들이 좋아하는 분야는 손의 사용이 필수적이기 때문에 소근육 발달이 필요하다. 또 영상 만들기를 좋아하는 자녀라면 영상을 만들 때 필요한 상식을 이해하고 따를 수 있어야 하며, 영상을 찍고 편집 및 업로드하는 방법에 대하여 부모와 함께 알아보고 실천할 수 있어야 한다.

경계선 지능 학생들은 정보를 선택하고, 자신의 능력과 맞춰보는 데 어려움이 있다. 이는 분명히 어른들이 도와줘야 하는 부분이다. 학생이 할 만한 직업이나 분야를 어른들이 미리 찾아보고 도와주는 것은 학생들이 앞으로 자신의 삶을 헤쳐나가는 방법을 보여주고 일깨워주는 필수 과정이다. 그러므로 어른들이 정보를 찾아서 경계선 지능 학생에게 전해줄 때 알게 된 정보만을 최종적으로 알려주는 것이 아니라, 정보를 찾고 검색하는 과정, 선택하는 과정을 보여주거나 나중이라도 설명을 해주어야 한다. 그래야 나중에 스스로 정보를 찾을 수 있다. 필요하다면 정보를 찾는 과정을 함께 해보는 것도 좋다.

그중에서도 자신의 현실적(현실적이라는 말이 매우 중요하다)인 능력을 고려하여 자신이 할 수 있는 일을 발견해나가는 과정이 정말 중요하다. 그러기 위해서는 어른들이 다른 또래와 경계선 지능 아동을 비교해서는 안 된다. 다른 아이들은 어느 대학에 갔다느니, 아르바이트를 한다느니 하는 말로서 자녀를 위축되게 하면 이들은 자신의 현실과 동떨어진 또래들이 하는 일을 자신이 해야만 인정받을 수 있다는 비현실적인 목표나 계획을 세우게 된다. 그러고 나서 자신의 손상된 자존감을 보상받기 위해서 자신이 이루기 어려운 허황한 꿈이나 목표만을 추구하고 실제로 노력할 수 없어서 부모나 다른 형제들과 또 다른 갈등상황에 빠질 수 있다.

비록 느리기는 해도 경계선 지능 아이들의 잠재력 중에는 분명 자신의 삶을 책임질 만한 그 무엇인가가 들어 있다. 아이들이 또래와 비교하여 부족함이 많다고 너무 낮게 평가하지 말아야 한다. 직업적으로도 지나치게 한계를 정하여 이것은 할 수 없어, 청소나 허드렛일을 해야 한다고 생각해서는 안 된다. 청소를 하든 허드렛일을 하든 가치 있다고 생각해서 자녀가 스스로 선택할 수 있도록 해야 한다. 경계선 지능 자녀도 자신이 진정으로 원하는 일이라면 최선을 다하고자 한다. 우리 어른들은 그저 정보를 함께 찾고, 학원에 가는 첫날 아이가 원한다면 함께 방문해주면 된다. 또한 어른들의 생각을 강요하지 말고 잘 설명하면 된다. 그럼에도 자녀가 싫다고 하면 하는 수 없다.

한번은 어떤 경계선 지능 자녀를 둔 어머니가 이런 말씀을 하셨다. "정말 조건이 우리 아이에게 딱 맞는다고 생각해서 아이와 함께 담당자 인터뷰를 하러 갔는데, 글쎄 우리 아이가 대답을 우물쭈물해서 탈락했지 뭐예요. 우리 아이가 말주변은 없어도 그 직업에 딱 맞는데 말이에요." 이럴 때는 놓친 기회를 아쉬워하고 아이의 부족한 능력을 탓하지 말고, 다음에 올 비슷한 기회를 위해 면접 연습을 해놓아야 한다. 또 다른 기회를 기약하고 준비해야 한다. 많은 경계선 지능 학생들이 면접에서 자주 탈락한다. 면접관이 묻는 말에 적절한 대답을 못 하고 당황한다. 면접 날짜가 잡히면 며칠 전부터 어떻게 대답하는 것이 좋은지 표정, 신체 자세, 복장, 답변 등을 구체적으로 연습하도록 하자.

부모가 생각하는 좋은 직업과 자녀에게 맞는 직업은 서로 다를 수 있다. 어떤 부모들은 누구보다 좋은 정보를 빠르게 찾고 자녀를 그 프로그램에 참여시키는 능력이 뛰어나다. 하지만 좋은 정보만 찾아다니는 부모 중에는 프로그램의 질이 우선시되고 자녀의 의견이나 선택은 탐탁지 않게 여긴다. 하지만 부모 입장에서 진심으로 자녀가 원하는 것을 찾아다가 제공했는지를 냉정하게 돌아보아야 한다. 아무리 질 좋은 프로그램이나 직장도 아이가 정말 싫어한다면 그것은 좋은 프로그램이 아니다. 과감하게 포기하고 아이가 왜 싫어하는지 여유를 가지고 살펴보고 고민해보자. 자녀의 마음과 선택이 이해된다면 부모와 자녀가 한 걸음 성장하는 밑거름이 된다.

좋은 정보를 찾아서 자녀에게 제공하는 것은 자녀가 만날 사람과 가야 하는 장소와 시간을 구성해주는 일이다. 그러므로 융통성 없는 환경이 되지 않도록 해야 한다. 자녀의 마음과 몸을 꼼짝달싹 못 하게 만드는 환경(사람들, 시간, 장소)이라면 좋은 환경이 아니다. 자녀가 진심으로 여유를 가지고 행복과 보람을 느껴야 한다.

첫술부터 자녀가 다른 사람들처럼 적응을 잘할 수 있다고 생각하지 말자. 또한 자녀가 좋아서 선택하여 들어간 직업이나 프로그램, 직장이라고 부모의 역할이 모두 끝났다고 생각해서는 안 된다. 그 직장을 잘 다닐 수 있도록 배려해주고 격려해주어야 한다. 어려운 일이 있다면 어떻게 해결할 수 있는지 대화를 나눌 필요도 있다. 또래들이라면 친구들과 어려움을 나누고 현명하게 대처하는 방법을 찾을 수 있겠지만, 배움이 느린 아이들에게는 부모가 가장 좋은 친구이다.

너무 과잉보호하는 것이 아니냐고? 과잉보호가 아니라 친구처럼 의논하는 것이다. 일일이 지도하고 조바심내는 것은 고등학교 때까지이다. 성인기에 들어서면 친구처럼 도와주는 것이다. 함께 걱정하고 함께 고민하는 것뿐이다. 이래라저래라해서도 안 되고 직장에서 어떻게 행동했는지를 되묻고 꼬치꼬치 확인해서도 안 된다. 그저 친구처럼 옆에서 도와주고 격려해주어야 한다. 너무 걱정하지 마라. 우리 아이도 좋은 직장에서 잘 해낼 수 있다. 다소 과정이 느리고 도움이 많이 필요한 것뿐이다. 사람이 세상을 살아가는 데 가장 필요한 것은 자신감이다. 아이가 늘 언제나 자신감을 가질 수 있도록 격려하자.

어떤 부모들은 다른 사람들이 자녀의 기를 죽일까 하고 노심초사하여 다른 사람들이 우리 아이에게 하는 말 한마디 한마디에 민감한 반응을 보인다. 다른 사람들이 제아무리 우리 아이 기를 죽여도, 부모만 믿어주면 절대로 기죽지 않는다. 부모의 생각 없는 말 한마디가 자녀의 기를 죽이는 것은 아닌지 살피자. 다른 사람들이 아이에게 뭐라고 하든 상관하지 말자.

내 아이에게 맞는 진로 설계

진로 설계는 경계선 지능 학생들이 성인기를 맞이하기 위한 준비 단계이다. 진로 설계는 자녀 혼자서 모든 것을 알아보도록 맡겨두어서는 안 된다. 물론 자녀가 알아서 하겠다고 하는 경우도 있겠지만, 자녀가 스스로 생각하기 어렵고 미래에 대한 막연한 두려움으로 인해 회피하는 경우도 있기 때문에 주의 깊은 관찰을 통해서 자녀의 '진로 준비도'를 파악해야 한다.

진로 준비도는 스스로 진로에 대한 고민을 기꺼이 하는 것을 말한다. 대부분의 학생들은 자신의 진로지만 막막하기 때문에 생각하는 것조차 미루려고 한다. 이럴 때는 회피하는 자녀에게 다그치거나 화를 내서는 안 된다. 일단 자녀에게 진로에 관한 이야기를 꺼내는 것이 첫 단계이다. 대개 초등학교 고학년 정도에서 시작되는 것이 바람직하다. 진로 준비 첫 단계의 자녀에게서 그다지 큰 고민이나 흥미를 발견하지 못했다면 부모는 두 번째 단계로 넘어가자.

두 번째 단계는 정보를 수집하고 직접 경험해보는 단계이다. 정보 수

집은 우선 부모가 먼저 해보는 것이 좋다. 그리고 자녀에게 자연스럽게 말을 꺼내 흥미를 이끌어본다. 이때 자녀가 관심을 보인다면 직접 경험할 수 있는 프로그램을 찾아서 참여해보도록 하는 것이 좋다. 하지만 그런 프로그램이 없거나 비용이 많이 들어서 현실적으로 자녀에게 권하기 어렵다면 또 다른 정보를 수집하여 자녀가 경험해보도록 하면 된다. 이때 중요한 것은 자녀의 흥미와 가정의 현실적 여건이다. 가정의 현실적 여건이 어렵더라도 주변 지역사회의 프로그램이 있다면 적극적으로 활용을 해보면 된다. 두 번째 단계는 3~4년에 걸쳐 차분하게 진행해야 한다.

이 과정에서 자녀가 꾸준한 노력을 보이지 않더라도 실망하지 말고 이것저것 탐색하고 경험할 수 있도록 도와야 한다. 또한 이 과정에서 자녀에게 실망스러운 모습이 보이더라도 부모 자신이 낙담하거나 자녀를 꾸짖어서는 안 된다. 이 단계는 흥미를 갖도록 도와주는 과정이기 때문에 부모의 지나친 열성이나 기대가 학생에게 스트레스를 주고 학생이 흥미를 잃게 되는 원인이 될 수 있고, 자신의 능력이나 소질에 어울리지 않는 목표를 갖게 되어 정신적으로 어려움에 빠질 수도 있다. 이런저런 진로 경험을 하는 2단계는 20대가 되어도 계속될 수 있다. 학생이 어느 한곳에 정착하지 못하고 힘들어하면서 옮겨 다닐 수 있다. 하지만 다양한 경험을 통해 학생은 스스로 자신에게 어울리는 직업을 찾아 나갈 수 있기 때문에 실망하지 말고 꾸준히 격려와 지지를 보내야 한다.

경계선 지능 자녀와 부모 모두 "진로 문제"는 막연하고 복잡해서 자녀와 부모가 서로 어떻게 대화를 해야 할지 모를 수 있다. 이럴 땐 정보가 힘이다. 여러 정보를 관심 있게 살펴보는 것이 막연히 손 놓고 있는 것보다 낫다.

만일 부모 입장에서 자녀의 진로에 대하여 어찌해야 할 바를 모른다면 전문가와 함께 자녀의 진로 문제에 대하여 상담을 하는 것도 방법이다. 어떤 학생이든 진로 문제는 매우 중요하게 다루어져야 한다. 대학을 나오고도 자신의 진로를 찾지 못하는 많은 청년들이 있지 않은가? 진로 지도는 직업에 대해 지도만 하는 것이 아니다. 학생이 직업 생활에 필요한 필수적인 사회화를 이루고 있는지 혹은 학생이 흥미를 느끼고 있는 특별한 영역이 있는지를 자세히 살펴보는 것이다. 진로 설계를 하기 위해서는 "학생 자신"을 중심에 놓고 생각해야 한다. 학생 스스로 자신의 미래에 독립하기 위한 준비를 해야 하는 것으로 다음을 고려해볼 필요가 있다.

1. 학생의 개성과 특성을 고려할 것
2. 학생이 좋아하는 일과 좋아하지 않는 일을 파악할 것
3. 단계적으로 준비할 것
4. 다양한 정보를 알아볼 것

특히 학생이 좋아하는 일과 좋아하지 않는 일을 살펴보다 보면 기성세대인 부모로서 이해하기 어려운 답변을 하는 경우가 많다.

- 힘든 일을 하기 싫어요.
- 사람들을 만나는 일은 자신이 없어요.
- 머리 쓰는 일은 싫어요.

- 너무 오래 하는 일은 싫어요.
- 아침 일찍 출근하는 것은 어려워요.

이상은 한 경계선 지능 청소년이 진로상담을 할 때 나에게 했던 말이다. 옆에서 이 말을 듣고 있던 어머니는 기가 막혀 그렇게 따지면 할 수 있는 일이 아무것도 없다고 하시면서 자녀에게 답답하다고 말씀하셨다. 그런데 다른 경계선 지능 학생들도 마찬가지다. 그러면 이들은 아무런 일도 제대로 할 수 없다는 말인가? 아니다.

경계선 지능 학생에게 내가 "내가 하고 싶은 일(예컨대, 제과제빵)에도 하기 싫은 일이 어느 정도 들어 있다면 어떻게 할래?" 하고 물어보자, "당연히 참아야죠"라고 대답한다. 이들도 자신이 좋아하는 일을 위해 하기 싫은 일을 참아야 한다는 것 정도는 잘 알고 있다. 하지만 자기가 하고 싶은 일을 찾기가 매우 어려우니 그것을 찾을 때까지 여러 가지 경험의 기회를 얻는 것이 필요하고 그 과정에서 중간에 포기하는 학생들의 모습을 발견하게 된다. 하지만 우리는 그들을 믿고 응원해야 한다. 그들은 응원하는 이들을 위해 자신이 하기 싫은 일을 참아낼 수도 있기 때문이다. 앞에서 학생이 하기 싫은 일이라고 했던 일을 바꾸어서 생각해보자.

- 힘든 일을 하기 싫다. → 힘으로 하는 일이 적어야 한다.
- 사람들을 만나는 일은 자신이 없다. → 누군가와 대화로 설명하는 일을 하기 어렵다.
- 머리 쓰는 일이 싫다. → 스스로 생각해서 판단해야 하는 일보다는 정해진 틀

이 있는 일이 좋다.
- 너무 오래 하는 일이 어렵다. → 중간중간 쉴 수 있는 일이면 좋겠다.
- 아침 일찍 출근하기가 어렵다. → 근무 시간이 유연하면 좋겠다.

사실 전문가가 아니라면 속뜻까지 헤아린다는 것은 어렵다. 하지만 경계선 지능 학생들이 하는 생각도 다 나름의 뜻과 의미가 있다는 것을 알아주었으면 좋겠다. 그저 겉으로 표현된 말만 가지고 학생들이 게으르다느니 의욕이 없다느니 하지 않았으면 좋겠다. 학생들의 말을 진심으로 듣고 그 말에 담긴 의미를 파악하기 위해 어른들이 고민한다면 분명 이들을 위한 진로 설계는 충실하게 될 수 있다.

우리가 한 가지 더 생각해야 할 것이 있다. 경계선 지능 학생들의 진로나 적성 찾기는 타고난 능력이나 재능보다는 본인이 흥미 있어 하는 분야를 찾아가는 것이 삶의 질과 행복에 도움이 된다. 능력 면에서도 처음에는 잘하지 못하더라도 본인의 흥미가 지속해서 그 영역을 파고들 수 있도록 이끌기 때문에 점차 숙달될 수 있도록 만든다. 타고난 재능이 크지 않다는 것은 어떤 경지의 높은 수준에 도달하기 어렵다는 것을 의미하는 것이지, 도저히 배울 수 없다는 것을 의미하지 않는다. 어느 정도 자신이 원하는 수준까지 끊임없이 노력을 통해 높여갈 수 있다.

미국의 진로 심리학자인 홀랜드는 다음과 같이 진로 흥미를 구분하고 있다.

현실적 흥미	도구나 기계를 가지고 일하는 것을 좋아하며, 현실적이고 신체적인 기술에 소질이 있다.
사회적 흥미	타인을 도와주고 남에게 관심받는 것을 좋아하며 인가적 문제해결 능력이 있다.
탐구적 흥미	학문과 관련된 영역으로 도전력과 과제집중력이 강하고 탐구적인 문제해결력이 있다.
진취적 흥미	지배적이고 정열적이고 권력, 지위, 부에 가치를 부여하며 타인을 설득하는 데 흥미가 있다.
예술적 흥미	자기표현을 좋아하고 창조적이고 독창적이며 다양한 재능과 예술적 소질이 있다.
관습적 흥미	전통적, 안정적, 도덕적, 돈과 지위에 가치를 부여하나 지도력보다 일상적 과제를 좋아한다.

어떤 아이들은 남을 돕는 일을 좋아하는가 하면 어떤 아이들은 컴퓨터에 관심이 많다. 부모들은 이들이 공부를 못한다고 대학에서 사회복지과나 컴퓨터과에 갈 수 없으니 소용이 없다고 생각한다. 하지만 그렇지 않다. 대학을 나오지 않고도 같은 분야의 일을 할 수 있다. 사람들을 돕는 것을 좋아해도 봉사를 싫어하는 아이들도 있다. 그럴 경우 사회복지과가 아니라 매니저나 안내하는 역할을 맡으면 잘할 수 있을 것이다.

21세기는 새롭게 직업이 만들어지고 또 이전에 있던 직업이 갑자기 사라지는 시대이다. 기존에 있던 직업에서 우리 아이에게 맞는 직업이 없어도 된다. 우리 아이가 새롭게 직업의 창시자가 될 수도 있다. 중요한 것은 적절한 수준의 사회성 발달이 이루어진 상태에서 자신이 흥미로워하는 일을 찾아 나가야 한다는 것이다.

다음에서 2014년 삼육대학교 대학원 사회복지과 박안나 선생님의 석사학위 논문에서 참고하여 만든 사회 적응 준비도 질문을 소개하였다. 어떤 영역에서 적응을 위한 준비가 잘되고 어떤 영역에서 준비가 잘되지 못하였는지 살펴보고, 이와 함께 진로 설계를 위한 고민을 진행하길 바란다.

〈 아동 적응능력 평가지 〉

평가 대상자　　　　　　　　　　　　　　　　　　(연령/학년　　　　　　　)

구분	문항	현재 수준			목표 수준		
		매우 부족	보통	매우 잘함	매우 부족	보통	매우 잘함
1. 건강과 안전	1. 건강한 수면습관	1　2　3　4　5			1　2　3　4　5		
	2. 건강에 좋은 음식 가려 먹기	1　2　3　4　5			1　2　3　4　5		
	3. 아플 때 자기 몸 돌보기	1　2　3　4　5			1　2　3　4　5		
	4. 낯선 사람 경계하기	1　2　3　4　5			1　2　3　4　5		
	5. 위험한 장소 가지 않기	1　2　3　4　5			1　2　3　4　5		
2. 위생 관리	6. 멋 내기	1　2　3　4　5			1　2　3　4　5		
	7. 몸을 깨끗하게 하기	1　2　3　4　5			1　2　3　4　5		
	8. 단정하게 옷 입기	1　2　3　4　5			1　2　3　4　5		
	9. 건강하게 치아 관리하기	1　2　3　4　5			1　2　3　4　5		
3. 가정 생활	10. 자기 물건 정리정돈하기	1　2　3　4　5			1　2　3　4　5		
	11. 세탁기 사용하기	1　2　3　4　5			1　2　3　4　5		
	12. 쓰레기 분류하여 버리기	1　2　3　4　5			1　2　3　4　5		
	13. 음식 만들기	1　2　3　4　5			1　2　3　4　5		
	14. 고장 난 물건 서비스센터 맡기기	1　2　3　4　5			1　2　3　4　5		
	15. 먹을거리 사기	1　2　3　4　5			1　2　3　4　5		
	16. 생활용품 사기	1　2　3　4　5			1　2　3　4　5		
	17. 공공기관(동사무소, 은행 등) 이용하기	1　2　3　4　5			1　2　3　4　5		
4. 금전 관리	18. 계산기 사용하기	1　2　3　4　5			1　2　3　4　5		
	19. 은행업무 보기(현금인출기 등)	1　2　3　4　5			1　2　3　4　5		
	20. 용돈에 맞게 돈 쓰기	1　2　3　4　5			1　2　3　4　5		
	21. 납부금 챙겨서 내기	1　2　3　4　5			1　2　3　4　5		
5. 여가 생활	22. 이메일, 카카오톡 적절히 쓰기	1　2　3　4　5			1　2　3　4　5		
	23. 혼자서 친구 만나러 가기	1　2　3　4　5			1　2　3　4　5		
	24. 취미 정보 찾아보기	1　2　3　4　5			1　2　3　4　5		
	25. 게임 적당히 즐기기	1　2　3　4　5			1　2　3　4　5		
	26. 문화생활 위해 외출하기	1　2　3　4　5			1　2　3　4　5		
	27. 여행하기	1　2　3　4　5			1　2　3　4　5		

6. 직업 및 진로	28. 장래 하고 싶은 일 찾기	1	2	3	4	5	1	2	3	4	5
	29. 취업이나 진학에 필요한 능력 갖추기	1	2	3	4	5	1	2	3	4	5
	30. 진로관련 정보 찾기	1	2	3	4	5	1	2	3	4	5
	31. 학원 등에서 다른 사람과 잘 지내기	1	2	3	4	5	1	2	3	4	5
	32. 진로(진학 및 취업) 준비하기	1	2	3	4	5	1	2	3	4	5
7. 사회 관계 및 인권	33. 사람들과 대화 잘 하기	1	2	3	4	5	1	2	3	4	5
	34. 종교활동 하기	1	2	3	4	5	1	2	3	4	5
	35. 친구 사귀기	1	2	3	4	5	1	2	3	4	5
	36. 도와달라고 말하기	1	2	3	4	5	1	2	3	4	5
	37. 자주 만나는 사람들과 잘 지내기	1	2	3	4	5	1	2	3	4	5
	38. 가족들과 잘 지내기	1	2	3	4	5	1	2	3	4	5
	39. 무시당했을 때 대처하기	1	2	3	4	5	1	2	3	4	5

총평	제일 잘 발달된 영역	
	제일 부족한 영역	

지도 방법	1. 전문기관을 이용한다. ( ) 2. 가정에서 지도를 한다. ( ) 3. 특별 프로그램에 참가하도록 하겠다. ( ) 4. 잘 모르겠다. ( ) 5. 지금보다 나아질 것 같지 않다. ( )

* 그 밖에 지도가 필요하다고 생각되는 부분을 적어주세요.

4대 자립 갖추기

· · ·

4대 자립이란 생활적, 정신적, 경제적, 성적 자립을 말한다. 4대 자립에 대한 제안은 『팬티 바르게 개는 법』이라는 재미있는 제목으로 고등학교 기술가정 과목을 쉽게 설명해놓은 책을 쓰신 일본의 유쾌한 교사 미나미노 다다하루 씨가 하셨다. 본래는 영어과 교사이셨는데, 주요 과목이라고 불리는 국, 영, 수보다 기타과목인 기술가정 과목의 중요성을 인식하고 교과목 변경까지 감행했다고 한다.

"생활적 자립, 정신적 자립, 경제적 자립, 성적 자립"

'생활적 자립'은 누군가에게 의존하지 않고 스스로 자신의 생활을 쾌적하게 꾸려나가는 힘을 말한다. 서투르다고 가족들에게 응석을 부리거나 게으름 피우는 것이 아니라 혼자 힘으로 이것저것 연습해두는 것이 자립으로 가는 길이다. 요리가 서툴고 청소가 서툴러도 상관없다. 서툴러도 해보려는 시도 속에서 '혼자서도 할 수 있다'는 마음을 갖게 하여 자신감을 키우는 데 크게 도움이 된다.

'정신적 자립'은 모든 일에 스스로 최종 판단을 내리고 그것에 대한 책임감을 느끼는 것이다. 아무리 고민을 해서 내린 선택이나 결론도 실패할 수가 있다. 하지만 이러한 실패는 다음에 더 좋은 선택을 할 수 있도록 배움의 기회를 준다.

'경제적 자립'은 수입에 맞게 지출한다는 식으로 예측 가능한 생활을 할 수 있는 능력을 말한다. 수입이나 용돈이 부족한데도 부모님께 또다시 받으면 된다는 식의 생각은 경제적 자립을 이룰 수가 없다. 정해진 용돈 내에서 아끼고 꼭 필요한 지출만을 할 수 있도록 자신을 통제해야 한다. 부모님이 지원할 수 있는 정도를 정확하게 제시하고 그 이상의 지출에 대한 책임을 질 수 있도록 하면 좋다. 예를 들어 PC방에 매일 가고 싶지만 용돈이 적다면 PC방 가는 횟수를 줄이거나 부모님께 심부름이나 용돈 벌 기회를 얻는 것은 괜찮다. 사회인이 되어 자기 스스로 용돈을 관리하는 능력이 갖추어지지 않는다면 불행한 상황에 직면하기도 하므로 매우 중요한 자립능력이 아닐 수 없다.

'성적 자립'은 성적 욕구를 채우기 위해 무분별하게 행동하거나 이성 교제를 서슴없이 하지 않고 자기 자신의 안전과 타인에 대한 배려가 있는 성 관념을 갖도록 하는 것이다. 예를 들어 자위 행동을 공공장소에서 한다거나 지나치게 야한 동영상에 탐닉하지 않도록 스스로 자제할 필요가 있다. 또한 이성 친구나 나이 어리고 약한 누군가에게 성적 수치심이 들도록 행동하거나 부도덕한 성 행동을 하지 않아야 한다. 간혹 성을 인간관계를 형성하는 도구도 이용하는 경우도 있다. 예를 들면 처음 만난 이성 친구들끼리 잠자리를 같이하거나 상대방의 마음을 얻기 위해 성관계를 허락하는 경우도 있다. 또한 최근에는 스마트폰에서 사용할 수 있는 이성 교제 앱이 있어서 쉽게 이성 교제가 이루어진다고 하니 이에 대한 지도도 필요하다. 청소년기가 되면 성에 대하여 개방적인 대화를 통해 부모나 교사가 직접 지도를 하는 것이 도움이 된다.

"직접 지도"

'자립'하면 가르치려는 사람이나 배우는 아동 모두 어렵고 귀찮은 일처럼 생각하고 도저히 불가능하다고 생각하는 사람들도 있다. 특히 경계선 지능을 가진 아동이 자립한다는 것이 불가능하다고 지레짐작하는 부모님들도 많다.

"경계선 지능 아동도 충분히 자립할 수 있다."

청소년들의 자립 정도를 체크해보는 표를 실었다. 가정마다 조금 다를 수는 있지만 보편적으로 자립 생활과 관련하여 필요한 기술들을 적어놓았다. 부모님이 하셔도 좋지만, 자녀들이 직접 체크하여 자신을 돌아보도록 하는 것도 좋을 것 같다. 체크하여 부족한 점을 보완해보자.

미나미노 다다하루 선생님의 『팬티 바르게 개는 법』, pp.62~63, 공명출판사의 《자립도 체크》를 수정하여 실었습니다.

고등학생은 55점 이상일 때 "자립"이 되었다고 합니다.

합계점수:　　　　점

자립도 체크	자신에게 맞는 곳을 ○표 하세요.	안 한다 1점	가끔 한다 2점	대부분 한다 3점	항상 한다 4점
A. 자기 일은 스스로 하고 있나요?(생활적 자립)					
① 아침에 스스로 일어난다.					
② 내가 자는 침대나 이불 정리는 스스로 한다.					
③ 내 방 청소는 스스로 한다.					
④ 내 옷 관리는 스스로 한다.					
⑤ 외출할 때 입는 옷은 스스로 고른다.					
⑥ 자신이 사용한 식기나 도구 등은 스스로 정리한다.					
⑦ 혼자 있을 때 식사는 스스로 준비하고 뒷정리도 한다.					
⑧ 옷을 스스로 사러 간다.					
B. 집안일에 참여하고 있나요?(생활적 자립)					
① 가족의 식사 만들기를 돕는다.					
② 설거지나 식탁 뒷정리를 같이 한다.					
③ 쓰레기를 반드시 분류하고, 버리는 것도 돕는다.					
④ 화장실과 욕실 등 집안 청소를 분담하고 있다.					
⑤ 식료품이나 생활용품을 사는 일을 돕는다.					
C. 정신적으로 자립했나요?(정신적 자립)					
① "안녕하세요?", "고맙습니다"라고 인사한다.					
② 불쾌해도 화를 내지 않고 대응할 수 있다.					
③ 하고 싶지 않아도 꼭 해야 하는 일이라면 한다.					
④ 자신과 다른 의견(가치관)을 가지고 있는 사람과도 대 화가 가능하다.					
D. 경제적으로 자립했나요?(경제적 자립)					
① 용돈을 어디에 썼는지 알고 있다.					
② 용돈을 계획적으로 사용하므로 부족한 적이 없다.					

금전관리능력을 길러주세요

나는 경계선 지능 아동과 청소년에 대하여 더 많이 알고자 노력한다. 일찍이 이 아이들을 위한 자료나 가이드가 거의 없다시피 한 현실에서 단순히 임상적으로 이들을 이해한다거나 교육적으로만 이해하고 지도하는 것을 안내하고 싶지 않아서다. 임상적으로 접근을 하는 것은 아이들이 적응하지 못하는 부분과 정상에서 이탈된 점을 주로 치료하거나 행동을 수정하고자 하는 접근이다. 또 교육적 접근에서는 이들이 부족한 학습능력이나 또래들과의 어려움을 지도하기 위한 노력에 초점을 두어 접근을 하게 된다. 당연히 필요한 노력이다. 그러나 경계선 지능을 가진 아동들은 기본적으로 다른 사람들과 어울려 원하는 일을 하고 원하는 인생을 꾸려가야 하기에 임상적 접근이나 교육적 접근만으로는 해결되지 않는 부분이 많다.

그래서 나는 현실적이며 생태적인 접근이 필요하다고 생각한다. 생태적 접근은 경계선 지능 아동들이 사는 환경 속에서 이해하고 이들이 접하는 현실적인 어려움을 찾아서 미리 교육하거나 개선할 수 있도록 돕고자 하는 것이다. 학교나 가정에 있는 경계선 지능 아동뿐 아니라, 그룹홈이나 보육 시설에 있는 경계선 지능 아동에 대하여도 알고자 노력한다.

2016년 한국보건복지인력개발원 아동자립지원단에서 전국의 그룹홈 시설을 대상으로 경계선 지능 아동 자립지원사업을 진행하였다. 주로 성년이 되어 그룹홈 시설을 나와 자립을 해야 하는 청소년들을 준비시키는 프로그램을 전국 단위로 실시하는 것이었다. 이 사업에서는 실무자가 경계선 지능 아동을 선별하고 이들의 자립 준비도를 체크하여 무엇을 준비해야 할지 개별적으로 지도 프로그램을 만들어서 1년 동안 실시했다. 이때 파악된 자립 준비도 체크에서 가장 시급한 부분이 금전관리능력이었다. 시설에 있는 모든 아이들에게 금전관리 지도를 해왔지만, 실상 경계선 지능 아동이 사회에 나갔을 때는 예측하는 것보다 훨씬 더 금전적인 어려움에 놓이게 된다고 한다.

"성인이 되었을 때 금전관리능력이 중요하다."

앞서 언급한 그룹홈뿐만 아니라 보육원과 같은 시설의 아동 중에도 경계선 지능 아동들이 많이 포함되어 있어서 이들을 위한 프로그램을 진행하기도 하는데, 이때도 역시 지적되는 것이 금전관리능력이다. 시설에서 일하는 사회복지사님과의 면담을 통해 알게 된 바로는 시설을 나가 자립을 하게 되는 경계선 지능 성인의 대다수가 25살이 되기 전에 금융파산자 혹은 금융사기의 피해자가 된다고 하였다. 누군가의 위태로운 꼬임에도 잘 넘어갈 뿐 아니라 돈을 벌어서 관리하는 능력이 부족하다 보니, 쉽게 남에게 돈을 빌려주거나 명의를 빌려주게 되어 돌이킬 수 없는 경제적 어려움에 놓이게 된다. 일반 가정의 경계선 지능 성인들이 상대적으로 금융 피해를 덜 받는 것은 성인이 되어도 부모의 보호 아래에 있기 때문이다. 부모에게 용돈을 받아서 쓰거나 월급을 받아도 부모가 관리해주는 경우가 많아서 상대적으로 시설에서 살다가 독립한 경계선 지능 성인보다는 금융사기의 피해에 덜 노출된다.

"금융사기"

하지만 부모가 나이가 들면 자녀의 금전관리를 더는 해줄 수 없다는 점을 기억하자. 안타깝게도 부모도 나이가 들면 스스로 경제를 돌보기에도 버거운 상황이 올 수 있다. 따라서 경계선 지능 아동의 금전관리 지도는 아동기부터 청소년기를 거쳐 성인기가 될 때까지 꾸준히 지도할 필요가 있다. 금전관리에 대한 강조를 부모님들께 하면 한숨을 내쉬면서 "해야 할 것이 너무도 많군요"라고 부담스러움을 표현한다. 잘 생각해보면 평균 지능을 가진 아동들도 금전관리 지도를 해야 한다. 그렇지 않으면 그들도 금융사기의 피해자가 될 수 있다. 학교에서든 가정에서든 그 대상자가 경계선 지능 아동이든 평균 지능 아동이든 금전관리 능력이 없으면 진정한 자립을 하기는 어렵다.

"금전관리능력은 누구에게나 필요하다."

금전관리는 어떻게 하는 것일까? 용돈 주기와 통장 만들기, 영수증 확인하기, 용돈 사용 계획 세우기, 인터넷이나 휴대폰 메시지를 통한 금융사기에 대처하는 법 등으로 세분화하여 지도하면 된다. 맨 처음 해야 할 일은 일정한 금액의 용돈을 주는 것이다. 그리고 용돈 사용 범위를 정해주어야 한다. 간식 사 먹기, 3,000원 이하의 학용품 스스로 사기 등 각 가정의 형편과 용돈의 규모에 맞게 용돈 사용범위를 정해준다. 그리고 영수증을 받아오도록 하거나 용돈 기입장을 써보도록 해야 한다. 이러한 용돈 사용에 관한 것뿐 아니라, 여행을 가거나 마트에 장을 보러 가기 전에도 미리 돈이 어떻게 사용되는지를 적어서 아동에게 보여주는 것도 좋다. 또한 아동의 개인 명의의 통장을 개설하고 이체와 정기적금 들기 등과 같은 여러 가지 금융활동을 함께 해보는 것도 좋다. 살면서 돈을 모으고 돈을 쓰는 과정을 보여주는 것이다. 평소 돈을 규모 있게 사용하는 모습을 부모가 자주 보여주면서 돈 관리의 방법을 쉽게 배울 수 있다.

경계선 지능 아동이 무엇을 할 수 있을까 하는 두려움으로 아무것도 교육하지 않고 부모가 대신해주어서는 성인이 되어도 도저히 혼자 살아갈 수가 없다. 생각보다 경계선 지능 아동들은 유능해질 수 있다.

"부모보다 더 유능해질 수 있다."

금전관리교육은 부모가 경제적인 능력이 있을 때 하는 것이다. 돈을 많이 벌지 못하더라도 가정의 살림을 부모가 꾸려가고 있는 동안 자녀에게도 금전을 잘 관리하는 방법을 알게 할 필요가 있다. 부모도 점점 나이가 들게 되면 부모 자신도 경제적 능력이 부족해질 수 있다. 그때가 오면 함께 어려움을 겪게 된다. 경계선 지능 아동의 잠재력을 믿고 금전관리능력을 길러주면 스스로 자신을 위해, 가족을 위해 경제활동을 할 수 있는 능력이 저절로 길러질 것이다.

자격증을 따자

· · · ·

경계선 지능 청년들의 경우 대학을 나오기도 하지만, 고등학교만 졸업하고 직장생활을 시작하기도 한다. 그러나 고등학교를 막 졸업하고 취업을 준비하는 학생들은 특성화 고등학교 출신이 아니라면 무엇을 잘하는지를 증명하기 어렵다. 이럴 때 간단한 자격증이라도 일관성 있게 따놓게 되면 취업에 도움이 된다. 여기서 일관성이란 관련 영역으로 된 몇 개의 자격증을 따자는 것이다. 컴퓨터, 요리 등 일관된 영역에서 몇 개의 자격증을 따놓게 되면 취업 기회가 왔을 때 해당 분야에 대한 관심과 노력을 보여줄 수 있고, 어느 정도 기초 경력도 인정받을 수 있다. 서로 관련이 없는 자격증을 따기보다는 서로 연관된 자격증을 따면 좋겠다. 소소한 자격증이라도 3개 이상의 자격증을 딴 사람에게 전문성이 없다거나 능력이 없다고 할 수 없을 것이다.

예를 들어 사무 보조직 관련 직장을 다니고자 하는 경우에는 ITQ 컴퓨터 자격증을 따놓으면 좋다. 필기시험이 없이 실무방법을 배워서 시험을 보면 되기 때문에 열심히 연습하면 자격증 취득을 할 수 있다.

ITQ 자격증에는 워드프로세서나 PPT, 엑셀과 관련된 자격증이라서 이러한 과정을 배우다 보면 이러한 능력이 필요한 직장에 다닐 기회를 얻을 수 있다. 자격증 취득을 위한 노력이 남보다 오래 걸릴 수는 있지만 불가능하지는 않다. 이러한 자격증을 취득한 지적장애 청년이 도서관 보조 일을 하는 경우가 있으니, 경계선 지능 청년들은 훨씬 잘할 수 있다고 생각한다.

요리를 좋아하는 청년들이라면 한식이나 중식과 같은 자격증을 딸 수도 있지만, 민간에서 운영하는 마카롱 마스터나, 떡 제조 관련 자격증을 따보는 것도 좋다. 혹은 유아 요리지도사와 같은 자격증에 도전해볼 수도 있다. 특히 요리와 관련된 민간자격증이 생각보다 많다(한식 디저트 자격증 등). 이러한 자격증을 가지고 바로 활용하는 것이 어려울 수도 있지만, 관련된 아르바이트를 하면서 꾸준히 경력을 쌓으면 원하는 직장을 얻을 수 있다.

보통 고등학교나 대학교를 마치고 나서 바로 직장을 얻고 싶어 하지만, 실제로 현장에서는 아무 경력이 없는 사람을 바로 채용하고 싶어 하지는 않는다. 그래서 관련 자격증을 취득하고 나서 관련 분야의 아르바이트 등을 하면서 꾸준히 경력을 쌓다 보면 1~2년 안에 원하는 직장에 들어가기가 더 수월하다고 생각되고, 아르바이트하는 곳에서 채용을 할 수도 있다. 자격증이나 학위가 곧 실력은 아니므로 직장에서 채용을 담당하는 사람들은 자격증이나 학위, 졸업장을 바로 신뢰하여 채용하지 않는다. 그러므로 한두 가지 간단한 자격증을 취득한 뒤 관련 아르바이트 경력을 쌓을 것을 권하고 싶다.

또한 미용 관련 일을 좋아하는 청년들은 국가자격증에도 도전할 수 있지만, 화장품 전문가 자격 과정에 도전할 수도 있다. 화장품의 종류를 이해하고 안내하는 일을 한다고 한다. 또한 네일 자격증을 따서 일을 할 수도 있다. 지방의 한 경계선 지능 여고생이 각고의 노력 끝에 네일 자격증을 땄다고 하니 이 또한 어렵지만 도전할 만하다. 손으로 하는 작업이 서투르다고 해도 자꾸자꾸 반복하다 보면 손기술은 늘기 마련이다. 보통 자격증 하면 국가자격증만이 가치 있다고 생각하는데, 우리나라에는 수백 가지의 민간자격증이 있다. 이들 중에는 이름뿐인 자격증도 많지만 실제로 현장에서 적용할 수 있는 자격증도 많다. 국가자격증보다는 민간자격증들은 비교적 취득하기 쉽기 때문에 도전해볼 가치가 있다.

민간자격증을 취득한 후에 직접 활용하는 방법도 있지만, 이력서에서 자신의 노력과 관심 분야를 알리는 방법으로 활용할 수도 있기 때문에 자격증의 취득은 중요하다. 살펴보면 꽤 재미있고 쓸모 있는 자격증들도 많다. 예를 들어 연세대학교 평생교육원에서 교육하고 검정을 진행하는 선물 포장 코디네이터가 있다. 취득 후 백화점 선물 포장 코너에서 일할 수도 있고, 유치원 방과 후 교사로도 일할 수 있다. 또한 본인의 관심과 흥미에 따라 프리랜서, 꽃집 취업 등에 활용할 수도 있다.

체육 관련 자격증에는 스키패트롤 자격증이 있다. 스키패트롤은 슬로프에서 스키를 타며 활동하는 인명을 구조하는 스키장의 119 대원을 말하는데 자격증 따기가 비교적 쉽다고 한다. 겨울철 스키장에서 꼭 필요한 분야라고 하니 도전해볼 만하다.

이색적인 자격증에는 미니어처 클레이 지도사라는 자격증도 있다. 클레이로 아기자기한 미니어처를 만드는 일을 하는 전문가들을 위한 자격증인데, 이를 활용해서 실제로 강사로도 일할 수 있다. 꼭 자격증이 아니더라도 1~2개 자격증과 함께 관련 분야의 수료증을 받아놓고 이력서에 이를 수록하는 것도 방법이다. 또한 수료증을 받지 못하더라도 일정 교육에 참여하는 것도 좋다.

중요한 것은 본인의 관심 분야에 대하여 일관성 있게 노력하고 있다는 점을 드러내는 것이다. 뷰티 분야라면 미용 자격증을 따지 못하더라도 관련 분야의 교육을 찾아서 계속 이수하는 것이 좋다. 이를 이력서에 기록하여 실질적인 취업 포트폴리오로 활용한다면 취업을 원하는 기관의 담당자에게 좋은 인상을 심어줄 수 있다.

자격증을 취득하거나 교육을 이수하고 수료하거나, 단순하게 교육에 참여하는 것이 취업에도 도움이 되지만 우리 경계선 지능 청년들의 내적 성장에도 큰 도움이 된다. 자격증을 하나씩 딸 때마다 성취감이 들고 자기효능감이 생겨나서 더욱 도전하고자 하는 마음도 생긴다. 또한 처음에는 누군가의 도움으로 자격증 관련 정보를 접하겠지만 하다 보면 스스로 자신이 원하는 자격증 과정을 찾아낼 수도 있다. 그것이 바로 자기 주도적 활동이다.

치열한 경쟁 사회 속에서 우리가 원하는 직장을 찾기는 매우 어렵다. 또한 우리가 잘 적응할 수 있는 직장을 찾기도 어렵다. 그래서 쉽게 도전하기도 막막하다. 이럴 때 우리가 할 수 있는 일은 간단한 자격증을 취득해보는 것이다. 자격증을 취득해보는 과정에서 그 일이 나에게 맞는지 맞지 않는지도 알 수 있다. 나에게 맞는 직업은 자격증 따기가 어렵더라도 포기하지 않고 도전을 하게 된다. 부모나 학생 모두 할 수 있을까 하고 막연히 손 놓고 있지 말고 쉽고 따기 쉬운 자격증을 찾아서 도전해보자. 처음에는 간단한 자격증에 도전하고 점점 따기 어려운 자격증에도 도전해보면 좋을 것 같다.

본인이 할 수 있는 분야를 넓혀서 무엇이든지 도전해볼 수 있었으면 한다. 허드렛일을 하는 것도 매우 의미 있고 당사자의 삶에서 즐거운 일이 될 수 있다. 중요한 것은 그 일만이 우리가 할 수 있는 일이어서는 안 된다는 것이다. 어떤 일이든 학생 본인이 기꺼이 선택하고 결정하여 할 수 있게 되기를 바란다. 일이란 그 일을 하는 사람이 기꺼운 마음으로 해야 한다. 그렇지 않고 억지로 참고 할 수밖에 없다면 일하는 본인에게 스트레스가 쌓여서 신체든 정신이든 건강할 수가 없다. 또한 가족들도 일하는 당사자와 지내는 시간에서 부정적인 영향을 받아서 행복한 마음을 느낄 수가 없다.

가능하다면 일이 학생을 즐겁게 하면 좋겠다. 항상 일하는 것이 즐겁기만 한 것은 아니지만 날마다 억지로 하는 일을 학생에게 제공해서는 안 된다. 즐거운 날도 있고 즐겁지 않은 날도 고르게 있어서 그 나름 견딜 만한 일이면 좋겠다.

우리가 알고 있는 자격증이 그렇게 쓸모가 있는 것이 아니더라도 적어도 우리 경계선 지능 학생들에게는 큰 의미가 있다. 인지능력이 낮아도 자격증을 딸 수 있냐고 반문할 수 있겠지만, 우리 학생들은 운전면허도 딸 수 있고, 다른 자격증도 열심히 노력한다면 딸 수 있다. 미리 할 수 있는 것이 없다고 포기하지 말고 정보를 찾아서 도전해보자.

대학에 갈 수 있다

· · ·

경계선 지능 학생들이 진로를 결정할 때 대학교도 하나의 선택지로서 포함할 수 있음을 말하고 싶다. 많은 부모들이 자녀가 경계선 지능을 가지고 있다는 진단을 받게 되면 지레 포기하고 공부와 담을 쌓거나, 오직 지능을 높이고 학습능력을 높이기 위해 특수교육이나 심리치료에 힘쓴다. 정작 보통 아이들이 연령이나 학년마다 습득해야 할 것을 놓치고 오히려 부모의 조바심이 아이의 사회적 성장을 뒤떨어지게 하는 경우가 많다. 사회적 성장이 뒤떨어지면 대학교뿐만 아니라 어떠한 직장에서도 정상적으로 적응할 수 없는데도 말이다.

경계선 지능 학생들의 경우 높은 성적을 요구하는 대학교가 아니라면 대개 5~7등급 정도를 요구하는 대학교와 학과에는 입학할 수 있다. 더욱이 대학교의 전형이 다양하기 때문에 미리 포트폴리오를 준비하여 학생이 얼마나 관심을 가지고 노력해왔는가를 보여줄 수 있다면 그 가능성이 더 커진다. 시기마다 조바심을 내지 말고 차근차근 학교생활도 열심히 하고 부족한 인지발달이나 사회성 발달을 이끌어주면 또래보다 성적도 나쁘고 더딘 성장을 보여도 다른 또래들이 가는 길을 함께 걸어 갈 수 있다. 하지만 대학에 들어갔다고 해서 모두가 잘 적응하고 친구들과 잘 사귀는 것은 아니다. 여전히 어려움이 존재한다. 몇몇 청년들의 고민을 적어보았다.

〈 A군의 고민 〉

"저는 22살입니다. 컴퓨터과에 재학 중입니다. 대학에 오기 전까지는 잘 몰랐는데, 대학에 와서 보니 내가 말도 어눌하고 자신감 있게 자기주장도 못 한다는 것을 알게 되었습니다. 가끔은 나도 이해하지 못 하는 말을 던지기도 합니다. 대학교에 와서 친구도 사귀지 못해 밥도 혼자서 먹습니다. 가끔 누가 나를 쳐다보면서 웃으면 기분도 나쁘고 화가 납니다. 가장 큰 문제는 수업내용을 하나도 알아듣지 못한다는 것입니다. 수업을 듣는 동안에는 무슨 소린지 하나도 알아듣지 못하고, 집에 와서 필기한 것을 몇 번씩 읽어보아야 겨우겨우 이해합니다. 성적도 그다지 좋지 않습니다. 이대로 졸업하면 취업이나 할 수 있을지 걱정입니다."

〈 B군의 고민 〉

"올해 25살입니다. 현재 대학을 자퇴할지 말지 고민 중입니다. 늘 실수가 잦고 어떤 일을 해도 뒷일을 생각하지 못해서 큰 문제를 일으키곤 했습니다. 어려서부터 끈기가 없어서 책을 한 권도 끝까지 읽은 적이 없습니다. 하지만 책에 대한 관심은 많아서 이것저것 아는 것은 많다고 생각합니다. 그래서 친구들에게 아는 척을 하면서 말할 때가 종종 있는데, 좋은 소리를 듣지는 못했습니다. 내가 잘난 척을 하고, 실수가 잦고, 끈기가 없다는 것을 알고는 있지만, 어떻게 해야 이것을 고칠 수 있는지 알 수가 없어 답답합니다. 친구들도 점점 멀어지고 혼자 게임만 하고 지낼 때가 많습니다. 학교 공부도 어렵고, 친구도 없고, 공부해도 소용없을 것 같은데 대학을 그만두어야 할까요?"

앞서서 필자가 대학에 갈 수 있다고 주장을 해놓고, 대학에 들어가 힘들어하고 있는 청년들의 사례를 보여주다니 대학에 보내라는 말인지 보내지 말라는 말인지 혼란스러울 것이다. 대학에 들어간 후에도 우리 아이들은 개인 상담을 받으면서 자신의 어려움을 상담사와 나누고, 그때그때 겪는 어려움을 해결하는 방법에 대해 도움을 받는 것이 좋다고 생각한다. 부모와 의논해도 되겠지만 자녀들은 언제나 부모에게 좋은 모습만 보이고 싶어서 솔직하지 못한 경우가 많다. 그러니 상담사의 도움을 받으면서 서서히 대학에 적응하도록 돕는 것이 좋다.

어려움 때문에 대학에 보내는 것이 부질없다고 생각해도 좋다. 하지만 나는 어떤 경계선 지능 아이들은 대학생활을 하고 싶어 하고 비교적 생활을 잘 해내어서 졸업 후 직장생활도 잘 해낸다는 것도 사실이다. 문제는 아이들에게 적합한 학과의 선택이라고 생각한다. 필자가 몇 년 동안 전문대학에서 강의하면서 느낀 점은 이해력이 부족한 학생들이 존재하고, 때에 따라서는 잘못된 학과를 선택한다는 것이다.

특히 남학생들의 경우, 중고등학교 시절에 공부에는 취미를 못 붙이지만, 온종일 컴퓨터 게임만 하는 것을 보고 컴퓨터학과에 입학하는 경우가 많다. 그런데 이해력이 낮은 학생들이 컴퓨터학과에 와서 수업내용을 따라가기는 매우 어려울 것같이 보였고, 겨우겨우 따라가는 정도였다. 프로그래밍하는 복잡한 절차를 이해해야 하는 컴퓨터학과는 경계선 지능 학생들에겐 쉽지 않은 과정이다.

그렇다면 경계선 지능 학생들에게 적합한 학과가 따로 있을까? 정확하게 대답하기는 어렵다. 하지만 복잡한 이론 공부 중심이나 언어적 표현이 복잡한 학과는 아닐 것이다. 오히려 직접 몸을 움직여서 과제를 하고 수업을 진행하는 학과가 적합하지 않을까? 요리를 하거나 옷을 만들거나 그림을 그리거나 물건을 고치거나, 물건을 만들거나, 운동을 하는 등의 직접적인 활동이 들어가는 학과가 적합할 것이다. 그 안에서도 자신이 흥미를 붙이기에 따라서 수준 높은 실력이 될 수도 있다. 하지만 이론적인 이해가 중심이 되는 학과에서는 적용하는 데 큰 어려움이 따른다. 세세하게 어떤 전공이 좋을지를 따져서 안내하기는 어렵지만 대학의 전공이 가지는 특성에 대한 이해와 학생의 적응 가능성을 따져서 학과를 선택한다면 어렵기는 해도 잘 적응하여 졸업할 수 있다고 생각한다.

경계선 지능 학생들은 자신이 공부를 어려워한다는 사실을 스스로 인지하고 있지만, 자신이 노력하지 않을 뿐 어떻게 해야 자신의 어려움을 극복해야 하는지 구체적으로 모르는 경우가 많다. 그래서 현실적인 자기 인식(내가 어느 정도 해낼 수 있을 것인지에 대한 자기 판단)은 부족하고 이상적인 자기 기대(높은 수준의 성취를 하고자 하는 욕망에 찬 기대)가 높은 경우가 많아서 남모를 좌절을 경험하고 타인에게 자신의 괴로움을 들키지 않기 위해 거짓되고 과장된 허세를 부릴 수도 있다.

이러한 현실적 도전과 이상적 목표 사이의 커다란 차이를 이겨내고 한 걸음씩 자기 속도에 맞추어 점점 발전하도록 도와주기 위한 부모와 교사의 노력이 필요하다. 어떻게? 나는 고등학교 시기가 되었을 때 부모와 자녀가 허심탄회하게 진로에 대한 이야기를 나눌 필요가 있다고 생각한다. 주의할 점은 자녀가 현실을 직시하도록 하기 위해 지나치게 과격한 말씀을 하는 것을 삼가야 한다. "너는 경계선 지능이다. 머리가 나쁘다. 그러니 남보다 몇 배의 노력을 해야 한다"라는 식의 과격하고 직설적인 설득은 전혀 도움이 되지 않는다.

경계선 지능이라는 말도 역시 전문가들의 잣대로 정해놓은 범주라는 점을 생각해볼 때 "경계선 지능"이라고 자녀에게 말하는 것은 커다란 상처이고 라벨링(진단명으로 그 사람 특성을 정해버리는 것)이다. 그것보다는 "사람마다 장단점이 있다. 너는 ○○○이 큰 장점이다. 하지만 집중력이 짧고 배운 것을 잘 기억하지 못하는 단점도 가지고 있다. 너만 그런 것이 아니라 많은 사람들이 그러하다. 장점을 생각하면서 자신감을 잃지 않았으면 좋겠다. 하지만 단점도 생각해야 하니, 무엇인가를 공부할 때는 조금 더 긴 시간 공부해야 할 것 같다"라고 말해주면 좋다.

거듭 말하지만, 경계선 지능 학생들에게 대학이 그렇게 거리가 먼 목표는 아니다. 하지만 노력만 하면 성적이 높은 학생들이 가는 SKY를 간다거나, 인서울 대학에 갈 수 있다거나 하는 과도한 목표를 세우도록 부추겨서는 안 된다. 성적이 상위권인 학생들은 머리도 좋지만 다른 사람들보다 훨씬 더 많은 시간 끈기를 가지고 노력한다는 점을 인식하도록 해야 하며, 만일 경계선 지능 학생이 상위권 대학 목표를 하려면 그에 못지않은 시간 동안에 끈기 있게 노력해야 한다는 것, 그리고 스스로 성적을 잘 올리는 전략을 세워나갈 수 있어야 한다는 것은 깨닫게 해야 한다. 하지만 그렇지 않다고 해서 전혀 기가 죽을 일은 아니며, 상위권 대학을 나오지 않아도 얼마든지 성공적으로 인생을 살아갈 수 있다는 것과 사람은 제각기 장점이 다르니 남과 같아지려고 애쓸 필요가 없다는 것을 인식하도록 지도할 필요가 있다. 저마다 자신이 시간을 두고 도전할 만한 영역을 찾을 수 있도록 부모나 교사가 함께 진로 탐색을 하고 대학 입학을 위한 실질적인 노력을 하는 것이 요구된다. 대학에 들어가서도 가끔 어떤 과제를 하고 있는지, 무엇을 배우고 있는지를 살펴서 약간의 도움을 주는 것도 좋다.

대학을 꼭 가야 한다고 생각하지는 않지만 인생의 수많은 선택지 중

미리부터 대학이라는 선택지를 포기할 필요는 없다고 생각한다. 물론 대학 입학은 하나의 선택지일 뿐 얼마든지 다른 선택을 할 수 있다. 하고 싶은 말은 대학을 지레 포기하고 자신의 인생과 거리가 먼 것이라고 미리 짐작하지는 말라는 것이다. 대학을 가든 안 가든 이것저것 살펴보고 나서 결정할 일이다.

재능 만들기

· · ·

많은 부모님들의 고민 중의 하나는 자녀들의 재능을 찾아주는 일이다. 우리 아이의 재능을 찾아서 스스로 재미와 행복감을 느끼면서 살아가도록 돕는 일이 부모의 커다란 역할이라고 생각하기 때문이다. 나 또한 그렇다. 부모로서 자녀가 자신의 소질과 흥미를 살려서 제 앞가림을 할 수 있다면 무엇을 더 바라겠는가? 경계선 지능 자녀 중에도 특별한 재능을 가지고 있는 경우가 많다. 음식을 만드는 재능, 절대음감, 색채적인 면에서의 감각 등 다양한 재능을 자랑한다. 하지만 많은 경계선 지능 자녀들은 각자가 가지고 있는 재능이 무엇인지를 알아내지 못한 채 다가오는 성인기를 두려워하고 불안해한다.

재능이 있든 재능이 없든 자신이 가진 능력이나 자원이 상대적으로 또래보다 부족한 면이 많은 경계선 지능 학생들은 그것을 미래의 직업과 연결하기가 쉽지 않다. 특별한 재능을 가졌다고 해도, 대학에서 전공하기 어렵고, 의사소통능력이나 사회성이 부족하여 직업적으로 하기 어려울 수 있다는 생각이 들기도 한다.

재능이란 발견하기도 어렵고, 발견한 재능을 키워주기도 어렵다. 그것이 쉬웠다면 지구상의 많은 사람들은 시행착오나 정신적 방황이 없이 자신의 직업을 당당히 걸어갔을지도 모른다. 하지만 경계선 지능 학생뿐만 아니라 우리 모두 재능을 찾지도 개발하는 데도 실패한 경우도 많고, 재능이 없이도 자신에게 주어진 일을 몇 년 동안 꾸준히 하다 보니 재미를 발견하고 어느덧 수십 년의 세월이 흘러 장인 소리를 듣기도 한다.

우리는 재능을 찾는 것이 아니라 만들어가야 한다. 시작은 흥미에서이다. 만일 강아지에 대한 관심을 가지고 있는 학생이라면 강아지를 돌보고 강아지를 위한 사료를 구입하고, 강아지를 병원에 데려가고 하는 일을 생활 속에서 주도적으로 맡아서 하다 보면 그 속에서 재능이 만들어진다. 유튜브 시청을 좋아하는 아이라면 자신만의 동영상을 찍어보면서 동영상에 글과 음악도 삽입하면서 동영상 편집 앱을 경험해볼 수 있다. 어느 경계선 지능 고등학생은 눈과 손의 협응능력이 매우 부족하여 손뜨개질을 단계적으로 연습을 시켰는데, 깜짝 놀랄 만큼 협응력이 좋아졌고, 작품 하나하나 진지하게 임하는 모습이 대단했다. 보통의 어른들보다 손뜨개질을 잘하는 자녀를 지켜본 부모님은 "우리 아이가 이렇게 잘할 줄은 몰랐다"라고 말씀하셨다.

아이들이 작은 재능의 싹을 보인다면 열심히 연구하여 현실화시킬 것을 고민해야 한다. 예를 들어 뮤지컬 무대의 장치 하나하나를 열심히 살펴보는 경계선 지능 학생이 있다. 이 학생은 평소 말 안 듣고 상황 판단을 못 하고 제멋대로 개구쟁이여서 여러 기관에서 손발을 다 든 상태였다. 하지만 공연이나 쇼를 좋아하는 이 아동을 위해 부모님은 그런 활동이 가능한 아동연극단이나 공연 준비를 많이 하는 프로그램에 참여시키고 있다. 또 한 학생은 절대음감을 가지고 있으나 주의집중이 매우 취약하고 늘 들떠 있는 상태라서 항상 갈등과 마찰의 중심에 놓여 있다. 하지만 청각적 예민성을 살려보기 위해 어머니는 이 학생에게 오케스트라 활동을 꾸준히 시키신다.

작은 재능의 싹은 이 학생을 잘 아는 누군가에 의해 우연히 알게 되는 경우가 많다. 아이가 잘하는 것을 발견한 누군가는 부모에게 잊지 않고 칭찬의 말을 전한다. 이럴 때 부모는 그 칭찬을 놓치지 말고 어떻게 발전시킬지를 고민해야 한다. 평소 흥이 많아서 춤추기를 좋아하는 아이, 가습기에 나오는 수증기를 호기심 있게 보는 아이, 자 대고 그림을 그릴 때 틀린 부분을 꼭 지우는 강박적인 아이, 친구들과 잘 어울리지는 못해도 한 번씩 친구들이 불합리한 말이나 행동을 할 때 깜짝 놀랄 만큼 정확한 판단을 내리는 아이 등등, 소소한 학생들의 행동에서 재능의 싹을 발견할 수 있다.

경계선 지능 학생들은 재능의 싹을 피우기도 전에 틀에 박힌 환경에 의해 속상하고 좌절의 경험을 할 수 있다. "넌 안 돼"와 같은 부정적인 말들이 아이들의 마음을 다치게 한다. 그러지 말자. 재능이란 아주 작은 흥미에서 시작하여 커다란 능력으로 자라날 수 있는 새싹과 같다. 환경이 척박하면 좋은 새싹도 자랄 수 없다. 사람들이 알아보지 못한 들꽃도 화분에 옮겨서 보살피면 어느 화초 부럽지 않은 작품이 된다.

재능은 재능이라고 말하기 전에 발견하는 것이다. 누가 봐도 재능이라고 할 만한 것은 아주 유명한 스타들이나 가진 것이다. 우리와 같이 평범한 사람들은 재능이란 것을 아무리 살펴봐도 발견하기 어려울 수 있다. 하지만 "재능 이전의 그 무엇"은 우리 모두 가지고 있다. 재능 이전의 그 무엇은 바로 흥미이다. 요리를 좋아하는 아이, 정리를 좋아하는 아이, 그림 그리기를 좋아하는 아이, 예쁜 것을 좋아하는 아이, 자동차를 좋아하는 아이. 아이들이 가진 흥미와 관심은 무엇이든지 재능이 될 수 있다.

- 예쁜 것을 좋아하는 아이: 리본이나 액세서리 만드는 일, 음식을 예쁘게 담는 일, 화장을 예쁘게 하는 일, 옷을 예쁘게 입는 일, 집을 예쁘게 꾸미는 일, 네일아트를 하는 일 등등
- 정리를 좋아하는 아이: 정리를 대신 해주는 사람, 사무보조, 정리에 필요한 빈 박스를 파는 일, 소독하는 일 등등
- 그림 그리기를 좋아하는 아이: 이모티콘을 그려서 파는 일, 캐리커처를 그리는 일, 문구류에 그림 그리는 일 등등
- 자동차를 좋아하는 아이: 자동차 전문가, 엔지니어, 항공기 수리 전문가, 자동차 특성을 소개하는 사람 등등

학생들이 좋아하는 일은 무엇이든지 재능이 되고 직업이 된다. 공부하지 않는다고 화내지 않아도 된다. 다만 기본 생활습관에서 정신건강이나 일상생활에 지장을 주는 것이라면 나무라야 하겠지만, 그렇지 않다면 게임을 하든, TV를 보든, 낙서를 하든 이 모든 것이 재능이라고 생각하면 좋겠다.

초등학교 때는 무엇을 관심 있어 하든 즐거운 마음으로 자녀들을 지켜보기 바란다. 중학교에 올라가면 직접 생활과 연결할 수 있는 경험을 시켜보면 좋다. 하지만 어떤 학생이 직업에 대하여 아직 잘 모르겠고, 재능도 없는데 자꾸만 꿈을 찾으라고 하는 것도 "어른들의 폭력"이라고 했다고 한다. 하지만 그 학생의 주장은 어른들의 서두르는 태도에

서 비롯되는 것이지, 꿈을 탐색하기 위해 하는 체험활동을 말하는 것이 아니다. 중학교 시기는 무엇인가를 결정하고 이유를 적는 시기가 아니지만, 직업체험관에 한번 가보는 것은 좋다. 하지만 자신의 진로와 연관 지어 자꾸 무엇인가 결정하라고 하는 것은 실질적인 체험의 가치를 빛바래게 한다.

중학교 시기와 고등학교 시기는 그저 이것도 해보고 저것도 해보면 좋을 것 같다. 하지만 공부하는 시스템으로 인해 그것이 쉽지 않다면, 고등학교를 졸업하고 나서 1년 정도는 막연하게 쉬면서 여러 가지 경험을 하게 하는 것도 좋다. 그 쉰다는 것이 늦잠 자고 게임하고 집에만 있는 것을 의미하지는 않는다. 일주일 이상 집 안에 있었다면 그다음은 집 밖에서 누구를 만나든, 아르바이트를 하든, 학원을 다니든 하면서 자신의 재능을 만들어가야 한다. 유럽에서는 포크 칼리지라고 해서 한 1년 정도 자신도 돌아보고, 재능도 탐색해보는 평생교육기관에 다니기도 한다. 경계선 지능 아이들도 고등학교 졸업하고 특별히 무엇인가 할 수 있는 것이 없다면 평생교육원을 이용하여 자신에게 맞는 직업을 탐색해보기 바란다.

일머리를 가르쳐주세요

· · · ·

경계선 청년들도 성인이 되어 자신의 삶을 꾸려나가기 위한 일을 하게 될 것이다. 그런데 다른 사람들과 어울려 일을 하다 보면 "일머리"가 없어서 힘든 일을 겪게 될지도 모른다. 맡은 일의 우선순위를 모르고, 어떻게 해야 할지 몰라 정신없이 행동하는 모습은 일머리가 없을 때 나타난다.

사람들은 직장에서 일머리가 없을 때 답답함을 느끼고 짜증을 내거나 정서적으로 모욕적인 말을 하기도 한다. 다른 사람들에게 모욕적인 말을 듣거나 짜증을 듣게 되면 더는 직장생활을 하기 어려우므로 직장 일에 적합한 사람이 되도록 연습을 해볼 필요가 있다. 하지만 많은 사람들이 일머리가 부족하기 때문에 경계선 지능 청년이라고 해서 특별히 일머리가 부족하다고 말할 수는 없다. 누구나 일머리를 아는 것은 매우 중요하다.

〈 일머리가 없는 사람들의 특징 〉

첫째, 일의 우선순위를 모른다.

둘째, 몰라도 질문을 하지 않는다.

셋째, 주변 정리가 잘 되어 있지 않다.

경계선 지능 학생들에게 일머리를 가르치기 위해서는 부모나 교사가 먼저 솔선수범할 필요가 있다. 항상 무엇을 먼저 하는 것이 좋을지에 대하여 학생들과 고민을 해야 하고, 다른 사람에게 모르는 것을 질문하는 모습을 자주 보여주어야 한다. 학생들에게도 무엇을 해야 하는지 모를 때는 질문을 해보도록 연습하고 나서 일하는 방법을 안내해주는 것이 좋다. 또한 주변 정리를 체계적으로 할 수 있도록 정리에 관한 연습을 해보자. 서랍이나 물건 놓는 곳을 정리하고 나서 견출지나 라벨지를 이용하여 학생들이 물건의 위치를 파악할 수 있도록 함께 정리해보는 시간이 필요하다.

〈 일머리를 가르치기 위해 할 수 있는 일 〉

- 학생들과 방 정리하면서 라벨지 붙이기
- 작은 화이트보드에 해야 할 일을 순서대로 적게 하고, 점검하기
- 무엇을 해야 하는지 잊고 있는 학생들에게 해야 할 일을 적어주고 말로 확인하기

문제는 일머리를 가르치는 교사나 부모님들의 지도 방법이다. 보통 일머리가 좋거나 일을 잘하는 사람들은 일을 잘하지 못하고 일머리가

없는 사람들의 일 처리를 보면서 답답함을 곧잘 느낀다. 일을 잘하는 사람들은 보통 성급한 경향이 있고, 일의 순서를 빠르게 정하는 습성이 있다. 그렇다 보니 일이 정해진 순서대로 진행되지 않으면 잔소리가 심해지고 잘 될 때까지 주변 사람들을 피곤하게 다그치는 경우가 많다. 또한 일의 순서를 놓치게 되면 그것도 모르냐고 화를 내기도 한다. 그래서 일머리가 좋은 교사나 부모님들은 학생들을 지도할 때 자신도 모르게 화를 내거나 짜증을 내고, 성급하게 먼저 나서서 어떻게 하면 되는지 시범을 보이는 잘못을 범하는 경우가 많다. 이래서는 경계선 지능 학생들이 일머리를 배울 수 없다.

〈 일머리를 가르치기 위한 교사와 부모의 지도 방법 〉

- 과정이 중요하므로, 가르치는 과정에서 화를 내서는 안 된다.
- 급하게 가르치고 싶은 마음을 버려야 한다.
- 성급하게 과제를 해치우려는 학생의 태도에 짜증을 내서는 안 된다.
- 학생들이 어떤 질문을 해야 하는지 모를 때 사지선다 형식으로 골라서 말하 도록 한다.
- 학생이 요구하기 전까지는 교사나 부모가 먼저 시범을 보여주면 안 된다.
- 시범을 보이기 전에 "어떻게 하는 것인지 시범 보여줄까?" 하고 학생의 의사 를 묻는다.
- 시종일관 느리고 부드러운 말투로 꼼꼼하게 대화한다.
- 잘 안 되는 일의 단계에서는 반복적으로 연습해보도록 기다려준다.

일머리는 문제해결 능력이다. 문제해결 능력은 말로서 배우는 것이 아니라, 행동과 실천, 경험으로만 배울 수 있다. 학생이 직접 해보고 시행착오를 거치면서 배우는 것이다. 어떤 사람들은 몇 번만 해도 배우지만 어떤 사람들은 배우는 데 시간이 꽤 걸리기도 한다. 반복적으로 연습하여 일머리를 키워나가다 보면 점점 일을 잘하는 사람이 될 수 있다. 이를 위해서는 일머리가 없는 사람들이 나타내는 행동 특징들을 극복할 수 있도록 도와주면 좋다.

항상 어떤 일을 하기에 앞서 환경을 정리하고 물건이 어디 있는지를 살펴보고 빠진 것이 없는지를 꼼꼼하게 살피는 단계를 연습시켜야 한다. 공부를 할 때도 필요한 도구를 주변에 정리해놓고 시작하고, 라면을 끓여 먹을 때도 필요한 준비물을 찾아서 정리하고 나서 물을 가스레인지에 올려놓도록 한다. 그때그때 찾아서 일을 할 수 있지만 일하는 방법을 배우기 위해서는 주변 정리를 잘하는 연습이 가장 중요하다.

또한 일의 순서를 적어보는 연습을 해야 한다. 화이트보드를 사용하거나 자신의 수첩을 이용하여 순서를 적어보자. 일의 순서를 적을 때는 단계를 익힐 수 있도록 시간을 충분히 주어야 한다. 일단 기록을 마치고 나서는 여러 번 읽어보도록 하고 기억하여 순서대로 실천해보는 연습이 필요하다. 일하면서 빼놓은 것은 적어놓은 순서를 살펴보면서 스스로 체크하거나 옆에 있는 사람에게 도움을 요청하면 좋다. 가르쳐주는 사람에게는 항상 "고맙다"라는 인사말과 함께.

간단한 일의 과정에 대한 기록과 주변 정리의 기술이 없다면 누구나 실수를 하게 마련이고, 누군가에게 도움을 청하여 자신의 실수를 회복해야 한다. 이때 정중하게 물어보고 감사를 표현하는 과정이 일머리, 즉 문제해결과정이라고 할 수 있다.

어떤 경계선 지능 청년이 단순 생산직(공장) 일을 하러 다니게 되었다. 남들은 한두 번 듣고도 요령을 잘 터득하는데, 자기만 유독 습득 속도나 요령 터득 속도가 느려 일이 버겁게 느껴졌다고 호소한 적이 있다. 자기 나름 적응해보려고 열심히 노력하는데도 잘 안 되어서 일뿐만 아니라 대인관계의 문제까지 생겼고, 직장을 그만두게 되었다고 한다.

같은 이유로 여러 직장에서 적응을 잘하지 못해서 퇴사하게 되었다고 하니 일머리를 가르치는 것이 얼마나 중요한지 알 수 있다. 일을 요령 있게 하는 능력은 직장생활에서 자신감을 얻게 하고 대인관계도 원만하게 만든다. 자신이 모르는 내용을 누군가에게 물어보는 일은 부끄러운 일이 아니며, 수치스러운 일이 아니다. 질문하고 적는 모습은 성실한 모습으로 비쳐서 일을 설령 잘하지 못하더라도 양해가 되고 주변 사람들이 더 잘 가르쳐주려고 노력하게 만드는 좋은 태도가 될 수 있다.

경계선 지능 청년들이 앞으로 사회에 나가서 일하게 될 때마다 일의 순서, 주변 정리, 질문하고 답변에 감사하는 모습을 습관적으로 실천한다면 그 어떤 직장에서도 잘 적응할 수 있다. 일머리를 가르치는 것은 쉬운 일이 아니고, 그것이 습관으로 몸에 배는 것도 하루아침에 되는 일은 아니지만 열심히 노력하다 보면 어느새 일을 능숙하게 하는 사람이 된다.

군대 문제

· · ·

며칠 전 지성이(가명) 어머니가 나를 붙잡고 말씀하셨다. "선생님, 우리 지성이 어떻게 해요. 올해가 고3이니까, 어쩌면 내년에는 군대 영장이 나올 수도 있는데, 군대에 가게 되는 걸까요?" 하고 말이다.

지성이는 경계선 지능 학생으로 지난해부터 우리 센터를 다닌 아이였다. 고등학교에 들어가면서 왔기 때문에 다른 심리치료보다는 진로상담과 인지치료를 중점을 두어 프로그램을 진행해왔는데, 여전히 두려움이 많고 무기력하여 치료사 선생님의 걱정이 이만저만이 아니었다. 하지만 의욕이 없어 보일 뿐 학교에서 큰 문제 상황에 놓이지 않았고, 학생 스스로 공부를 열심히 하면서 대학 입시를 준비하고 있었다. 치료사 선생님은 지성이의 성적이 낮기 때문에 대학 입시는 어려울 것이라고 말씀하셨다. 그렇기 때문에 입대는 아주 가까운 미래일 수밖에 없었다.

일반적으로 경계선 지능을 가진 청년들은 5급(전시보충역) 판정까지 가능하다고 한다. 전시가 아닌 이상 입대 면제에 가까운 5급은 사회적,

직업적 기능에 상당한 지장이 있거나 유의한 다른 정신건강의학과 질환이 동반된 경우를 말한다. 우리 학생이 다른 사람들과 생활하면서 군에 복무하기가 어렵다고 판단되면 5급으로 판정된다.

하지만 모든 경계선 지능 청년들이 5급을 판정받는 것은 아니다. 최근에 만난 청년 1명은 스스로 현역 지원을 하여 강원도 고성에서 정상적인 군 생활을 마치고 만기제대 했다. 대인관계가 어려운 한 병사와 갈등이 있었지만, 잘 해결되어 무리 없이 제대할 수 있었다고 한다. 또한 심각하게 사회생활의 지장이 없다면 공익으로 판정이 나기도 한다. 집 근처에서 공익생활을 하면서 군 복무를 대신하는 것이다.

입대를 위한 신체검사에는 신체검사뿐 아니라 정신적인 어려움도 함께 점검한다. 우리가 미리 말하지 않아도 신체검사를 담당하는 군의관이나 임상심리사들이 입대 적합과 부적합을 판정하게 되며, 만일 부모의 생각과 다른 결과가 나왔더라도, 경계선 지능의 경우 재판정을 신청할 수도 있다. 따라서 미리 걱정하고 긴장할 필요는 없다.

다만 입대에 관하여 청년 당사자와 부모가 미리 솔직하게 시간을 두고 대화를 해볼 필요가 있다. 군 생활을 두려워하거나 비현실적으로 군 생활에 기대를 부풀고 있다면 부모 입장에서 솔직하게 걱정과 기대를 말해줘야 한다. 군 생활이 어려운 것도 사실이지만 수많은 청년들이 잘 견뎌내고 있으며, 군대도 이전과 달리 일방적인 관계가 아니라, 대화와 소통이 가능해지는 등 점점 변화하는 분위기라고 하니 한 번쯤 도전해볼 만한 경험이라고. 실제 고성으로 현역 지원을 하여 만기제대를 한 청년의 경우에 가기 전에도 몇 번 만났고, 군 생활을 마치고도 몇 번 만나봤지만, 군대 다녀온 후에 훨씬 더 자신감에 차 있고, 스스로 무엇인가 해냈다는 성취감에 차 있었다. 또한 자신의 미래에 대한 현실적인 고민과 꾸준한 노력의 필요성을 인식하고 돌아왔다는 생각이 들었다.

나이 든 어른들은 청년들이 군대에 갔다 와야 철이 든다고도 한다. 하지만 그렇게 말을 하는 것은 우리 청년들에게 부담스럽고 억지스러운 격려인 것처럼 느껴질 것이다. 오히려 군 생활의 두려움에 대하여 대화를 나누어야 한다. 이때 오히려 부모가 더 염려하고 군대에 가라, 가지 마라 하는 것은 청년의 생각에 두려움만을 가중한다. 다양한 방면에서 군대 문제에 대한 이야기를 나누고, 현실적인 정보를 제공하는 것이 필요하다.

입대를 위해 신체검사를 받는 문제도 본인이 시기를 정하도록 하고, 인터넷에 들어가 신체검사와 관련된 여러 가지 신청도 스스로 해보도록 하는 것이 좋다. 병무청 홈페이지에 들어가서 여러 가지 정보를 검색해보면서 입대 문제에서 청년 스스로 의지와 결단을 내릴 수 있도록 돕는 것이 중요하다. 불안한 마음은 정보가 없을 때 발생한다. 그래도 잘 모르겠으면 병무청 민원담당자에게 전화해서 문의를 해보면 된다. 자세한 안내가 민원담당자의 역할이므로 미안한 마음을 갖지 말고 소상하게 물어서 궁금증을 해소하기 바란다.

"과연 우리 아들이 군 복무를 잘 해낼 수 있을까?" 경계선 지능 청년들이 인지능력이 낮아서 군 생활을 잘하지 못하는 것 같지는 않다. 오히려 감정통제를 잘하지 못하거나 다른 사람들과 갈등을 유발할 만한 행동 문제를 가지고 있는 경우에 군 생활을 잘하기 어렵다. 주로 정서나 행동 문제에서 군 생활의 어려움이 발생한다. 군 생활 역시 가장 힘든 것이 대인관계 문제이므로 대인관계에서 정서 문제와 행동 문제를 크게 일으켰던 경험이 있거나 감정조절의 어려움이 있다면 군 생활이 매우 어려울 수 있다. 경계선 지능 청년에게 있어서 군 생활을 할 수 있느냐

없느냐의 문제는 정서 문제와 행동 문제가 주요 고려점이 될 것이다.

판단하기 어렵다면 꾸준히 치료를 받아온 기관의 전문가 선생님과 의논을 해보아도 좋다. 여러 사람들의 의견을 종합하다 보면 부모의 생각도 정리가 될 것이다. 당사자도 갑자기 입대를 결정하지 말고 시간을 두고 고민을 해보도록 해야 한다. 자신을 믿어주는 부모님 밑에서 스스로 생각해볼 수 있는 시간을 갖는다면, 청년 스스로 진로 문제를 주도적으로 고민하는 과정이 될 수 있다.

또한 최종 결정도 당사자가 내리도록 해야 한다. 물론 본인이 결정한다고 군대에 간다, 안 간다를 결정할 수는 없다는 것도 알려주어야 한다. 일단 신체검사를 받기 전에 청년과 부모는 진지하게 대화를 나누고 신체검사 결과에 대하여도 대화를 나누자. 그 과정에서 청년이 두려워하는 것에 대하여 공감하고 지지했을 때 군 생활에 필요한 정신적 성장을 할 수 있다.

군대는 인생의 중요 관문 중의 하나이다. 남성들은 입대가 의무이므로 중요한 관문을 무조건 회피하거나 무조건 받아들이기보다, 스스로 마음을 다잡거나 자신에게 닥칠 어려움을 예상하고 마음으로 대비하는 자세가 필요하다. 또한 부모는 입대가 매우 긍정적인 경험이 될 수 있다는 점을 깨닫고 두려워하지 않았으면 좋겠다. 부모가 나서서 우리 자녀가 도저히 할 수 없는 일이라고 단정 짓고, 군 면제를 위해 백방으로 뛰어다니는 일은 자녀에게 도움이 되지 않는다. 부모 마음에 그러하고 싶더라도 참고 자녀의 의견을 존중해야 한다.

어렵지만 용기를 내어 도전한 군 생활이 청년들에게 힘들지만 값진 경험이 되기도 한다. 잘 겪고 나온 청년들은 그만큼 성숙하고 성장하는 것도 사실이다. 그렇기 때문에 무조건 회피하려고만 하지 말고 입대를 긍정적으로 생각해보는 것도 좋을 것이다.

일단 신체검사를 위한 영장이 도착하면 신체검사를 받기 전에 그동안의 정신과 치료 경험, 심리치료 경험, 학교 생활기록부 등을 준비하여 제출하면 좋다. 그러한 자료들이 직접적으로 신체검사 등급의 판정을 결정하지는 않더라도, 신체검사를 받는 도중 전문가들이 좀 더 꼼꼼하게 살펴봐야 할 것을 미리 알게 되므로 우리 자녀에게 도움이 된다.

도전하는 경계선 지능 청년들

· · ·

　최근 들어 너무나도 반가운 일은 성인기에 들어선 경계선 지능 청년들이 상담실을 방문한다는 것이다. 부모와 함께 방문하는 이도 있고, 혼자서 방문하는 이도 있다. 이들은 모두 쉽지 않은 성장기를 보냈다. 공부를 잘하고 싶지만 원하는 만큼의 월등한 성적을 거두어본 적이 없다. 많은 친구들과 활달하게 지내고 싶지만 말주변이 그리 많지 않아 소수의 친구들과 우정을 쌓으면서 지냈다. 따돌림을 당한 경험이 있기도 했다. 이들은 성인기에 들어서 더 나은 미래를 계획하고 진로에 대한 조언을 듣고 싶어서 나를 찾아온 것이다.

　이들은 그동안 내가 가지고 있던 선입견을 깨트렸다. 경계선 지능을 가진 학생들이 대체로 의욕이 없고, 열정이 부족하고, 도전정신이 없다고 생각했는데, 전혀 아니었다. 이들은 자신에 대한 믿음을 가지고 있었고, 부모나 선생님들이 자신에게 붙여준 느린 학습자라는 말에 대하여 동의를 했음에도 스스로 잘해나갈 수 있다고 생각하고 있었다. 자신의 한계를 극복하기 위해 도전하기를 원했고, 또한 자신을 믿고 지지해줄 어른을 찾고 있었다. 다음의 사례들을 살펴보자.

소혜 씨(가명)의 경우

대학교를 마치고 취업을 앞둔 소혜 씨. 소혜 씨의 어머니는 전문대학에서 사회복지과를 졸업하고 사회 진출을 앞둔 딸이 자랑스러웠다. 어머니는 초등학교 때 딸이 경계선 지능이라는 말을 들었고, 기회가 될 때마다 학교 프로그램이나 전문기관의 치료 프로그램에 딸을 참여시켰지만 그다지 열성적으로 치료 프로그램에 의존하지는 않으셨다. 다만 한부모가정이기에 소혜 씨가 성장하는 동안 시간이 날 때마다 가정생활에서 어머니를 돕는 역할을 하였으며, 주말에는 교회활동에 적극적으로 참여시켰다. 다만 학교생활을 하는 동안 따돌림을 당하거나 오해를 받는 경우가 종종 발생했기에 그때마다 어머니가 딸의 편이 되어주려고 애를 쓰셨다고 한다.

소혜 씨는 대학교 실습을 다녀오고 나서 자신이 아직 사회에서 잘해 나갈 준비가 덜 되었다고 생각했다. 하지만 스스로 아르바이트와 부족한 업무능력을 보완하는 시간을 좀 더 갖는다면 지금보다 더 잘 할 수 있을 것이라고 확신했다. 바로 직장을 얻기보다는 스스로 좀 더 준비하고 싶었다. 하지만 직장생활을 회피하거나 두려워하지는 않았다. 자신이 무엇이 현실적으로 부족한지를 정확하게 알고 있었고, 그것을 도와주거나 보완할 수 있는 시간과 조력자가 필요했다. 당장 일을 해도 문제가 없다고 생각한 어머니와 뜻이 달랐다. 소혜 씨는 1년 정도 시간을 두고 본인에게 필요한 것을 채워나가기로 했다.

지수 씨(가명)의 경우

막 스무 살이 된 지수 씨. 어머니는 아직 준비가 덜 된 딸을 위해 필요하다면 심리치료나 인지치료와 같은 프로그램에 참여시키기를 원했다. 정작 지수 씨는 고등학교 생활을 하는 동안 아침 일찍 일어나야 했고, 온종일 바쁘고 빈틈없이 지내야만 했던 터라 한두 달은 아무 일도 안 하고 쉬고 싶었다. 지수 씨는 취업준비자를 위한 정부 프로그램을 스스로 알아보았고, 그중 자신에게 적합하다고 생각되는 것으로 선택하여 다녀보겠다고 했다. 당분간은 취업을 위한 학원만 다니면서 여유를 갖고 싶다는 의사를 내비쳤다. 어머니가 불안한 시선으로 자신을 보고 있는 것을 지수 씨도 알고 있었고, 지수 씨도 사회생활을 하는 것에 대하여 커다란 불안과 두려움을 안고 있었다. 하지만 지수 씨는 어머니가 자신에게 여유 시간을 갖도록 허락하기를 원했고, 어머니가 자신을 믿어준다면 자기 스스로 조금씩 노력해서 사회생활을 할 수 있도록 준비하겠다고 하였다.

지수 씨는 어머니가 자신에게 용기를 주고 기다려주기를 바랐다. 자신도 미래가 걱정되고 불안하지만, 부모가 용기를 준다면 잘 해낼 수 있다고 말했다. 어머님은 자신이 느긋해지려고 노력해야 한다는 것을 잘 알고 계셨고, 마음속이 딸에 대한 걱정으로 가득하지만 내색하지 않고 아이가 원하는 것을 지원하겠다고 약속하셨다.

규원 씨(가명)의 경우

현역 군 복무를 마치고 제대한 규원 씨. 회계 관련 전공으로 복학을 앞두고 있었다. 규원 씨는 중학교 때 부모님을 따라 내원을 하여 경계선 지능임을 알게 되었다. 그동안 다양한 느린 학습자 교육 프로그램에 참여했고, 학교 공부도 소홀하게 하지 않았던 터라 충청권의 대학교에 입학하게 되었다. 규원 씨는 회계 수업이 적성에 맞아서 한때 회계사가 되는 게 꿈이었다. 하지만 입대를 앞두고 받게 된 지능검사에서 또다시 경계선 지능 판정을 받고는 회계사의 꿈이 맞지 않는다는 것을 깨달았다. 규원 씨는 성인이 되어 접한 자신의 지능지수에 충격을 받고 좌절을 하기도 했지만, 지능은 노력을 통해 극복될 수 있음을 깨닫고 끊임없이 인지능력을 높이기 위해 노력하고 있다. 쉬운 책일지라도 꾸준히 독서하기, 머리를 써야 하는 퀴즈문제 풀기, 날마다 수첩에 새로운 낱말 기록하기 등 자신의 부족한 인지능력을 향상하기 위해 노력했다.

규원 씨는 스스로 한계를 정해놓고 살고 싶지 않다고 했다. 부모를 원망하고 왜 그렇게 자신을 낳았는지 화가 났다고 했다. 하지만 누군가가 만들어놓은 지능지수라는 숫자에 자신을 매어놓고 아무것도 할 수 없는 사람이라고 생각하고 싶지는 않았다. 그래서 군인으로서 생활을 포기하기 싫었으며 자신을 단련하여 도전할 수 있는 사람인가를 시험하는 시간으로 삼고 싶었다고 한다. 쉽지는 않았지만 군 생활을 마치고 나니 무엇이든지 할 수 있다는 자신감을 얻게 되었다고 한다.

소혜 씨와 지수 씨, 규원 씨는 학교생활을 잘해야 사회생활도 잘 할 수 있다는 우리들의 선입견을 되돌아보게 한다. 우리가 생각하는 학교생활은 어느 정도 공부를 열심히 하고 다른 사람들과 큰 갈등 없이 원만하게 지내고 학교 규칙을 잘 지키는 것이다. 하지만 경계선 지능을 가진 학생들은 공부를 열심히 한다고 해도 중간 정도의 성적을 받기가 매우 어렵다. 친구들과 갈등이 없이 지내고 싶어도 친구들이 따돌리거나 괴롭히는 경우 피할 수가 없다. 약하고 괴롭히기 쉬운 아이로 찍혀서 못된 행동을 하는 아이들의 표적이 되기도 하고 돌이킬 수 없는 폭력의 피해자가 되거나 어이없이 가해자가 되는 경우도 있다. 규칙을 잘 지키고 싶지만 주의력이 짧아서 수업 집중이 길지 못하고 준비물을 잘 챙기지도 못하는 경우가 많다. 소혜 씨와 지수 씨, 규원 씨도 그러한 학창 시절을 보냈을 것이다.

하지만 성인이 되어 스스로 인생을 개척해나가야 하는 출발점에 선 이들은 절대로 무능하지도 무기력하지도 않았다. 어려운 시절을 지내왔음에도 그들은 내면 깊이 간직한 열정과 도전정신, 스스로에 대한 믿음을 잃어버리지 않았으며 누구도 간섭하지 않는 시간을 맞이하여 스스로 힘을 내려 하고 있었다. 그들은 남들보다 느린 행동과 남들보다 말솜씨가 부족하다는 것도 잘 알고 있었다. 업무능력이 턱없이 부족하다는 것도 알고 있었다. 하지만 시간을 두고 자신에게 맞는 일을 찾고자 하는 의지를 간직하고 있었으며, 극복하고 싶다는 열망을 품고 있었다.

이들은 어떻게 도전하는 청년이 될 수 있었을까? 당연히 그들은 좋은 부모가 곁에 있었다. 그들의 부모들은 자신의 마음속 괴로움을 자녀에게 보이지 않았고, 자녀에 대한 믿음을 가지기 위해 무던히 애썼다. 자녀에게 믿음을 보여주기 위해 부모가 먼저 자녀를 믿고, 확신을 얻기 위해 노력했다. 부모들은 절대로 자녀가 과한 욕심을 내는 것에 대하여 "능력도 안 되면서"라고 비난하지 않았다. 현실적으로 목표를 수정할 수 있도록 대화를 하였고, 낮은 목표라고 해도 매우 의미 있는 도전이 될 수 있다는 것을 깨닫게 하였다. 자녀가 높은 목표에 도달하지 않아도 부모는 실망하지 않는다는 점을 분명히 했다. 자녀가 열심히 노력하고 조금씩 나아지는 모습을 바라보는 일이 행복임을 말해주었다. 조금씩 나아지는 모습을 보일 때마다 자녀와 함께 기뻐하고, 자녀의 머리를 쓰다듬었다고 한다.

자녀가 어떠한 아이든지 간에 부모는 자녀를 믿고 사랑해야 한다. 물론 자녀를 두고 걱정과 염려로 인해 화를 낼 수도 있다. 자녀와 서로 다른 생각으로 인한 갈등으로 다투기도 한다. 하지만 자녀를 믿고 먼저 손을 내밀어 자녀를 잡아주어야 한다. 지수 씨가 그랬다. 우리 엄마는 내가 무엇을 하든 믿어주었다고 말이다. 그런데 지수 씨의 어머니는 스스로 좋은 엄마는 아니었다고 말씀하셨다. 이 말은 지수 씨의 어머니가 얼마나 갈등하면서 자녀를 키워왔는지 알 수 있게 한다. 하지만 지수 씨는 스스로 엄마가 자신을 믿고 지켜보았다고 하니 지수 씨 어머니의 보이지 않는 노력이 어느 정도였는지도 알 수 있게 한다.

● 참고자료 ●

PART 1

– 박찬선, 장세희, 2015, 『경계선 지능을 가진 아이들』, 이담북스.

– R. V. Kail, 2001, 『Children and their Development』, prentice Hall.

PART 2

– 마가렛 S. 말러 외 저, 이재훈 역, 1997, 『유아의 심리적 탄생』, 한국심리치료연구소.

– 오상철, 2011, 「학습부진학생 지도의 실효성 제고를 위한 지원 연구」, 한국교육과정평가원.

– 이보연, 2006, 『부모와 아이의 마음을 통하게 하는 부모의 심리학』, 21세기북스.

PART 3

– 대니얼 카너먼 외 저, 존 브록만 엮음, 2013, 『생각의 해부』, 엣지.

– 레프 세묘노비치 비고츠키 저, 윤초희 역, 2011, 『사고와 언어』, 교육과학사.

– 박문호, 2008, 『뇌: 생각의 출현』, 휴머니스트.

– 육아정책연구소, 2011, 『초등 자녀 양육지원 방안』.

– 장세희, 2011, 「지식기반과 메타기억이 아동의 암묵적 기억에 미치는 영향」, 성균관대학교 일반대
  학원 아동학과 박사학위 논문.

– 토마스 거스키 엮음, 임재환 역, 2015, 『벤자민 블룸: 완전학습의 길』, 유비온.

– 한겨레, 2015년 6월 8일 기사, "책 읽어주면 좋지만 상호작용이 더 중요."

– Alan E Kazdin 저, 정영조 외 역, 2007, 『말썽 많은 아이 제대로 키우기』, 시그마프레스.

– EBS 엮음, 2011, 『기억력의 비밀』, 북폴리오.

PART 4

– 신수경, 2016, 『알기 쉬운 동기면담』, 학지사.

PART 5

- 로버트 풀검 저, 최정인 역, 2018, 『내가 정말 알아야 할 모든 것은 유치원에서 배웠다』, 알에이치 코리아.
- 안지영, 2015, 「또래관계 속에 나타난 2세 영아의 사회적 참조행동 탐색」, 『한국보육학회지』.
- 윌리엄 글래서 저, 김양현 역, 1995, 『현실치료』, 원미사.
- 진 트웬지 저, 매경출판 역, 2018, 『#i세대』, 매경출판.

PART 6

- 에다 르샨 저, 김인숙 역, 2008, 『아이가 나를 미치게 할 때』, 푸른육아.
- 전도근, 2018, 『교사를 당황하게 하는 학교』, 교육과학사.
- 한유경 외, 2018, 『학교폭력 예방 및 학생의 이해』, 학지사.

PART 7

- 미나미노 다다하루 저, 안윤선 역, 『팬티 바르게 개는 법』, 공명.
- 박안나, 2014, 「지적장애인 자립생활기술의 구성요소에 관한 연구」, 삼육대학교 사회복지과 대학 원 석사학위 논문.
- 지용근 외, 2005, 『진로상담의 이해』, 동문사.
- 한국보건복지인력개발원 아동자립단, 2017, 『경계선지적기능아동 자립지원체계연구: 경계선지능 아동 자립지원서비스 효과성 보고서』.